문명 전환기에 선
교회의 변화

문명 전환기에 선 교회의 변화

2023년 7월 7일 처음 펴냄

지은이	황인성 한국일 조주희 이효재 이원돈
	이명석 양혁승 안정도 백홍영 김도일
책임 집필	김도일
펴낸이	김영호
펴낸곳	도서출판 동연
등록	제1-1383(1992. 6. 12.)
주소	서울 마포구 월드컵로 163-3, 2층
전화/팩스	02-335-2630, 02-335-2640
전자우편	yh4321@gmail.com

ⓒ 가정교회마을연구소, 2023

ISBN 978-89-6447-918-6 03230

문명 전환기에 선
교회의 변화

황인성 한국일 조주희 이효재 이원돈
이명석 양혁승 안정도 백홍영 김도일 함께 씀
책임 집필 **김도일**

동연

머리말

    살아있는 모든 것은 변화한다. 그렇기에 변화를 어떻게 받아들이고, 변화를 통하여 새로운 내일, 더 나은 내일을 어떻게 만들어 가야 할까 하는 것은 모든 사람이 고민해야 하는 명제이다.

    특히 교회는 그 어느 공동체보다도 '변화'를 많이 이야기한다. 종교적 언어인 '회심'(conversion)도 방향을 바꾼다는 의미를 가지고 있다. 방향 전환, 발전, 성장, 성숙, 이러한 모든 것이 변화를 내포하는 것이다.

    우리가 당면한 변화는 여러 가지 차원이 있지만 크게 팬데믹과 뉴노멀의 시대, 4차 산업혁명과 인공지능의 시대, 기후 변화와 생태 환경의 위기, 저출생으로 인한 인구 변동의 문제, 신냉전 시대 도래로 인한 글로벌 평화의 문제 등을 이야기할 수 있다.

    팬데믹은 바이러스가 국경을 넘어 전 세계적인 영향을 미치며, 건강, 사회, 경제, 무역, 교육 등에 심대한 영향을 미치는 것을 의미한다. 대표적으로 1918년의 스페인 독감 팬데믹 그리고 우리가 경험한 2019년 코로나바이러스(COVID-19) 팬데믹이 있다. 특히 코로나19는 전 세계에 확산하여 많은 생명의 희생을 가져왔다. 이에 인류는 삶의 방향 및 지속적으로 발생하는 새로운 바이러스에 대한 전 지구적 협력과 연대 및 협조가 중요함을 인식하게 했다. 또한 이러한 위급한 상황 가운데 종교의 역할과 교회의 사명에 관하여 성찰하는 계기가 되기도 하였다. 코로나 이후 한국교회에 대한 신뢰도가 더욱 떨어진 것을 보며 사회 속에 공적 교회로서 나아가야 할 방향에 대하여 비판적으로 살펴봐야 한다는 자각이 일어난다.

4차 산업혁명은 이전의 산업혁명보다도 훨씬 더 디지털화와 자동화로 빠른 속도로 진행되면서 사회 전반 및 경제, 교육, 문화 등에 새로운 혁신과 변화를 가져오고 있다. 이미 한국 사회에서는 2016년 이세돌과 인공지능의 바둑 대결에서 인공지능이 승리하면서 인공지능 출현한 미래에 대한 논의가 대중적으로도 본격화되기 시작하였다. 최근 대화가 가능한 정보검색 챗지피티(ChatGPT)와 구글바드(Google Bard)의 출현은 지식의 폭발적 확산을 예고한다. 지식을 구조화하고 자신에게 맞는 지식을 체계적으로 습득할 수 있는 능력과 아울러 지식에 대한 신뢰성을 판단할 수 있는 디지털 리터러시 함양이 중요해졌다. 더 나아가 알고리즘 작동으로 인하여 지식의 양은 폭발적으로 증가하고 있어도 다양한 지식과의 접촉이 어려워지고 지식의 편향적 습득이 가속화됨으로 터널 비전(tunnel vision) 성향으로 다른 생각을 가진 사람과의 만남이 어려워지는 현상이 일어나고 있다. 인간관계의 파편화와 사회계층의 균열은 인공지능 시대, 지식 폭발 시대의 중요한 문제이다.

기후 위기는 전 지구적으로 가장 시급한 문제이다. 기후 위기는 지구 온난화로 인해 기후 시스템이 변화하면서 이상적인 기후 현상이 발생하는 것을 의미한다. 이로 인하여 지구 온도의 상승과 빙하 해빙으로 해수면이 높아지고, 홍수와 가뭄과 같은 자연재해가 수시로 발생하고 있다. 이러한 생태계 시스템의 교란은 인간의 생존 문제까지 위협한다. 이러한 기후 위기 문제를 해결하기 위하여 유엔기후변화협약(UNFCCC)을 비롯하여 각 국가의 정책 및 기업들의 친환경적인 경영과 일상생활에서 개개인이 지구를 보호하고 환경을 살리는 삶의 변화가 중요한 관건이 되었다.

특별히 교회는 창조주 하나님을 고백하는 것을 신앙의 출발로 삼고 있다. 하나님께서 세상을 창조하시고 "보시기에 좋았더라" 말씀하셨다. 이것은 인간에게 주신 최초의 축복, 바로 초록빛 은총(Green blessing)이다. 예수 그리스도를 통한 구속의 은총 이전에 인간에게 부여된 초록빛 은총은 모든 인간과 자연이 하나님의 은총 가운데 더불어 사는 삶을 통하여 구현되는 것이다. 그러나 인간의 욕망과 개발 중심의 인간 삶은 자연을 보호하고 관리하기보다는 착취하고 훼손하는 결과를 가져왔다. 기후 위기는 이러한 결과로 우리의 일상 전체에 거대한 쓰나미와 같이 다가오고 있다.

인구 변동은 세계 최저의 출생 위기와 아울러 급속도로 진행되고 있는 초고령사회로의 진입에 대한 부분이다. 한국의 저출생 원인은 여러 가지로 진단할 수 있으나 우선적으로 성평등 사회 구현의 미비에서 그 원인을 찾을 수 있다. 특별히 출산 이후 사회활동이 쉽지 않은 현실과 여성들이 직업과 가정생활을 병행하는 것이 쉽지 않은 구조 그리고 육아의 공공성이 확립되어 있지 않은 상황에서 저출생 원인을 찾을 수 있다. 높은 육아 비용과 교육 비용, 치열한 교육 경쟁 현실, 높은 주거 비용 등도 저출생과 이에 따른 초고령사회로의 진입을 가속화하고 있다. 최근 교회들도 마을의 교육 공동체로서 마을이 어떻게 아이들을 키우고 교육하는 데 좋은 곳이 되도록 할 것인가에 깊은 관심을 갖고 다양한 활동을 하고 있다.

"아이 하나를 키우기 위해서는 마을 하나가 필요하다"는 격언과 같이 마을에서 함께 아이를 키우고 노인을 돌보며 살아갈 것인가 하는 문제에 대하여 가장 역동적으로 대답할 수 있는 공동체가 바로 교회 공동체일 것이다. 이것은 곧 교회의 사명인 '선교적 교회'로서의 존재

인식과 마을 공동체로서의 생활 양식으로 마을과 함께하는 공동체로서 다양한 교회 공동체가 출현하는 이유이기도 하다.

우리나라는 세계 유일의 분단 국가이며 휴전국이다. 같은 민족이 70여 년 동안 같이 만나지 못하고 하나 되지 못한 채 분단의 아픔을 안고 오늘까지 왔다. 그래서 평화와 통일의 문제는 이념적이거나 추상적이고 도덕적이거나 철학적 관념이 아니라, 현실적이고 사회적이며 역사적인 문제이다. 최근 새롭게 형성되고 있는 신냉전의 분위기는 한반도의 위기 현실을 더욱 고조시키고 있는 것도 사실이다. 이러한 역사적 상황에서 교회는 어떤 역할을 해야 하는 것인가?

이 책을 준비한 가정교회마을연구소는 변화하는 시대 속에서 교회가 본질을 지키며 역할을 수행해 가는 것, 신앙 공동체이자 마을 공동체로서 제자직과 시민직을 통합해 가는 것, 한국교회의 지역적 경험들로 출발하여 글로벌한 교회의 방향과 비전들을 제시하는 것을 활동의 목표로 삼고 있다.

이를 위하여 가정과 교회와 마을의 연대와 순환적 소통을 추구하며 마을 목회 활동을 활발히 하고 있는 다양한 교회 현장을 발굴하고 소개하고 있다. 더불어 변화하는 시대를 읽고 미래의 가야 할 방향을 탐색하기 위하여 학자와 목회자들이 함께 학문성과 현장성의 경계를 넘나들며 비판적 성찰을 통한 창조적 미래 설계를 도모하고 있다.

『문명 전환기에 선 교회의 변화』는 이러한 맥락에서 쓰게 된 책이다. 가정교회마을연구소의 공동 소장인 김도일 교수가 책임 집필을 맡았고, 함께 참여한 저자들이 여러 차례 모여 쓰고 있는 글들을 발표하고 토론하며 완성해 간 글들이다. 학문적 이론과 현장의 생생한 경험들을 함께 소개하고 있다. 가정교회마을연구소의 공동 소장으로서 이러한 고민과 탐구의 여정에 함께 하며 이 책의 문을 힘껏 열어 변화의 시대, 우리가 가야 할 길에 함께 동행하고자 한다.

교회는 기독교 신앙 공동체로서 하나님 나라의 비전과 가치를 지향하며 동시에 우리 사회의 당면한 문제들에 응답하며 걸어가는 공동체이다. 그렇기에 변화하는 사회의 중요한 사안들에 진지하게 고민하지만 동시에 변화하는 세상에서 변화하지 않는 가치, 흔들리지 않고 지향해야 하는 가치들을 찾고 그것을 지키기 위해서 노력한다.

과연 그것은 무엇일까?

그것은 바로 인간의 존엄성과 삶의 품격일 것이다. 변화하는 세상 속에서 우리는 폭발하는 지식의 바다에서 진실에 더욱 갈증을 느끼고 인공지능의 무한한 능력 속에서 인간의 자리가 점점 작아지는 것은 아닌가에 대한 우려를 하고 있으며, 신냉전의 구도 속에서 이념 간 대립은 더욱 첨예화되어 지고 있다. 24시간 접속의 시대를 살아가지만 인간의 눈동자를 바라보고 숨결을 느끼며 공감하고 배려하는 일은 점점 어려워지고 있는 것이 현실이다.

글을 준비하던 어느 날, 미술 전시에 초대하는 포스터가 한 장이 도착했다. 종교화가 조르주 루오전에 초대하는 것이었다. 마치 황량한 사막을 지나는 나그네가 만난 샘물처럼, 추운 바람이 부는 언덕 위에 내리비치는 구름 사이의 햇살처럼 마음에 와닿은 문구는 "인간의 고귀함을 지킨 화가, 조르주 루오"였다. "인간의 고귀함", 바로 이것이 우리가 변화하는 세상을 화두로 이 글을 쓴 결론이 아닐까 싶다.

각자 다른 주제를 가지고 글을 쓰고, 현장의 모습은 다르지만 하나님의 형상으로 만들어진 인간의 고귀함을 지키고자 하는 몸부림. 그것은 바로 변화하는 세상에 변하지 말아야 할 우리의 화두이며, 변화의 유랑 속에 도달해야 할 종착지인 것이다.

조은하
(목원대학교 교수, 가정교회마을연구소 공동 소장)

차례

1부
변화를 읽는 교회의 회심

진정한 회심에 관한 고찰*

김도일

장로회신학대학교 기독교교육학 교수

I. 들어가는 말

하나님의 피조물은 그가 흙이든 물이든 공기든 동물이든 식물이든 아니면 인간이든 간에 모두 창조주가 만든 생태계 속에서 서로 연관 지어 살아가게 창조되었다. 이는 서로서로 영향을 주고받으며 살아가게 되어 있으며 결코 혼자서는 생존할 수 없게 만들어졌다는 말이다. 교회는 상호 간에 서로 가르치고 배우며, 예배하고 친교하며, 섬기고 나누는 일을 지속적으로 수행하는 공동체이다. 또한 예수를 주인으로 믿고 그를 통해 하나님께 나아가기를 추구하는 믿음 공동체인 교회의 정의(definition)를 재확인하면, 교회는 "만물 안에서 만물을 충만하게 하시는 이의 충만"(엡 1:23)이다. 성경에 기록된 정의에 의하면 만물을 떠나서는 교회가 존재하지 않는다. 그러므로 교회는 하나님의 피조

---

* 이 글은 2023년 「기독교교육정보」 75집에 실린 것에 수정, 보완을 가하여 작성한 것이다.

김도일 _ 진정한 회심에 관한 고찰 | 17

세계 속에서 상호 간의 연대와 교류와 채워줌을 통하여 본래적으로 피조된 존재 목적을 이루어 갈 수 있는 것이다.

필자는 뜻을 같이하는 수 명의 사람과 2016년에 가정교회마을연구소를 창립하기로 결정했다. 이제 같이 공부하고 실천하는 가운데 소망을 잃어가는 이 세상에 복음 전파와 하나님 나라의 구현을 위한 생태계 회복 운동을 시작하게 된 지도 벌써 수년의 세월이 흘렀다. 그 사이 세상에서 연구소의 할 일인 가정, 교회, 마을을 세우는 일을 잘 감당했는지에 대한 깊은 성찰을 하는 가운데 본 연구가 수행되었다.

생태계 회복 운동은 만물 가운데서 일하시는 하나님의 역사에 동참하는 것을 의미한다. 하나님 없이 죽어가는 생명을 살리는 복음 전파 운동 그리고 이 땅 위에서 하나님의 나라를 세워 나가는 이 둘 사이의 균형을 잡아가는 운동이 그것이다. 일찍이 존 스타트(John Stott)가 주장한 것처럼, 기독교인들은 지성과 감성, 보수와 진보, 형식과 자유, 복음 전도와 사회참여와 같은 주제를 다룸에 있어서 한 편을 지나치게 강조함으로 야기되는 분열에 빠지지 않고 진정한 분별력을 확보하며, 현세대의 아픔에 대한 공감 능력과 위기 상황에 대한 극복 능력을 회복하는 것이 필수적이라고 본다.[2]

그러나 이 글은 이 세상의 모든 문제를 다 품고 해결책을 제시하는 노력을 기울이지는 않을 것이다. 다만 "너희는 이 세대를 본받지 말고 마음을 새롭게 함으로 변화를 받아 하나님의 선하시고 기뻐하시고 온전하신 뜻이 무엇인지 분별하라"(롬 12:2)는 권면의 말씀에 의거하여 하나님을 믿고 이 생태계 속에서 자신의 본분을 다하기 원하는 개인의

---

[2] John Stott, *Balanced Christianity*, 정지영 역, 『균형잡힌 기독교』 (서울: 새물결플러스, 2011), 책 날개 글.

변화, 즉 회심에 대하여 다룰 것이다.

회심(conversion)이라는 용어는 라틴어로 콘베르시오(conversio)이며, 그리스어로는 에피스트로페(ἐπιστροφή)로서 마음을 돌이키는 것 또는 마음이 바뀌어 새로운 삶을 추구하는 것을 의미한다. 특히 기독교의 주요 주제 중의 하나인 개인의 회심을 다양한 측면에서 다루고, 기독교교육학적 시각에서 구체적인 제안을 모색하고자 한다.

연구자가 왜 굳이 회심이라는 개인의 신앙적 변화에 초점을 맞춘 연구를 진행하는지에 대한 이유는 다음과 같다. 대한민국에는 자신의 종교를 기독교라고 천명하는 이가 전 인구의 1/4가량이며 그리스도인 이라는 종교적 정체성을 가진 이가 많지만 그중 23%가량의 성도는 교회를 다니지 않는 가나안 성도이다. 최근 교회에 대한 신뢰도는 18% 정도로 낮아졌다. 19세기 말에 기독교가 전래된 이후 교회가 소위 자유와 평등 정신을 품은 신학문의 요람으로 여겨지고 일제의 압박에 대항하는 저항 세력으로 뭇사람의 신뢰를 받던 시절이 있었다. 20세기 중반까지 교회는 사회에 유익한 종교, 개안을 가져다 준 종교로 인식되어 문만 열어 놓으면 간략한 전도를 통해 교회당에 사람이 넘쳐났었다. 그러나 교회의 문턱이 낮아지고 회심/개종 사건이 많이 일어나면서 회심은 일종의 가벼운 통과의례로 취급하게 되었다.

본 연구는 한국교회와 기독교에 대한 불신을 교회가 자초한 것이라는 합리적인 의심에 기인하며, 이는 충분한 고뇌와 변화에 대한 몸부림치는 과정과 습관의 변화까지를 추구하는 시도 없이 너무 가볍고 표피적인 교인의 양산한 것이 아주 큰 과오라는 점을 증명하기 위하여 썼다. 이를 위하여 기독교의 대사회적 이미지와 회심에 대한 상관관계를 다룰 것이며, 진정한 회심은 진실한 회개(메타노니아)와 더불어 일정

부분 양육으로 표현되는, 한 사람의 삶에 영향을 미치는 부모, 교사, 목회자와 같은 중요한 타자(Significant others)의 기독교교육적 노력과 신앙 생활을 하는 한 개인의 깊은 성찰과 고통스런 변화의 과정이 동반되어야 한다는 점을 다루고자 한다. 이를 위하여 실제 역사 속에서 진정한 회심의 경험을 통하여 하나님을 만나고 자신을 온전히 헌신한 이들의 핵심적인 회심기를 살펴보며 온전한 회심론을 다룰 것이다. 최종적으로 진정한 회심론의 진정성과 적실성을 추구하는 시도를 하고 하나님과 사람과 공동체에 대한 발돋움을 통한 회심에 대하여 다룸으로써 본 연구의 결론을 내리게 된다.

II. 기독교의 대사회적 이미지

대한민국에는 자신의 종교를 기독교라고 쓰는 사람이 천만 명에 가까운데 목회데이터연구소의 자료에 의하면 코로나-19를 경험한 2021년 말에 한국교회 신뢰도는 2020년의 32%에 비하면 11%가 떨어진 21%로 나타났다. 한국 사람 4/5에 해당하는 4천만 명은 한국교회를 신뢰하지 않고 있다. 또한 지앤컴리서치 2022년 4월의 조사에 의하면 18.1%로 더 떨어진 것으로 나타났다.[3] 왜 이런 현상이 나타나고 있을까?

위 연구소의 보고에 의하면 코로나 사태 초기에 신천지, 광화문집회 등과 같은 사건들이 신뢰도에 매우 부정적인 영향을 미친 것으로 나타났고, 전반적으로 기독교에 대한 호감도 자체도 천주교 65.5%, 불교

---

3 http://www.jicom.co.kr/home/ 2022년 11월 12일 접속 (국민일보 조사); 목회데이터 연구소,『한국교회트렌드 2023』(서울: 규장, 2023), 226.

66.3%에 비해서 현저히 낮은 25.3%인 것에 기인하고 있다. 특히 19~24세 사이 젊은 세대들에게 기독교 호감도는 19%밖에 되지 않는 것으로 나타났다는 것은 기독교에 대한 이미지가 그만큼 낮다는 현실을 보여준다.

지난 몇 년간 드라마와 영화 그리고 뉴스 등에는 기독교에 대한 혐오 감정이 적나라하게 드러난다. 영화 〈밀양〉, 〈수리남〉에서는 야비하고 비상식적인 인간의 표상으로 목사를 그렸고, 미국에는 장로교의 탈을 쓴 세속적인 대통령 후보, 한국에는 대선 과정에서 드러난 기독교 지도자들의 지나친 정치권과의 밀착 현상이 적지 않은 젊은이들에게 혐오 대상이 된 것으로 보인다. 좀 더 자세히 살펴보면 동년에 "170,388번의 코로나 집단 감염이 교회를 통하여 발생하였고, 131,734번의 목회자 범죄가 있었으며, 특히 고의적 방역수칙 위반 사례는 119,808번이었고, 입양아 학대는 36,809번으로 나타났다. 특히 SBS의 〈그것이 알고 싶다〉에서 2021년 5월에 다룬 '정인이 사건'은 그리스도인이던 부부가 정인이를 입양하였지만 심한 구타로 사망에 이르게 한 아동학대 사건이었으며, 이는 사회적으로 큰 실망을 자아낸 참혹한 사건"이었다. 기독교는 물질적, 이기적, 세속적, 배타적이라는 부정적인 종교 이미지를 심어 주는 반면, 천주교는 도덕적 헌신적 희생적이라는 이미지를, 불교는 포용과 상생, 엄숙, 배려, 경건, 공감 같은 이미지를 심어 준 것 같다고 지앤컴리서치는 분석하였다.[4]

---

[4] 목회데이터연구소, 『2021 통계로 보는 한국사회 그리고 한국교회』 vol. 3 (서울: 목회데이터연구소, 2021), 92-94.

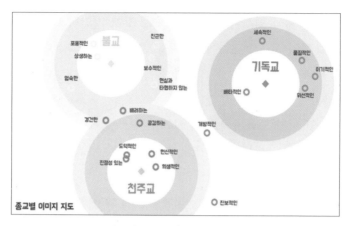

[그림 1] 종교별 이미지 지도

III. 회심의 의미

기독교와 기독교인에 대한 이미지가 배타적, 물질적, 위선적, 이기적이라는 기독교 밖에서의 견해는 우리로 하여금 많은 고민을 하게 한다. 기독교인 중 적지 않은 사람이 예수가 한밤중에 찾아온 니고데모에게 말한 거듭남의 범주에 들지 않았기 때문이 아닐지 의문을 품게 된다. 그래서 매우 안타깝게도 신뢰도 저하가 결코 근거 없는 오해에서 비롯된 것이 아니라는 합리적인 의심을 갖게 된다.

그날 예수께서는 "진실로 진실로 네게 이르노니 사람이 거듭나지 아니하면 하나님의 나라를 볼 수 없느니라"(요 3:3, 개역개정)고 했다. 거듭난다는 의미가 이전 육에 속했던 자연인이 성령으로 새로 태어난다는 의미일진대, 오늘날 대한민국에 다섯 명 중의 하나는 자신의 종교를 기독교라고 하는데 어떻게 그들을 바라보는 4/5 국민, 거의 81%에 해당하는 이들이 기독교인들을 위와 같이 판단하고 있는 것일까? 그들은 기독교인들을 오해하고 있는 것일까? 아니면 기독교를 왜곡하는 사회적 풍조에 휩쓸려 그와 같은 판단을 하는 것일까?

필자는 그렇게 생각하지 않는다. 오늘의 기독교인들은 자신의 진정한 신앙을 깊이 성찰하여 참혹하고 부끄럽지만 냉혹한 자기 비판과 돌이킴의 기회를 가져야 할 것이다. 성경의 다른 부분은 "거듭나지 못한 자연인은 하나님의 성령이 주시는 것을 받아들이지 않으며… 그런 것은 영적으로만 이해할 수 있는 것이기 때문에 그들에게는 어리석게 보일 뿐만 아니라 그들은 그것을 깨달을 수도 없다"고 하였다.[5] 여기서 우리는 오늘날 기독교인들의 거듭남 또는 회심의 경험의 진위에 대하여 의심하지 않을 수 없다.

회심이란 과연 무엇인가? 먼저 이 글은 영적인 것, 세속적인 것을 둘로 나누어 이원론적으로 우리의 사고와 행위를 양극화시키는 데 일조하려는 것은 결코 아니라는 점을 밝히고자 한다. 그러나 분명 육신의 정욕, 안목의 정욕, 이생의 자랑을 좇는 세상의 길과 생명의 말씀이신 그리스도의 길을 추구하는 것 사이에는 결코 타협할 수 없는 차이가 있음은 의심의 여지가 전혀 없다.

회심의 체험은 그것을 겪은 사람과 그렇지 않은 사람 사이에 엄청난 차이가 있다. 이른바 하늘과 땅, 생명과 사망 사이만큼이나 큰 차이가 있다. 다만 회심을 이해하는 사람 중 신학적 견해의 차이로 인하여 회심을 급작스럽고 일회적이며 좁은 의미에서 영적인 경험으로 볼 것인가 아니면 점진적으로 형성되는 습관의 변화와 전인적이고 통전적

---

5 고린도전서 2:14, 현대인의 성경.

인 경험까지를 포함할 것인가의 차이가 생길 수 있다. 양자의 견해가 엄청나게 큰 것이지만, 회심은 근본적으로 '돌이킴' 또는 '변혁'을 의미하며, 인생의 궁극적인 주관자가 완전히 뒤바뀌는 결정적인 체험인 것만큼은 중요한 교차점이라고 볼 수 있다. 필자는 회심이 일정 부분 성화의 과정까지를 포함하는 것이어야 하며, 진지한 고뇌와 고통을 수반하지 않은 회심은 너무도 표피적이어서 진정한 회심의 경험이 되기 어렵다고 주장하는 바이다. 그러므로 회심과 성화를 나누는 작업을 성급하게 하기보다는 회심 자체에 대한 심각한 고민과 삶의 방향 전환 그리고 이미 습관화된 삶의 양식까지를 바꾸기 위하여 온전히 깨어지고, 변화되기 위하여 하나님 앞에서 자신을 다 드리고 항복하는 회심 과정을 위하여 다소 긴 과정의 세례 교육과 입교 교육이 필요하다고 생각한다.

필자는 오랜 미국 이민 생활을 뒤로 하고 1997년 7월에 귀국하였다. 그 이전까지 미국장로교에서 리차드 오스머를 중심으로 연구하던 입교 교육(Confirmation Class)의 결과로 세상에 나온 신앙의 여정(Journey of Faith)을 PCUSA 노회들에 다니며 교육하였다. 이는 장로교회를 비롯한 주류 교단(감리교, 성공회, 루터교회)에 출석하던 청년들이 적어도 10년 이상이 흐른 뒤에 교회로 여전히 출석하고 있는지를 조사한 설문 연구의 결과로 탄생한 입교 교육 자료였다. 결과적으로 모든 주류 교단의 청년들이 교회를 떠났지만, 괄목할만한 결과치로 오직 루터교회(Evangelical Lutheran) 청년들만이 교회에 남아 있었다. 미국의 청소년기부터 청년기 그리고 청년기부터 성인기에 해당하는 이들을 인터뷰하고 추적한 결과, 눈에 띄는 결과의 차이를 도출해 냈다. 차이를 만들어 낸 이유는 루터교회가 철저하고 실용적이며 6개월 이상을 투자하여

함께했던 구체적인 입교 교육이 있었다는 것이 밝혀졌다.[6]

　　그러면 입교 교육과 회심과의 상관관계는 무엇일까? 회심은 하루아침에 일어나지 않아야 한다는 것이 연구자의 소신이다. 물론 설교와 성령의 임재하심을 통해 뜨거움과 회개의 역사가 일어날 수 있으며, 이를 통하여 사람이 하나님의 사람이 되어가는 시작을 경험하게 된다. 그러나 많은 교회가 성장과 회심자 수 늘리기에 지나친 관심을 갖게 되면서 한 사람 한 사람이 하나님의 사람으로 만들어져 가는 과정에 대하여 관심을 덜 갖게 되었다. 마치 컨베이어 벨트에 놓인 재료가 졸지에 상품으로 되는 것처럼 사람을 자연인에서 신앙인으로 만들어 내는 "요약 과정"에 초점을 맞추어 "빨리 설교자의 말을 되뇌라고 종용한다." "따라하세요. 나는 죄인입니다. 예수님만이 나의 죄를 사하실 수 있으며 이 시간 구세주이신 예수님의 제 마음에 주인으로 모십니다." "아멘. 나는 이제 하나님의 자녀가 되었습니다. 하나님은 나의 아버지가 되셨습니다"와 같은 기도를 끝내면 바로 "당신은 하나님의 자녀입니다"를 선포하고 교회당을 떠나 하나님의 자녀로 살면 된다는 식의 일종의 급속한 신자 생산(?)에 치중한 것은 아닌지 깊이 성찰해 보아야 한다.

　　영국 역사학자 데이비드 베빙턴(David W. Babbington)에 의하면 회심은 복음주의 운동을 규정짓는 네 가지 특징을 갖고 있다고 한다. 즉, "삶을 변화시키는 신앙 체험이 필요하다고 믿는 회심주의, 복음을 구체적으로 전파하는 행동주의, 성경에 절대적인 권위를 두는 성경주의 그리고 그리스도의 십자가 고난을 통한 구속 사역을 유난히 강조하는 소위 십자가 중심주의" 중 가장 명쾌한 표지의 하나이며 신학적

---

6 Richard Osmer, *Confirmation* (Louisville: Geneva Press, 1996), 3-8.

성찰에 매우 중요한 원동력이 된다고 강조한 바 있다. 그의 주장은 일리 있는 표현이라고 본다.[7] 스미스도 말했거니와 인간이라는 피조물은 헤아리기 어려울 정도로 복잡한 존재인 것처럼, 회심의 경험이라는 것도 역시 무척 복잡하고 신비한 경험이기에 폭넓고 정밀한 연구가 필요하다.[8] 그러나 회심이 하나님의 주도적인 현현(Theophany) 없이는 아예 시작도 되지 않는 것이기에 사람의 돌이킴에 대한 다면적인 연구가 무용지물이 될 수도 있다. 혹 하나님의 찾아오심이 선행된다고 하여도 신앙 공동체에서 삶의 정서(sentiments)로 흘러 들어오는 상호작용이 그 회심의 경험을 하는 사람에게 자연스럽게 찾아 들어와 개인의 마음을 강력하게 자극해야 비로소 회심의 경험이 구체적으로 확인되는 경우가 비일비재하다. 이토록 회심의 경험은 한 편의 논문이나 몇 권의 책으로 다 다룰 수 없는 주제이다. 그러기에 버나드 로너간(Bernard J. F. Lonergan)이나 루이스 램보(Lewis R. Rambo)의 회심에 관한 연구 정도를 제외하면 그렇게 많지 않은 선행연구가 이뤄졌다는 점이 이 연구를 진행하는 데에 일정한 한계라고도 하겠다.[9]

진정한 회심의 경험은 무엇을 말하는가? 스미스에 의하면, 회심은 엄마 뱃속으로부터 태어난 자연인이라도 원죄에서 벗어날 수 없기에 하나님의 영광에 이르지 못하며, 죄의 결과 때문에 소외와 속박의 굴레 속에 살아가다 사망에 이르기 때문에 하나님을 만나 생명 곧 영생을 아는 지식과 변화에 이르러 거듭나는 데 필요한 것이다. 회심은 하나님

---

[7] Gorden T. Smith, *Beginning Well*, 임종원 역, 『온전한 회심: 그 7가지 얼굴』(서울: CUP, 2004), 21-22.

[8] 위의 책, 27.

[9] 로너간에 대한 진지한 연구는 변희선, "버나드 로너간의 회심론에 관한 소고: 신학자의 회심과 신학함," 「신학전망」 125호(1999): 27-41 참고.

의 주권적인 부르심과 만나주심에 대한 인간의 반응이다. 자기중심으로 살던 인간이 하나님 중심, 그리스도 중심으로 완전히 변화되는 것을 의미한다. 그러므로 회심은 예수 그리스도와의 인격적 만남을 통하여 철저한 자기 돌아봄, 죄의 회개, 구세주 예수를 따르겠다는 결단의 행동이며, 이는 그리스도인들이 모인 공동체 속에서 교제를 통하여 경험되고 드러난다. 회심은 지적이고 감정적이며 의지적인 결단의 열매로 나타나지만, 그리스도와의 조우(encounter)을 통하여 이뤄진다. 그러나 회심과 구원은 같은 것이 아니며, 다만 동일한 점은 구원하시는 하나님께 대한 인간의 반응이요 활동이라는 것이다.

그러면 왜 우리가 회심이라는 주제에 대하여 논하며, 회심을 다루는 이유와 목적은 무엇인가? 예수를 구주로 믿어 하나님의 자녀가 된다는 것은 단순히 죄 가운데 살던 이가 지금 죽더라도 생명을 얻어 영생을 누리게 된다는 피안의 세계에 대해 소망을 갖게 된다는 것을 넘어서는 것이다. 우리가 회심을 논하는 이유와 목적은 한국 기독교가 그동안 회심에 대해 극히 일회적이고 단순한 경험으로만 이해하고, 다분히 회심자를—교육을 생략한 채로— "속성 대량생산" 하는 일에 치중하였기 때문이다. 그리하여 오늘날 교회를 다니는 사람은 많아졌지만, 실제로 그리스도의 정신을 갖고 세상 속에서 소금과 빛으로 사는 이가 극히 드문 것이라는 생각에 도달하게 되었다. 그러므로 진정한 회심의 과정을 통해 자신의 정체성이 온전히 하나님의 사람, 그리스도의 제자가 되어 어두워져 가는 세상 속에서 희망의 증거가 되고 그를 통해 복음의 능력이 드러나게 되어 절망과 소외에 신음하는 현대인들이 다시금 예수 그리스도의 몸인 교회를 기댈 언덕으로 여기며 신뢰하게 되기를 바라는 마음이다.

회심을 논할 때 우리나라 기독교에서는 중생, 성화, 영화의 단계를 말하면서 일단 중생을 경험하며 회심하는 것이 중요하다는 점을 지나치게 강조하는 경향이 있었던 것이 사실이다. 즉, 중생 체험이 곧 회심 체험이고, 그 이후에 일어나는 일은 성화의 과정에 속하는 것이기에 초신자에게 지나친 압박을 줄 필요가 없다는 식으로 회심을 다루어 왔다고 볼 수 있다. 그러나 회심은 하루아침에 갑자기 일어나는 급작스럽고 기계적인 사건에 국한된 것이 아니라는 점을 역사를 바꾼 신앙인들의 경험과 필자의 경험을 통해 말할 수 있다.

예컨대 필자는 1980년 6월에 국수리 틴라이프 수양관에서 황장옥 목사의 피를 토하는 설교를 통하여 예수 그리스도를 주인으로 모시는 결정적인 경험을 한 후 삶의 중심축이 변동되는 경험을 하였다. 그리고 그 이후 군대에서 만난 신앙 선배들과의 교제를 통해 이미 배운 상황을 이겨내는 구체적인 신앙 습관의 훈련하였고, 미국 이민 생활 중 만난 나성영락교회의 김계용 목사, 송영선 전도사가 전수해준 말씀 실천과 전도 그리고 생활 속의 세밀한 신앙 점검 및 말씀 암송 및 묵상의 생활화 등의 훈련을 통하여 세계관이 서서히 바뀌어 나가게 되었다. 결국 동료와 선배들의 격려와 함께함의 공동체 생활을 통하여 진정한 그리스도인으로 헌신의 삶으로 나가게 된 것이다. 바이올라대학교의 레너드 스탠리(Leonard Stanley)의 선교사적 교수의 삶, 프린스턴신학교의 이상현 교수와 그의 조나단 에드워즈(Jonathan Edwards)의 삶과 신학에 대한 강의 그리고 Presbyterian School of Christina Education의 사라 리틀(Sara Little) 교수가 보여준 진지한 제자 사랑과 학문적 돌봄의 선교사적인 삶의 양태와 신학에 대한 치열한 성찰과 몰입을 배우면서 한 신앙인으로서 그리고 목사로서 지녀야 할 자세가 만들어졌다.

중국 내지(Inland) 선교에 한 획을 그은 허드슨 테일러(Hudson Taylor)에게도 그런 믿음의 선배가 있었는데, 그가 바로 기도의 사람 조지 뮬러(George Muller)와 드와이트 무디(Dwight Moody)였다. 그들은 하나님의 일은 하나님의 방법으로 수행하는 믿음의 선교(Faith Mission)를 실천해야 하며 절대 사람이나 일정한 조직에 선교비를 요청하지 않고 오직 기도로 하나님께 필요한 것을 아뢸 때 하나님께서 공급하신다는 비밀을 배워서 평생 믿음 선교를 하였던 것이다. 이것은 하나님이 통치하시는 세상에서 하나님을 신뢰하는 것이 회심의 시작임을 가르쳐 준 기독교의 핵심적인 요소라고 할 수 있겠다.[10]

회심은 하나님의 사람이 되었다는 것을 빌미로 기도하지 않아도 된다는 일종의 보증수표를 받은 것이 아니며, 은혜 아래서 살아가지만 철저하게 하나님을 의지하고 하나님의 함께하심과 도우심에 대한 절대적인 의지를 간구하는 기도가 뒤따라야 한다는 것을 결코 간과해서는 안 된다. 한마디로 표현하자면 회심은 결코 희생과 헌신의 삶을 건너뛰는 요약 과정이나 점프 과정이 아니며, 그래서도 안 된다는 것이다. 필자가 평생 몸담아 온 기독교교육학에서도 회심에 대한 진지한 논의가 한동안 지속되던 시절이 있었다. 이른바 "회심이냐 양육이냐"의 논쟁이다. 이 논쟁을 핵심적으로 다룸으로 회심에 대한 우리의 이해를 넓혀가고자 한다.

---

10 송민호, 『세상이 이기지 못한 사람들』 (서울: 홍성사, 2020), 24-30.

IV. 회심 대(對) 양육 논쟁

영국에서 국교회(성공회 전신)의 강요를 피해 칼뱅주의 신앙의 자유를 찾아 목숨 걸고 미대륙으로 피신하여 새롭게 터전을 일구었던 청교도들은 새로운 땅에서 생존을 위해 죽을 고생을 하였다. 그러나 세월이 지나면서 그동안 지켜왔던 신앙의 열기가 처음 상륙 시절 같지 않을 무렵 영국에서 촉발된 대신앙 생활이 다시 미대륙으로 번져왔다. 18세기 초 미국 뉴잉글랜드 지역(메사추세츠, 코네티컷 로드아일랜드, 버몬트, 메인, 뉴햄프셔 주)에는 영국에서 건너온 조지 윗필드(George Whitfield), 요한 웨슬레(John Wesley), 조나단 에드워즈(Jonathan Edwards) 그리고 찰스 피니(Charles G. Finney)와 같은 이지적이면서도 체험적인 부흥사들의 열정적인 설교와 목숨을 건 전도에 힘입어 새로운 영적 대각성 운동이 들불처럼 일어났다(1차 1735~1755, 2차 1790~1840, Britannica).

뉴잉글랜드 지역에는 케임브리지대학 출신 청교도의 후예들이 목회자 양성을 위해 세운 하버드대학(1636년 설립)과 예일대학(1701년 설립) 같은 유수한 대학들이 설립되어 많은 학문적 공적을 세우는 중이었으나 다른 한편으로는 신앙을 떠나거나 아예 신앙과는 상관없는 세속적인 삶을 사는 이들도 기하급수적으로 늘어나고 있었다. 그들은 거칠고 세속화된 야생마와 같은 미대륙을 복음화하기 위해 배를 타고 건너와 말을 타고 다니며 전도 집회를 열었다.

첫 각성 운동은 1735년경에 시작되었는데, 거의 150년 동안 각성 운동은 진행되었다고 해도 과언이 아니다. 이때 뉴잉글랜드 지역에 만연되었던 메마른 합리주의와 형식적인 예배 등이 식상했던 교인들과 복음을 들어보지 못했던 많은 이들이 부흥사들의 설교와 죄에 대한 각성과 회개 촉구에 도전을 받았으며 이른바 "회심 운동"이 일어나게 되었다. 청교도들은 칼뱅에게 배운 준 낙스 등의 영향을 받아 개혁신학적 성향이 강했으며 독자적인 교단을 형성하게 되었는데, 이들을 대개 회중교회(Congregational Church)로 부른다. 이들은 기도의 능력과 성경의 권위를 강조하였고, 장로교회가 당회의 역할을 강조하는 것과는 다르게 회중의 결정에 따라 교회 정치를 하였다. 청교도, 대학, 회중교회에 대하여 17세기 이후 뉴잉글랜드 지역의 상황에 대하여 다루는 이유는 현대 기독교교육의 대부로 불리는 호레이스 부쉬넬(Horace Bushnell, 1802~1876)에 대한 이야기를 하기 위함이다.

부쉬넬은 19세에 부흥사들의 집회에서 회심을 경험하였고, 예일대 법대에 진학하여 법을 공부하여 변호사 시험까지 합격했으나 변호사로 일하지는 않았다. 그는 29세에 헌신하여 예일대에서 신학을 공부한 후 목사가 되어 26년 동안 북회중교회(North Congregational Church)에서만 목회하였다. 루터나 칼뱅처럼 법학도였던 그는 신학을 공부함에 있어서도 다분히 체계적이고 집요했던 학도였고, 목회 당시 하트퍼드 지역을 휩쓸었던 대각성운동의 장단점에 대하여 잘 알고 있었다. 예수를 믿지 않고 있었던 많은 미국인에게 대각성운동은 일종의 혁명과도 같은 것이었으며, 그들의 "회심"은 진정 의미 있는 일생일대의 경험이었고 기독교를 종교로 삼는 중요한 계기가 된 것은 분명하다. 그러나 당시 부흥사들에게는 일종의 거룩한 경쟁심 같은 것이 분명 작용하고 있었다. 한 명이라도 더 예수를 믿게 하여 본국 영국에 보고하고자 하는 열심으로 인하여 회심 이후의 삶에 대한 관심보다는 일단 자연인을 신앙인으로 개심시키는 회심 경험이 중요하였다. 그러나 문제는 청교도 정신을 대대로 이어온 적지 않은 교인들, 특히 회중교회 교인과

같은 이들에게는 그동안 오랫동안 예수를 믿어왔는데 또다시 회심을
하여야 하는지에 대한 의문이 있었다.

전술한 북회중교회는 부쉬넬이 살던 동네에 단 하나밖에 없었던
교회였다. 부쉬넬은 위그노 계통의 성공회 신도였던 어머니와 감리교
도였던 아버지 밑에서 신앙 생활을 했다. 청년 시절에 부흥회를 통해
회심의 경험을 하였지만, 정작 자신이 회중교회의 목사가 되고 나서
당시 상황을 비판적으로 따져보니 급작스럽고 일회적이며 기계적인
회심에만 의존하는 당시 상황이 기旣 기독교인들에게도 적용되고 있다
는 점이 신학적으로 가당치 않음을 깊이 느끼게 되었다. 그리하여 그는
"기독교인 가정에서 성장하는 자녀는 자신을 그리스도인 외의 다른
존재로 여겨서는 안 된다"는 유명한 회심과 양육 논쟁을 공개적으로
시작하고 당시 주류 기독교와 부흥사들의 신학에 출사표를 던진 것이
다.11

회심은 모든 이를 위한 경험이 아니며 만일 어떤 자녀가 부모의
신앙틀(matrix) 안에서 성장하였다면 자신이 회심을 전혀 경험하지
않은 채로 건강한 그리스도인으로 양육되어야 한다고 주장하면서 당시
잠자고 있던 부모들의 자녀 양육에 대한 책임감을 불러일으켰다. 혹여
기독교 가정에서 자라난 아이임에도 불구하고 그리스도를 알지 못한
채로 방목되었다면 부득이 회심을 통해서라도 그리스도인이 되어야
하겠으나 이때라도 회심은 결코 급작스럽고 일회적인 경험이어서는
안 되고 자신의 죄와 삶의 습관에 대하여 충분히 고뇌하고 토론과 성찰
을 통하여 그리스도인으로 만들어져야 함을 주장한 것이다. 그의 회심

---

11 Horace Bushnell, *Christian Nurture*, 김도일 역, 『기독교적 양육』(서울: 장로회신학대
   학교출판부, 2004), 36.

에 대한 비판과 양육에 대한 강조는 당시 주류 교회 목회자들과 부흥사들의 격노를 자아냈으며, 교단에서 쫓아내려는 시도도 있었다. 그러나 그의 교회 회중들이 그를 강력하게 지지하고 보호함으로써 무산되었다. 부쉬넬은 기독교인 집안에서 자라 난 어린이라고 할지라도 그 자신이 성숙한 분별 연령(discerning age)에 이르러 회심할 때까지는 죄 가운데 살아야 한다는 당시 유행하던 부흥사들의 논리를 강하게 반대하였다. 그는 "어린이는 자신이 기계적으로 회심했던 경험을 기억하지 못하는 채로 끊임없이 영적으로 새롭게 되어 자신을 에워싸고 있는 세상에 대하여 열린 자세로 살아야 한다"고 주장하였던 것이다.[12] 부쉬넬의 이 회심 대 양육 논쟁은 현대 기독교교육이 체계적으로 태동케 되는 단초를 제공하기에 이르렀던 것이다.

V. 기독교 역사에 족적을 남긴 다섯 인물의 회심기

더 넓고 깊은 이해를 위해 역사에 족적을 남긴 몇 인물들의 회심기를 다룰 것인데, 이때 필자가 의도한 바에 따라 일반적으로 잘 알려진 어거스틴이나 루소의 고백록보다는 비교적 덜 과격했으나 회심의 과정을 잘 보여주는 간조, 루이스, 카이퍼, 주선애, 김계용의 회심기를 다루고자 한다.

---

[12] 위의 책, 36.

1. 우찌무라 간조의 회심기

간조(内村鑑三, 1861~1930)는 동경외국어학교와 삿포로농업대학을 다녔고, 그곳에서 당시 교수로 재직하던 윌리암 클라크(Willam Clark)로부터 기독교를 접하여 세례도 받았다. 그 후 미국에 유학하여 애머스트대학에서 기독교 전반에 대한 공부를 하였고, 부쉬넬이 목회하던 하트퍼드시에 있던 하트퍼드신학교에서 신학 공부를 하였다. 기막힌 우연의 일치가 아닐 수 없다. 아마도 부쉬넬이 이미 노년기에 접어들었거나 사망 이후에 신학 공부를 하였던 것으로 추정하지만 정확한 시기는 알 수 없다. 그러나 그가 회심과 양육 논쟁이 한창 벌어지고 있던 하트퍼드에서 신학 공부를 한 것으로 미루어 짐작하건대, 부쉬넬의 고민과 투쟁의 흔적을 볼 수 있다. 그러나 그가 부쉬넬의 신학 논쟁에 뛰어들 만큼 신학적인 공부를 깊이 했다는 증거는 없다. 그도 그럴 것이 그는 신학교를 단 4개월만 다니고 포기하였기 때문이다. 포기 이유는 그를 괴롭히던 신경증과 만성 불면증 때문이었다. 다만 그의 언어를 살펴볼 때 그가 당시의 주제에 민감하게 반응했다는 것만은 분명하다. 『나는 왜/어떻게 기독교인이 되었는가?』, 『우찌무라 회심기』, 『구안록』, 『일일일생』은 후대 사람들에게 잘 알려진 저서이다.

여기서 간조를 다루는 이유는 그가 우리나라의 유영모, 함석헌, 김교신, 안창호 등에 지대한 영향을 끼친 지도자여서만은 아니다. 그의 회심에 대한 자세와 회심을 통해 하나님의 사람이 되어가는 과정이 우리에게 도움을 주기 때문이다. 그는 자신의 회심기를 "내 영혼의 항해 일지"로 보았다. 이 책의 서문에서 그는 자신의 환희에 찬 회심 경험을 기록하면서 "나의 회심은 느리고 점진적인 과정이었다. 나는 하루 만에 회심하지 않았다"고 기술하고 있다.13 세례를 받은 후에도 한동안 훗날 발견한 기독교의 핵심 교리를 믿지 않았으며 현실 속에서 이교도의 생활 습관을 지속적으로 갖고 있었음을 고백하였다. 그는 세례 이후 알게 된 데이빗 C. 벨(David C. Bell)과의 편지 교류를 통해 기독교에 대한 교리와 생활에 대한 코치를 받았으며 자신의 일기마저 그에게 나누며 삶의 동반자가 되었다고 말한다. 일본과 미국이라는 지리적 괴리가 존재했으나 그것을 극복했고 민족의 다름도 극복했다. 훗날 그는 자신의 세례명을 정하면서 요나단으로 불리기를 원했고, 이는 마치 다윗과 요나단의 우정 관계를 모방한 것이라고 했다.14 자신에게 멘토링을 해 준 다윗(벨)에게 진정으로 고마워한 것으로 보이며 한 사람의 그리스도인이 만들어지기까지의 과정에는 주변 인물이 열과 성을 다해 인내로 돌봐 주어야 한다는 양육의 중요성이 여기서 대두된다. 나의 회심은 하루아침에 이루어지지 않았다는 일성이 회심자를 대량으로 순식간에 양산해 내고 이후의 삶에는 진심 어린 관심과 노력을 덜 기울였던 한국교회에 주는 교훈이 분명 있을 것이라는 생각을 하게 한다.

간조가 그리스도인으로서 진정한 회심을 이루어나가는 과정에서 벨과 같은 사람만 있었던 것은 아니다. 그가 철부지였을 당시 사포로 농업학교에 같이 다니던 2학년 동기 중 예수를 믿기로 작정했던 그의 '풋내기' 친구들은 그야말로 작은 교회를 이루어 자신들의 신앙 항해 여행을 같이하였다. 그들의 모임은 일곱 명으로 구성되었으며, 민주적

---

13 内村鑑三, *How I Became a Christian*, 양혜원 역, 『우찌무라 간조 회심기』(서울: 홍성사, 1986), 11.
14 위의 책, 12.

인 의사결정 과정을 통해 서로의 견해를 나누었고 모두가 동등한 직분과 권한을 가졌다. 하루에 한 사람씩 돌아가며 그날 하루의 지도자가 되어 만사를 결정하고 다른 친구들은 그의 견해를 존중하고 따랐다. "그날의 지도자는 우리에게 그날 하루 동안의 목사요, 신부요, 선생이요, 심지어는 종이었다"고 증언하고 있는 그의 얘기는 오늘날 교권주의에 잔뜩 물들어 있는 우리에게는 신선한 충격이요 자극제가 된다.[15] 모임에 있던 일곱 명의 친구들은 기독교 신앙에 의거하여 철저하게 안식일을 지켰으며, 주일에는 공부도 하지 않고 예배를 드리고 말씀을 연구하며 신앙 생활을 진작하는 토론에만 매진하였다. 그럼에도 불구하고 졸업할 즈음에는 일곱 명 전원이 상위 칠 등까지를 독식함으로써 "거룩한 날에는 물리, 수학 등 육신에 속한 모든 일에는 손을 뗐음"에도 기독교 신앙을 생활화하는 삶을 몸으로 체험하였다.[16] 실로 그의 회심은 오랜 세월 동안의 연습과 생활화에서 이루어졌다는 점을 그의 증언을 통해서 확인할 수 있다. 간조의 회심기는 너무도 간략하게 요약적으로 회심 과정을 취급하여 왔던 한국교회에 시사하는 바가 적지 않다고 본다.

2. C. S. 루이스(Lewis)의 회심기

루이스(1898~1963)는 존 번연이 쓴 『천로역정天路歷程』(*The Pilgrim's Progress*)이 암시하는 순례자의 진전(progress: 앞걸음질)과는 반대로 순

---

15 위의 책, 46.
16 위의 책, 95-96.

례자의 뒷걸음질로 표현되는 회심기를 가진 기독교 작가이다. 그러기에 그의 잘 알려진 책『예기치 않은 기쁨』과는 다르게『순례자의 귀향』에서는 Pilgrim's Regress(뒷걸음질)의 여정을 표현했다.

순례자의 귀향은 자신이 살던 시대에 풍미하던 사상들을 논리적으로 한껏 밀어붙여 할 수 있는 한 따져볼 만큼 다 따져보아 그 사상들이 진리인지 아닌지를 살펴보았다. 진리를 마주하고 자신의 전 존재를 던져 의심의 질문을 던져보는 가운데 주요 사상들의 진위 여부를 가려보는 혼신의 노력을 던진 것이다. 결국 그는 삶 속에서 진정한 기쁨과 환희를 추구하였으나 어느 순간 기독교에서 무신론으로 향했다가 다시 기독교 신앙으로 돌아왔다. 그는 놀랍게도『순례자의 귀향』을 2주 만에 다 집필하였다고 하였다. 회심의 벅찬 감격과 젊었던 청춘의 혈기가 되살아나 감당할 수 없는 열정과 영감으로 그 짧은 시간에 자신의 뒷걸음쳤던 회심기를 써 내려 갔던 것이다.[17] 그의 회심 경험은 그야말로 돌아온 마음의 여정이었다. 그러나 그의 고뇌에 찬 순례의 여정은 길고도 먼 돌이킴의 과정이었다.

『예기치 않은 기쁨』,[18]『순전한 기독교』,『스크류 테이프의 편지』로 잘 알려진 그의 글보다『순례자의 귀향』은 이전보다 훨씬 더 알레고리가 다양하게 더해진 난해한 글이다. 실로 다양한 철학과 신학 이론 사이에

---

[17] C. S. Lewis, *The Pilgrim's Regress*, 홍종락 역,『순례자의 귀향』(서울: 홍성사, 2013), 317.

[18] C. S. Lewis/김기찬 역,『예기치 않은 기쁨』(서울: 크리스찬다이제스트, 1999), 207. 그는 어린 시절 자신의 시야가 서서히 넓어지며 경험한 정신이고 영적 세계에 대한 깨달음에 비추어 회심 과정을 적었다. 예컨대 대학에 들어갈 무렵 "나는 내 것이라"는 조지 맥도날드의 지옥에 속한 이의 말의 함의를 깨달으며 이른바 자기중심적 사고에서 그리스도 중심적 사고로의 전환을 경험한 체험을 나누고 있다.

서 방황하는 현대인들을 위해 자신의 순례기를 써 내려갔고 자신 내면
의 고민을 한껏 담은 글이기에 이해하기에 쉽지 않았다. 그러나 분명한
것은 그의 순례 뒷걸음질이 헛되게 느껴지지 않고 오히려 우리의 갈팡
질팡하기를 두려워하며 고민하고 투쟁하기보다는 지나친 단순화하는
함정에 빠져 "생각 없는 그리스도인", "마음의 실향"(homelessness of
mind)의 덫에 빠진 현대 기독교인들에게 깊이 성찰하고, 자신의 삶과
상황에 대해 아파하고, 타인의 삶과 상황에 공감하여야 비로소 진정한
회심의 언저리에 들어갈 수 있다는 교훈을 준다.[19]

　　문학적 소양이 턱없이 부족한 필자로서는 루이스의 "귀향" 이야기
가 마음속 깊이 다가오지는 않았다. 그러나 그의 알레고리 가득한 글은
오히려 인간 영혼 근저의 갈망을 추구함에서 지성적이고 감성적인
밀고 당김이 참으로 주관적이면서도 객관적으로 다가올 수 있다는
느낌이 들었다.[20] 문제는 루이스의 내면 세계로 들어가 같이 항해할만
한 영적이고 물리적인 여유가 내게는 없다는 것이다. 간조의 회심기에
서 엿볼 수 있었던 진지한 고민과 투쟁이 루이스의 글에서도 보인다는
점이며, 회심은 역시 하루아침에 이루어지는 것이 아닌 기나긴 먼 여정
이라는 사실이다. 루이스의 회심기를 통해 고뇌와 영적 투쟁이 결핍된
우리의 모습이 드러난다고 느끼는 것은 과연 필자의 예민함 때문만은
아닐 것이다.

---

[19] Sara Little, *To Set One's Heart* (Lewisville: Westminster John Knox Press, 1983),
　5-10.
[20] C. S. Lewis, 『순례자의 귀향』, 317 역자의 변에서 아이디어를 가져옴.

3. 아브라함 카이퍼(Abraham Kuyper)의 회심기

카이퍼(1837~1920)의 회심기는 목사로 사역하는 모든 이에게 본보기가 되고 동시에 괴로운 도전도 된다. 그는 피조물의 모든 영역에 하나님의 임재와 손길이 미치지 않은 곳은 없음을 신학적으로 밝힌 '영역 주권' 사상의 발의자로 널리 알려졌다.

약관 25세에 최우등으로 명문 라이덴대학교(Leiden Universiteit)의 대학원 과정을 마치고 신학 박사학위를 받은 후 첫 목회지로 파송 받아 가던 때에만 해도 천상천하유아독존天上天下唯我獨尊의 자기 이해가 충만했던 것 같다. 그는 당시 지식인들 대부분이 범하던 교만의 범람에 노출되었고, 자신도 눈치채지 못한 채로 인본주의적 사상에 물들어 있었다. 칼뱅과 라스코의 교회론에 대한 탁월한 논문을 학문적으로 치열하게 쓴 그였으나 26세에 첫 부임지 베이스트(Beesd) 교회에서 교우들의 적극적인 저항에 부딪힐 때까지는 자신의 칼뱅주의에 대한 구체적인 적용에 별 관심이 없었다.

목사의 아들로 큰 어려움 없이 신앙 세계에 발을 들여놓은 후 별반 도전에 직면하지 않았던 그는 특히 발투스(Pietje Baltus)라는 자신보다 몇 살 위인 여 성도의 집요한 저항에 부딪혔다. 그녀의 차가운 반응과 외면으로 촉발된 성찰과 기도 그리고 많은 대화는 카이퍼로 하여금 진정한 칼뱅주의적 그리스도인으로 다시 태어나게 하는 계기가 되었다. 그는 자신의 목회자로서의 회심에 대하여 재심의하는 기회를 가졌고, 신학 박사라 할지라도 만일 가진 지식이 삶에 구체적인 영향을 미치지 못한다면 그의 지식이 무슨 소용이 있을까에 대한 고뇌에 빠졌다. 결국 그는 하나님 앞에서 마음을 열고 겸손한 자세로 성도와 대화를 나누기에 이르렀고, 자기 투쟁 그리고 수정의 과정은 칼뱅이 말했던 배움의 영(teachable spirit)이 작동한 매우 배울만하고 모범적인 사건이었다. 그는 베이스트교회에 출석하던 순박한 시골 농부들의 실천적인 신앙 생활에서 많은 감명을 받고, 많은 학문의 높고 두꺼운 벽에 머물지 않고 오히려 그것을 허물어 자신이 연구했던 "하나님은 모든 피조물을 사랑하실 뿐만 아니라 모든 영역에 주권을 갖고 계시며, 지구상 그 어디에도 그의 주권이 미치지 않는 곳은 한 치도 없다"는 영역 주권 사상을 만들어 교육자로, 정치가로, 종교인으로, 언론인으로 구체적으로 삶 속에서 실천하게 되었다.[21]

카이퍼는 열 살 때(1845년 10월 10일) 이미 왕이신 하나님께 겸손한 마음으로 자신의 인생을 돌아보며 자신의 악한 행위와 마음가짐에 대해 회개하였고, 이후로는 착한 사람으로 살기 위해 노력하겠노라고 하나님 앞에서 맹세하였다. 그리고서 카이퍼는 샬로트 영(Charlott Yonge)의『레드클리프의 상속인』이라는 영어 소설과 칼뱅의『기독교 강요』를 읽은 후 하나님을 아는 지식과 자신을 아는 지식 사이의 밀접한 연관성에 대한 깨달음을 촉발된 영적 깨달음을 통하여 자신이 주인이 되어 살아가는 인간은 그 죄를 회개하고 오만한 지성마저도 다 내려놓아야 살게 된다는 중생의 체험을 하게 된다. 이를 정성구는 카이퍼의 첫 번째 회심으로 부른다.[22]

---

[21] Abraham Kuyper, *Souvereiniteit in Eigen Kring*, rede ter inwijding van de Vrije Universiteit (J. J. Kruyt, 1880), 35; Abraham Kuyper, 박태현 역,『아브라함 카이퍼의 영역주권』(서울: 다함, 2020), 35.

[22] 정성구,『아브라함 카이퍼의 사상과 삶』(서울: 킹덤북스, 2010), 31-32. 화란어에 대한 제약으로 인하여 카이퍼가 독서한 책의 일차자료를 참고하지 못하고 정성구의 2차 자료에 의존했다.

그리고 나서 찾아온 두 번째 회심은 위에서 언급한 베이스트교회에서의 지적인 회심 경험과 더불어 카이퍼가 『레드클리프의 상속인』이라는 소설을 읽다가 감명 받은 마음의 결정적인 변화이다. 그의 책 『확신컨대』(Confidentie)에 나오는 이른바 자신의 "야심과 성품을 심판하는 것 같았던" 것으로 "참회한 사람들을 부러워하는" 카이퍼의 감성적이고 의지적인 변화로써 정성구는 이를 두 번째 회심으로 부른다.23

목사로 사는 삶과 정치인으로서의 삶의 전 영역에서 늘 회심을 추구하고 경험하면서 자신의 모든 것을 바쳐 그리스도로 자신의 삶의 왕으로 모시고 살며 마지막 피 한 방울까지 다 드리고 살다가 주인 곁으로 떠났던 카이퍼의 자세는 회심을 요약 과정으로 만들어 버리고 복음을 사적 영역에만 국한해버린 한국교회의 경향성에 일침을 가한다고 본다.

4. 주선애의 회심기

회심을 논할 때 일본에 간조, 영국에 루이스, 네덜란드에 카이퍼가 있다면, 대한민국에는 주선애(1924~2022)가 있다.

주선애는 외유내강형, 온유하고 바른 어머니의 영향을 받아 '오늘은 또 누구를 기쁘게 할까'를 생각하며 사는 법을 배웠다고 했다.24 여자가 선생이 되는 일이 드물었던 시대에 요절했던 아버지의 유언을 따라 기독교 선생이 되는 길을 택했던 주선애는 평양신학교를 다니던 1947

---

23 위의 책, 32-33.
24 주선애, 『주선애의 회고록』 (서울: 두란노서원, 2018), 29.

년에 회심을 경험하였다. 그때는 그가 만 23세가 된 해였다. 그는 당시 주님의 십자가를 만난 기쁨을 이렇게 표현했다: "양의 가죽을 쓰고 이리의 마음을 품은 죄인이었어요." "아! 자유로웠다. 집으로 가는 길은 마치 천국의 길을 걷는 것만 같았다. 그날 아침 해가 떠오를 때 배를 타고 대동강을 건너면서 천국 요단강을 건너는 듯했다."[25]

새사람이 된 후 주선애는 세상을 따르기보다는 주님이 기뻐하시는 것을 찾아 살기로 작정했고, 삶의 절제와 겸손으로 이어지는 경험을 추구했다. 그리고 무엇보다 "누구의 명령도 가르침도 아니었지만" "말을 적게 하게 되었다."[26] 그는 그리스도를 향한 회심의 경험을 흘려보내지 않았으며 자신이 감명받았던 가가와 도요히코(かがわとよひこ)의 실천적 삶을 본받고자 평생을 노력하였다. 도요히코가 "자신의 학식과 재능, 모든 것을 다 버리고 빈민촌에 들어가 그들과 같은 이불을 덮고 자며 공동생활"을 한 것을 본받기 위해 황해도 해주에 가서 산파 시험을 치르고 자격증을 획득하여 산모들을 위하여 자신의 시간과 마음으로 바쳤다.[27] 그리고 훗날 장신대 기독교교육과에서 강의하던 중 오늘의 난지도 근처에서 똥 구더기 가운데 의료 혜택도 받지 못하고 사는 이들과 함께하라는 강의를 통해 학생 이상양 전도사와 같은 헌신자를 키워내기도 하였다.

이상양 전도사는 주선애 교수의 강의 중 화장실 없는 무허가 판자촌, 망원동 뚝방 마을의 사람들이 도움의 손을 내민다는 이야기를 듣고 교수님을 따라나섰던 기독교교육과 학생 중의 한 사람이다. 그는 결국

---

25 위의 책, 79.
26 위의 책, 81.
27 위의 책, 64-67.

뚝방 마을 사람들과 함께 살다가 짧은 생을 그들을 위해 바쳤다.[28]

주선애는 자신의 회심을 통해 하나님께 삶을 바치겠다는 약속을 99세 인생을 살면서 지켜낸 사람이다. 늘 도움이 필요한 이들 곁에 있으면서 평생 탈북자들의 눈물을 닦아 주고, 은퇴한 여 선교사들의 친구가 되어 주었던 평생 회심을 이루어 간 하나님의 사람이다. 2022년 하나님의 나라로 가는 날까지 입술로만 하나님을 사랑하는 명목상 그리스도인들에게 진정한 신앙인의 모습을 몸소 보여준 이 시대의 성자이다.

5. 김계용의 회심기

필자의 청년 시절, 미국 이민 생활 중 가장 심대한 영향을 끼친 사람은 나성영락교회의 김계용 목사이다.

김계용은 1921년 의주군 고진면 탑상동에서 태어났다. 유교에 젖은 아버지로 인해 성경과 찬송가를 빼앗겨도 30분 이상을 걸어 칠흑 같은 어둠을 뚫고 논길을 지나 교회에 다니던 어머니의 목숨을 건 신앙에 영향을 받아 계용은 온 생을 걸고 예수를 믿는 것이 무엇인지를 배웠고, 교회학교에서 기독교의 도를 배웠다. 고진공립보통학교를 졸업하고 평양사범학교까지 나온 그는 강계 회룡국민학교에서 5년간 교사로 근무하던 중 해방을 맞았다. 그는 일본어 대신 우리말로 교과서를 만드는 일에 매진하였으나 일제의 자리를 공산당이 대체하여 인민군에 징용당할 위기에 처하게 되고, 피신을 계획하던 중 체포되어 20년

---

28 위의 책, 282 이후.

구형을 받게 된다. 감옥에서 주의 종이 되라는 음성을 들었다. 그전에도 남신의주교회에서 유년부장으로 섬기던 중 이학인 목사로부터 "목사가 되라"는 권유를 종종 들었다고 한다.

결국 그는 신의주형무소에서 목사가 되기로 작정하고 출옥한 후 1953년 장로회 총회신학교를 졸업한 후 대구로 내려가 경북대학교에 편입하여 문학사를 받았고 또 목사 안수도 받게 된다. 안수와 더불어 1940년 19세의 나이에 이진숙과 결혼하여 10년 동안 함께 하였으나 부득이한 사정으로 3남매와 복중의 아이를 남겨두고 월남할 수밖에 없었다. 그 시절에는 "속히 다녀와서 데리고 가리다"라는 말을 남기고 갔다가는 다시 돌아오던 시절이었다. 필자의 부친(김경길 장로)도 이렇게 모든 가족과 생이별하고 남한에서 살다가 엘에이로 이민을 가서 2020년까지 살다 하나님의 부르심을 받았다.

김계용은 신의주제이교회 전도사로 한경직 목사와 함께 교회를 섬겼고, 훗날 대구중앙교회에서 7년간 담임목사로 서울 무학교회에서 3년간 시무하였다. "목사님은 혈혈단신으로 사니 해외로 가서 사랑과 말씀이 필요한 사람들을 섬기세요"라고 하신 한 목사님의 부탁으로 브라질 선교사로 파송받아 상파울로의 한인연합교회 담임목사가 되었다. 오늘날도 그렇지만 이민 교회에는 다양한 이민 생활의 아픔과 고난이 엉켜서 보통 힘든 것이 아닌데 교우들의 상처를 싸매고 장로회신학교와 덴버신학교에서 습득한 성경 주해 실력과 의주, 대구, 서울, 브라질에서 갈고 닦은 실력과 사랑의 큰 그릇으로 1974년에 나성영락교회를 개척하고, 페어팩스 유대인 회당을 매입하여 멋진 목회를 이루었으며, 브로드웨이 현 위치에 이르기까지 이민 교회와 사회의 선도적 역할을 감당한 교회로 성장시켰다. 필자 가족도 1981년부터 김계용 목사님의 따뜻한 사랑, 재치 넘치는 인간관계, 충실한 내용과 귀에 쏙쏙 들어오는 성경 강해에 힘입어 주의 길을 가겠다는 결심을 하게 되었다. 한참 프린스턴신학교에서 열심히 공부하고 있는데 목사님이 40년 만에 그토록 그리웠던 아내와 식구들을 만나기 위해 평양에 가셨다가 그만 돌아가셨다는 소식을 듣고 목사님의 존함을 부르며 울부짖고 하루 종일 줄줄 울었던 기억이 있다.

김계용이 어떻게 회심하였는지에 대한 구체적인 기록은 없으나 눈물로 기도하던 어머니의 손을 잡고 새벽부터 교회를 다녔고, 삼팔선과 태평양을 넘어 다니며 목숨 걸고 성도를 사랑하고 교회를 위하여 자신의 피와 물질과 몸을 바쳐 살아오신 모습을 지켜본 필자가 "그는 진정으로 회개하고 회심한 성도였다"고 증언할 수 있다. 필자는 그로부터 목회자상을 배웠고, 그로부터 언제 무엇을 어디서 어떻게 왜 사역해야 하는지를 배웠다고 감히 말할 수 있다.[29] 그로 인하여 나성영락교회는 미국 이민 사회에서 길잡이 역할을 하였고, 많은 이로 하여금 예수 그리스도를 따르는 종의 길을 걷게 하였다. 무엇보다 그는 진정으로 회심한 그리스도인의 삶은 어떠해야 하는지를 몸소 가르치고 보여주었다.

---

[29] 송민호, "김계용, 우리가 찾는 진실한 목회자의 모형," 김도일 책임집필, 『사회적 신앙인의 발자취』 (서울: 동연, 2017); 나성영락교회, 『내가 본 김계용 목사』 (서울: 보이스사, 1991).

VI. 온전한 회심론의 두 가지 고찰

1. 고든 스미스의 온전한 회심에 대한 이론: 7가지 얼굴

밴쿠버 리전트대학에서 영성 신학을 가르쳤던 고든 스미스(Gorden Smith)는 온전한 회심의 7가지 요소/얼굴을 이렇게 요약했다.

첫째, 그리스도인의 회심에는 지적인 요소가 포함되어 있다. 이는 인지적인 요소가 회심에 일정 부분 역할을 한다는 것이다. 인간 사고의 영역이 변화됨으로써 복음의 정수를 깨닫게 되고, 그 깨달음은 복음의 진리성에 대한 신뢰로 이어지게 되며, 그 신뢰는 믿음(believing)으로 귀착되게 되어 복음의 주체인 그리스도가 한 사람의 중심이 된다는 의미다.[30]

둘째, 그리스도인의 회심에는 회개·참회의 요소가 포함되어 있다. 자신의 죄를 가감 없이 인정하고 직면하는 가운데 과거와 현재 자신의 삶의 방식과 내용에 대하여 철저하게 거부하고 돌이키는 것이다. 하나님의 은혜 앞에 자신의 죄인 됨을 인정하고 고백하며 용서를 비는 것이다. 이는 죄의 길을 거부할 뿐만 아니라 자비의 은총을 구하는 것이다.

셋째, 그리스도인의 회심에는 정서적 요소가 포함되어 있다. 회심에서 감정적인 요소는 부차적인 것이 아니라 본질적이라는 말이다. 물론 사람과 문화에 따라 다양한 표현이 있을 수 있으나 용서, 신뢰, 기쁨은 회심 시 한 인간에게 찾아오는 본질적으로 중요하고 대체 불가한 요소라는 것이 스미스의 주장이며, 이는 매우 설득력이 있는 말이다.[31]

---

[30] Gorden T. Smith, *Beginning Well*, 임종원 역, 『온전한 회심』 (서울: 도서출판 CUP, 2004), 258-259.

넷째, 그리스도인의 회심에는 의지적 요소가 포함된다. 여기서 의지적 요소는 결단, 충성, 헌신을 의미한다. 그리스도 외에는 그 어떤 것도 충성과 순종의 대상이 되지 않으며 자신의 모든 에너지가 오로지 그리스도께만 집중되는 헌신을 의미하는 것이다.[32] 스미스의 이 논리는 데니스 홀링거(Dennis Hollinger)가 말한 "회심은 머리, 가슴, 손의 통합적 신앙으로의 결단과 실천"과 유사하다.[33]

다섯째, 그리스도인의 회심은 물세례, 즉 성례적 요소를 포함한다. 세례는 "그리스도께 나아오는 경험과 그리스도인 공동체로 통합되는 데서 없어서는 안 될 절대적인 요소다."[34] 세례는 회심이 개인적인 경험에 그치는 것이 아니라 공동체적인 경험으로 승화되어야 하며, 이런 외적인 의식이 그리스도인으로 만들어지는 데 필수적이다. 왜냐하면 세례를 통하여 공적인 회심으로의 문을 통과한다고 보기 때문이다.[35]

마지막으로 그리스도인의 회심은 공동체적 요소를 포함하고 있다. 사도행전 2:38-42에 나타나는 것처럼, 회심을 통하여 한 사람의 그리스도인 공동체로의 통합이 일어난다. 이 말은 그리스도인의 회심이 개인주의를 조장하는 것이 아니며 진정한 회심이 일어나는 과정에는 영적 성숙을 도와주는 공동체적 환경이 필수적이라는 의미이다.[36] 인

---

31 위의 책, 260-261.

32 위의 책, 262-263.

33 Dennis P. Hollinger, *Head, Heart and Hands*, 이지혜 역, 『머리, 가슴, 손』 (서울: IVP, 2008).

34 Gorden T. Smith, *Beginning Well*, 임종원 역, 『온전한 회심』 (서울: 도서출판 CUP, 2004), 263.

35 위의 책, 264.

간은 본래 사회적인 존재이며, 회심은 자신의 본래적인 사회성, 공동체성을 회복하는 필수적인 통로다.

2. 버나드 로너간의 회심론과 그에 대한 변희선의 견해

버나드 로너간(Bernard F. Lonergan)은 회심에 관한 자신의 견해를 인간의 주체성(autonomy)과 진정성(authenticity)이라는 시각으로 밝혔다. 회심을 통하여 인간의 그동안 자신의 무시되고 파편화된 주체로부터 자신을 회복하고 하나님 앞에서 자신의 존재됨을 확인하는 과정으로 본 것이다.[37] 이전에는 자신이 어떤 존재이며, 무엇을/누구를 위해서 살아야 하는지를 주체적으로 결정하지 못했다면 회심을 통하여 한 사람은 그리스도의 사람이 되고, 자신의 삶을 타인이 규정하고, 타인과 사회에 의하여 휩쓸려가던 삶에서 벗어나 자기 존재를 확인하고, 그리스도께로 자신의 삶을 자기 자신이 결정하여 주체적인 삶을 사는 계기를 접하게 된다는 것이 로너간의 회심론이라고 볼 수 있다.

이를 예수회 사제인 변희선은 자기 적절화(Self-appropriation)로 불렀다. 이는 "단순한 발달"과 다른 개념으로 "지평과 정향(orientation)의 근본적인 탈바꿈"이라는 것이다.[38] 로너간이 말하는 지평은 지성적, 도덕적, 영적 측면을 포함하는 지평을 의미하며 의식의 주체인 인간의 내·외면의 진정한 변화를 말하는 것이다. 변희선에 의하면 "영적 회심은

---

36 위의 책, 265.

37 Bernard F. Lonergan, *Method in Theology* (Toronto: University of Toronto Press, 1990), 338.

38 변희선, "버나드 로너간의 회심론에 관한 소고: 신학자의 회심과 신학함," 「신학전망」 125호 (1999. 6.), 29.

도덕적, 지성적 회심을 능가"하는 것이다. 왜냐하면 영적 회심은 세상이 가져다줄 수 없는 초월적인 위로와 위안을 주기 때문이다.[39] 그의 연구가 가진 중요성은 그가 살핀 신학자의 신학함의 수행에 있어 필요한 지성적, 도덕적, 영적 회심에 대한 견해 때문이다. 그는 그리스도인이라면 지성적 회심을 통하여 자기 내면에서 솟구치는 "자기중심적인 편견, 이념, 고집, 신화적 사고방식"에 정직하게 대면하면서 참된 진리를 추구하려는 노력을 기울여야 한다고 말한다. 또한 도덕적 회심을 통하여 "자신의 만족을 추구하는 지향성에서 벗어나 가치 중심의 지향성으로 탈바꿈하는 주체가 되어야 한다"는 것이다. 마지막으로 영적 회심을 통하여 하나님의 실재와 현현하심을 대면하고 진정한 만남을 갈구하는 가운데 성령의 진정한 선물인 "참된 자아"를 만나야 한다고 하였다.[40]

위의 스미스와 로너간의 회심에 대한 견해는 루이스와 램보의 회심에 대한 견해에 더하여 본 연구 주제의 핵심을 조금 더 깊고 넓게 수행하는데 기여하기를 바라는 의도에서 다루어진 것임을 밝힌다.

VII. 나가는 말: 진정한 회심을 위하여

회심에 대한 논의는 우리로 하여금 신앙 생활에서 결코 간과하면 안 되는 사실을 일깨워준다. 회심은 결코 지나가는 일종의 가벼운 통과의례가 아니라는 사실이다. 신앙 생활의 첫걸음인 회심의 과정을 진실

---

39 위의 글, 31.
40 위의 글, 41.

하게 밟지 않으면 회심이 아닌 후회(regret)에 머물게 된다. 많은 이가 자신이 겪은 엄청난 일을 뉘우치고 간증하지만, 삶 속에서 죄를 등지고 진정 그리스도를 향해 적극적인 돌이킴을 하지 않은 채로 결국은 가던 제 길로 돌아가게 된다. 한때 가슴 따뜻한 체험적 이야기가 넘쳐나는 삶을 살지만, 그저 따뜻한 스토리에 머물고 말기도 한다. 그러기에 대가(consequences) 치르기를 회피하는 회심은 진정한 회심이 아니며 가짜 회심(pseudo conversion)이기 쉽다.

우리는 우찌무라 간조, CS 루이스, 아브라함 카이퍼, 주선애, 김계용의 삶에서 진정한 회심의 전형을 본다. 분위기에 휩쓸려 잠시 신앙적 감성에 젖은 유사 회심이 아닌 진정한 회심에로의 과정에 들어가 하나님과의 만남, 죄와의 결별, 거룩한 생활 습관 습득을 위한 점검, 이기적 경향성에서 사회적 경향성(disposition)으로 전환을 의지적으로 꾀할 수 있도록 신앙 공동체에서의 지속적 멘토링, 실천과 반추의 훈련 과정을 가질 수 있도록 도와야 할 것이다.

루이스 쉐릴(Lewis Sherrill)이 『만남의 기독교교육』에서 주장한 것처럼, 모든 인간은 건강하고 통전적인 자아를 위한 회심, 개인적이며 사회적인 회심을 위하여 진정한 만남의 기독교교육이 필요하다. 그는 일찍이 현대인이 잃어버린 것은 자기 자신이라고 말하면서 하나님의 계시 말씀과 성령의 임재를 받아들이고 추구하는 가운데 잃어버린 자아를 발견하고 진정한 회심을 하여야 한다고 주장하였다.[41] 또한 사라 리틀도 현대인의 진정한 문제는 상황에 있는 것이 아니라 마음의 실향이라고 주장한 바 있다. 그들의 주장은 결코 낡아빠져 폐기해야

---

[41] L. J. Sherrill, *Gift of Power* (New York: Macmillan, 1955), 95.

할 주장이 아니며, 여기서 우리가 논한 개인의 진정한 회심을 통한 변화에 대한 논의의 적실성(relevance)을 여실히 드러내 준다고 하겠다. 헨리 나우엔(Henry Nouwen)이 말한 것처럼 우리는 세 가지 발돋움 (reaching out)이 필요한데, 그것은 자아에 대한 발돋움, 이웃에 대한 발돋움 그리고 하나님께 대한 발돋움이다. 많은 이가 거대 담론을 논하는 것에 익숙해져 있는 이때 누군가는 뼈를 깎는 심정으로 미시 담론을 구체적으로 논하여야 한다는 일종의 사명감으로 본 연구를 수행하였으며 이것이 누구에겐가 도움이 되기 소망한다.

이 연구는 오늘날 명목상 그리스도인이 넘쳐나는 기현상奇現象을 극복하는 데 일조하여 명목상 교인(nominal Christian) 양산에 쐐기를 박는 계기가 되어 진정한 그리스도인이 많이 만들어져 이 땅에서 사회적 신뢰를 회복하게 되기를 바란다. 예수 그리스도를 만나 인생 방향의 전환, 중생의 체험으로 시작되는 회심은 회개와 말씀에 터한 신앙 훈련, 독서와 다양한 사람들과의 만남, 공동체 속에서의 구체적인 지도와 연단을 통한 연습 그리고 교회 안팎에서의 희생, 투쟁, 헌신의 과정을 겪으며 진정한 회심, 온전한 회심의 과정을 거쳐야 한다. 이를 통하여 어지러운 세상 속에서 하나님의 부르심에 응답하고, 세상을 조금이나마 살만한 세상으로 만드는 데 일조하여 부디 한국교회가 상실해버린 신뢰를 회복하기를 간절히 바란다.

변화관리의 생태적 접근법

양혁승

연세대학교 경영대학 교수

I. 들어가는 말

예수 그리스도의 몸된 교회를 소중하게 생각하는 목회자나 신학자나 교인들은 한국교회가 한국 사회로부터 받는 신뢰 수준이나 기독교인의 감소 추세 등에 관한 실태 보고서를 접하며 안타까운 마음에 사로잡히곤 한다. 현 상황까지 이르게 된 원인에 대해 애써 반기독교적 세력이나 세속 문화 등을 거론하며 교회 외부 요인으로 돌리려는 움직임도 없지 않지만, 근원적으로는 교회 내부에 그 원인이 있음을 인정하고 자성하는 목소리가 커지고 있다.

한국교회 안에 팽배해있는 물량주의와 번영 신학, 가부장적 권위주의와 비민주적 교회 운영, 선민의식과 근본주의, 강한 자기 중심성과 개교회주의, 교계 대표자들의 권력 지향성 등 축적된 내부 요인들이 대외 신뢰를 약화시켰다고 본다. 한국교회의 약화를 초래하는 외부 요인이 없는 것은 아니지만, 안으로 곪게 만드는 내부 요인들과 자정 능력 상실이 외부 요인들에 효과적으로 대응할 수 없게 만들었다고 볼 수 있다.

한국교회의 현실을 안타까워하며 교회의 본질 회복에 대한 책임감을 느낀 목회자와 교인 중에는 기존의 교회 내 폐단들을 해소하고 교회의 존재론적 사명에 충실하기 위한 다양한 노력을 경주하고 있다. 이와 같은 선의의 노력들이 취지에 맞게 순조롭게 이루어진다면 더 이상 바랄 것이 없겠지만 이런저런 난관에 봉착하여 좌절하는 경우가 드물지 않다. 지역 내 대형 교회들의 흡인력을 뚫고 헤쳐 나가야 하는 현실적 어려움에 봉착하기도 하고, 기존 교회의 관습에 젖어 신앙 생활을 해오던 교인들의 무관심이나 반발에 직면하기도 한다. 의미 있는 개혁의 청사진을 그리며 그것을 관철하고자 하지만, 개혁을 위한 공감대와 동력을 얻기도 녹록지 않고, 개혁의 열매를 맛보는 데까지 이르기는 더 어렵다. 교회가 하나님의 뜻 앞에 항상 깨어 있어 개혁을 지속해나가려면 그 과정에서 작지만 의미 있는 질적 변화들을 맛보아야 개혁을 지속할 수 있는 동력을 유지할 수 있다.

변화관리란 한 공동체나 조직 안에서 바람직한 변화의 동력을 만들고 효과적으로 변화가 이뤄질 수 있도록 그 과정을 관리하는 것을 일컫는다. 이 글은 한국교회의 과거를 성찰하며 시대적 사명을 지속적으로 감당하기 위해 필요한 변화를 모색하고 추진하려는 목회자와 교회 리더들을 위하여 썼다.

구체적으로는 교회가 왜 변화관리를 고민해야 하는지, 변동성과 불확실성이 높은 환경에서의 변화관리는 안정된 환경에서의 변화관리와 어떻게 달라야 하는지, 환경의 변화에 능동적으로 대응하고 변화를 선도할 수 있으려면 교회 내 조직 문화와 조직 구조는 어떠해야 하는지, 이를 위해 교회 리더들이 갖춰야 할 리더십은 무엇인지 등에 초점을 맞춰 내용을 정리했다.

II. 교회가 변화관리를 고민해야 할 이유

교회가 왜 변화관리를 고민해야 할까? 첫째, 교회는 끊임없이 개혁되어야 하기 때문이다. 교회가 개혁성을 잃으면 현실에 안주하게 되고, 변화하는 환경에 적응하지 못하며, 내부적으로 부패할 위험에 처한다. 인간의 안정 지향적 본성은 변화를 외면하고자 하며, 그러한 사람들로 구성되어 있는 교회도 변화를 회피하는 경향을 보인다. 특별히 한 교회가 자기 충족적 상태에 이르면 그것이 가져다주는 안정성을 스스로 떨쳐버리기 어렵다. 불편 감수와 때로 자기 부정까지 내포하는 개혁의 길로 뛰어들려 하지 않는다.

이러한 경향은 대부분의 일반 조직에서도 보편적으로 나타나는 현상이다. 이런 경향 때문에 "아무것도 없는 상태에서 새롭게 시작하는 것보다 지금까지 훌륭하게 기능을 발휘하고 있던 체제를 바꾸기가 훨씬 어려운 법이다. 후자의 경우에는 무엇보다 우선 자기 자신을 개혁해야 하기 때문이다. 자기 개혁, 특히 자신의 능력에 자신감을 갖는 데 익숙해진 사람들의 자기 개혁만큼 어려운 일은 없다."[1] 그러나 교회

---

[1] Nanami Shiono, *Roma Wa Ichinichi Ni Shite Narazu*, 김석희 역,『로마인 이야기 5: 율리우스 카이사르 하』(파주: 한길사, 1996), 300-301.

든 일반 조직이든 본래의 존재 목적에 충실하고 시대적 사명을 감당하려면 이러한 현실 안주적, 안정 추구적 힘을 거슬러 본질을 회복하려는 개혁과 혁신을 끊임없이 추구하지 않으면 안 된다.

둘째, 교회는 끊임없이 변화하는 세상 속에서 사명을 감당해야 하기 때문이다. 교회는 세상을 향해 존재한다. 하나님께서 예수 그리스도를 이 땅에 보내신 이유는 인간과 피조 세계를 포괄하는 이 세상을 사랑하셨기 때문이다(요 3:16). 그리고 예수께서 제자들을 보내신 곳도 바로 이 세상이다(요 17:18). 따라서 교회는 세상 속으로 보냄을 받은 신앙 공동체이며, 교회가 이 땅에 존재하는 궁극적 목적이 세상을 하나님 나라의 복음으로 섬기는 데 있다. 문제는 교회가 복음으로 섬기며 변혁해야 할 세상이 정체된 상태에 머물러 있지 않다는 데 있다. 고대 그리스 철학자 헤라클레이토스(BC 540~480)의 말마따나 "세상 모든 것은 변한다. 변하지 않는 것은 세상이 변한다는 사실뿐이다." 자연 세계도 바뀌고, 인류 문명도 바뀌고, 인간 사회와 삶의 조건도 바뀐다.

긴 인류의 역사까지 거슬러 올라가지 않더라도 해방 이후 약 80여 년 동안 다방면에서 우리 사회는 굵직굵직한 변화들을 경험하였다. 베이비붐 세대만 하더라도 우리나라가 보릿고개를 걱정해야 했던 상태에서부터 경제적 선진국 지위에 오르는 것을 목도했다. 기술적으로는 한 동네에 몇 집밖에 없었던 라디오를 통해 세상의 뉴스를 접했던 시절부터 5G 정보통신 기기들을 통해 세계 각지와 실시간으로 연결되는 최첨단 디지털 세상을 경험하고 있다. 사회적으로도 "둘만 낳아 잘 기르자"에서 시작하여 "아들 딸 구별 말고 하나만 낳아 잘 기르자"는 캠페인을 벌였던 시절이 있었는가 하면 이제는 세계에서 가장 낮은 출생률과 인구 감소, 급격한 초고령 사회로의 진입을 목도하고 있다.

그런가 하면 단일 민족 국가에서 다양한 국적을 가진 외국인의 비율이 점차 높아짐에 따라 다민족, 다문화 국가로 바뀌고 있다. 각 영역에서 엄청난 변화들을 압축적으로 경험해온 셈이다.

다방면에서 다층적으로 일어나는 우리 사회의 변화는 우리가 해결해야 할 새로운 문제와 필요를 지속적으로 야기한다. 교회는 시대 변화에 적응하기 위해서뿐만 아니라 변화하는 세상을 하나님 나라의 복음으로 섬기고 리드하기 위해 각 시대 변화의 본질을 깊이 이해하고, 새롭게 제기되는 시대적 과제에 대한 적절한 복음적 해법을 제시할 수 있어야 한다. 지금 이 시점에도 한국교회는 지구촌과 우리 사회가 당면한 다양한 문제들—기후 및 환경 위기, 4차 산업혁명이 불러올 대격변, 국제 질서의 재편에 따른 긴장 고조, 국가주의의 부상, 남북 사이의 대립과 갈등, 불균형과 양극화, 세대 간 갈등 등—에 대해 하나님 나라의 원리와 가치에 맞는 대안을 제시하고 앞장서 실천할 것을 요청 받고 있다. 세상을 향해 가슴을 열고 세상의 변화 속도와 보조를 맞추며, 그 속에서 호흡하는 사람들의 문제와 필요에 민첩하게 반응할 필요가 있다. 변화 속도에서 교회가 세상에 뒤처지면 세상과 교감하며 소통하는 능력을 상실하게 되고, 세상이 교회를 더 이상 필요로 하지 않는 상태에 이르게 된다. 세상으로 보냄을 받은 교회가 세상의 변화를 품고 복음으로 세상을 섬길 수 있으려면 교회가 변화에 능동적으로 대응할 수 있는 동적 역량을 확보하고 유지해야 한다.

III. 뷰카(VUCA) 환경에서의 변화관리 접근법

전통적으로 변화관리는 현재 상태(As is)를 진단하고 바람직한 미래 상태(To be)를 설정한 후 그 변화 이행 과정을 체계적으로 관리하는 접근법을 취해 왔다. 변화가 더디게 일어나는 안정적인 환경에서는 변화를 추진해야 할 필요성이 빈번하게 발생하지 않는다. 간헐적으로 오는 큰 환경 변화에 직면하게 될 때, 그때를 계기로 새로운 환경과의 정합성을 높이기 위해 변화를 추진한다. 이러한 변화관리는 변화 추진 방향과 로드맵을 사전에 명확하게 설정하고 중앙집중적으로 그 과정을 관리하는 방식이다. 가장 대표적인 변화관리 모델은 존 코터(John Kotter) 교수가 정리한 변화 실행 여덟 단계 모델로서 ① 위기의식 조성하기, ② 변화 추진체 구성하기, ③ 비전과 전략 수립하기, ④ 비전 공유하기, ⑤ 장애요인 제거와 권한 부여하기, ⑥ 단기 성공사례 만들기, ⑦ 변화를 가속화하기, ⑧ 변화를 조직 문화 속에 심기 등으로 구성되어 있다.[2]

그러나 오늘날의 환경은 변동성(volatility), 불확실성(uncertainty), 복잡성(complexity), 모호성(ambiguity)을 특징으로 하는 뷰카(VUCA) 환경이다. 변동성이 높아짐에 따라 불확실성이 높아지고 미래 예측이 그만큼 어려워졌다. 시간이 흐를수록 더 많은 요인이 뒤얽히기 때문에 복잡성은 갈수록 커지고, 특정한 현상을 일으키는 원인을 규명하거나 미래에 대응하기 위한 대비책을 마련함에 있어서 모호성도 계속 높아만 간다.

특별히 지금은 글로벌 수준에서 거대한 대변혁이 진행되고 있다.

---

[2] John Kotter, *Leading Change*, 한정곤 역, 『기업이 원하는 변화의 리더』 (서울: 김영사, 2007).

인공지능을 필두로 한 기술혁명이 기성세대가 몸담아왔던 20세기 산업화 시대를 역사의 뒤안길로 밀어내고 4차 산업혁명 시대를 열어젖혔다. 지식 노동까지 대체할 수 있는 인공지능의 활용 반경이 각 분야로 확대되면 될수록 20세기형 고용 사회는 점차 퇴조할 것으로 예측된다.[3] 또한 물리적 오프라인 세계와 디지털 온라인 세계가 융합된 메타버스 (metaverse) 세계를 주 활동무대로 삼고 있는 젊은 세대가 이 시대의 주역으로 전면에 등장하고 있다. 아날로그 세대와 그들의 주 활동무대였던 경제 사회 질서가 디지털 세대와 그들이 만들어가는 새로운 경제 사회 질서에 자리를 내어 주고 있다. 예컨대 초연결 디지털 플랫폼을 기반으로 한 에어비앤비가 전통적인 숙박 산업의 생태계를 바꾸었고, 스트리밍 서비스를 제공하는 넷플릭스가 전통적인 비디오나 DVD 대여업을 대체하였으며, 1인 유튜브 크리에이터들이 전통적인 방송 사업자들의 영역을 잠식해가고 있다.

현재 진행되고 있는 변화는 이전 시대에 형성된 제반 질서가 점차 힘을 잃어가고, 낯설고 새로운 질서에 자리를 내어 주는 변화이기 때문에 불연속적 변화로 불린다. 불연속적이라는 말은 시대적 단절을 의미한다. 과거 질서 속에서 효과적으로 통용되던 방식이 변화된 환경에서는 더 이상 그 효력을 발휘하지 못한다. 새롭게 부상한 환경과의 정합성이 떨어지기 때문이다. 불연속적 대변혁의 시대에 이전 시대에 지배적이었던 방식을 고집하는 것은 스스로를 부적응의 덫에 걸려들게 한다.

따라서 전통적인 변화관리 방식은 뷰카 환경에서 효과를 발휘하기 어렵다. 특정한 계기에 큰 의지를 가지고 심혈을 기울여 체계적으로

---

3 Jeremy Rifkin, *The End of Work*, 이영호 역, 『노동의 종말』(서울: 민음사, 1996).

추진한 변화관리가 마무리될 즈음에 환경은 또 바뀌어 있을 가능성이 높기 때문이다. 바로 이러한 이유 때문에 뷰카 환경에서는 유기적이고 생태적인 변화관리 접근법이 필요하다. 특정 시점에 유효한 조직 운영 방식이 효과적으로 작동하다가도 내·외부의 상황 변화로 인해 더 이상 그것이 효력을 발휘하지 못하는 상황에 직면할 때 변화된 환경과 정합성이 높은 새로운 조직 운영 방식이 등장하여 이전 방식을 자연스럽게 대체할 수 있어야 한다.

이와 같은 접근법 전환은 일반 조직들의 전략 실행 접근법에서도 나타난다. 이들 조직은 사전 예측이 가능한 안정된 환경에서 활용했던 '조준 후 발사'식 전략 실행 방식보다는 '발사 후 조준'식 전략 실행 방식을 채택하는 경향을 보이고 있다. 다양한 전략들을 실험적으로 시도해보고 그중 효과가 좋은 것으로 판명된 전략에 일정 기간 자원과 역량을 집중함으로써 좋은 열매를 내는 접근법이다. 변동성과 불확실성이 높은 환경에서 목표를 달성해가는 과정은 고정된 과녁이 아닌 수시로 변하는 과녁을 맞히는 사격에 비유되기 때문이다. 소위 말하는 애자일(Agile) 전략 실행 방식이다.

환경의 변화에 민첩하게 반응하는 애자일 전략을 시행하기 위해서는 평소에 창의적이고 혁신적인 전략들을 실행해볼 수 있는 내부 생태계, 즉 창의적이고 혁신적인 변화의 씨앗이 발아하여 싹을 틔우고 자라서 열매를 맺을 수 있는 조직 토양을 조성하는 것이 무엇보다 중요하다.

IV. 자생적 변화를 가능케 하는 조직

변화관리에 대한 생태적 접근법은 중앙집중식 예측과 계획에 근거한 접근법과 달리 변화에 유연하고 민첩하게 대응할 수 있는 조직 토양 혹은 조직 문화를 조성하는 접근법이다.

그렇다면 교회 내에 어떤 조직 토양을 조성해야 할까? 자생적 변화를 촉진하는 교회 내 토양을 조성하려면 가장 중심부에 세상을 품는 신학과 교회론이 자리 잡아야 한다. 그리고 수평적이고 유기적인 조직 구조, 인지적 다양성과 독립성 존중, 이질적이고 낯선 것(사고, 문화)에 대한 개방성 및 세상과의 소통 채널 유지 등에 대한 공감대가 교회 안에 형성될 필요가 있다. 더 나아가 불확실성에 대한 내성과 자기 확신에 대한 경계심을 키우는 조직 토양과 그것을 뒷받침하는 리더십이 필요하다. 다만 신학과 교회론에 대해서는 이 책의 다른 필자가 다루기 때문에 이 글에서는 생태적 변화관리 접근법과 직접적으로 연관되는 내용들을 중심으로 정리한다.

1. 유기적 조직

구성원들의 창의적 혁신 활동을 촉진하고 불시에 닥쳐오는 기회와 위기에 적절하게 대응할 수 있으려면 관료제 조직에서 탈피하여 자율 기반 조직으로 전환할 필요가 있다. 구성원들의 열정과 창조적 에너지가 활성화되어 있는 조직을 핫스팟으로 정의하고 핫스팟의 특성에 대해 연구한 린다 그래튼(Linda Gratton) 교수의 말을 들어보자: "핫스팟은 스스로 출현한다. 명령이나 지휘를 통해서는 핫스팟이 출현하지 않는다. 사람들은 자신의 자본(인적 자본, 지적 자본, 감정적 자본, 사회적 자본)을 나눠주는 일을 자유롭게 선택할 수 있어야 한다."[4]

20세기 조직 운영 모델의 전형이었던 관료제 조직은 효율성 제고라는 장점을 가지고 있지만, 그 이면에 상당한 부작용을 내포하고 있다. 관료제 조직에서는 시간이 흐르면서 세세한 규칙과 절차가 늘어나고 형식 논리가 지배하는 현상이 나타난다. 그 단계에 이르면 규칙과 절차가 그 본래의 취지에서 멀어져 구성원들의 주도성과 열정을 갉아먹는 부작용을 유발한다. 그뿐 아니라 환경 변화에 민첩하게 대응할 수 있는 의사결정과 유연한 대응을 어렵게 하며, 규칙과 절차를 뛰어넘어 창의적이고 혁신적인 아이디어를 시도해볼 여지를 없애버린다. 관료제의 합리성과 효율성을 통찰했던 막스 베버(Max Weber)도 관료제가 초래할 궁극적 결과에 대해 비관적 견해를 견지했다. 그는 관료제가 합리성 추구 면에서의 기술적 우위 때문에 멈추지 않고 지속적으로 확산될 것이지만 궁극적 결과로서 규칙에 기반한 합리적 통제와 관료주의가 영혼 없는 쇠창살[5]에 개인들을 가두는 상태로 이끌고 결국 인간의 소외 현상을 유발할 것이라 경계했다.

환경의 변화에 민첩하고 유연한 대응이 중요해짐에 따라 자율 기반 조직이 주목 받고 있으며, 그것을 뒷받침하는 조직 모델이 유기적 조직

4 Linda Gratton, *Hot Spots*, 조성숙 역, 『핫스팟』 (파주: 21세기북스, 2008), 109.

5 막스 베버가 '쇠창살'이라는 용어를 처음 쓴 것은 자본주의 경제 질서와 재화가 점점 더 강력한 힘으로 인간을 지배하게 되었고 결국에 인간은 그 힘에서 벗어나는 것이 불가능하게 되어 버렸다는 점을 강조하는 맥락에서였다. "백스터는 성도들에게 재화에 대한 관심은 '언제라도 벗어 버릴 수 있게 가볍게 걸치고 있는 외투' 같은 것이어야 한다고 말했지만, 역사적인 운명은 재화에 대한 관심이 가벼운 외투가 아니라 강철로 만든 쇠창살이 되게 하였다." Max Weber, *Die Protestantische Ethik und Der Geist des Kapitalismus*, 박문재 역, 『프로테스탄트 윤리와 자본주의 정신』 (파주: 현대지성, 2018), 375.

이다. 유기적 조직은 기계적 조직과 대비되는 조직으로서 살아 있는 유기체처럼 환경의 변화에 유연하게 적응할 수 있는 조직을 지향한다. 유기적 조직은 자율성과 주도권을 갖는 작은 조직 단위들로 구성되고, 의사결정은 분권화되며, 커뮤니케이션은 일방적 탑-다운식이 아니라 쌍방향으로 활발하게 이루어진다. 조직과 외부와의 경계 또한 느슨한 편이며, 근래 주목 받고 있는 애자일 조직6이 유기적 조직의 대표적 사례라 할 수 있다.

애자일 조직은 유기체에 비유되는 큰 서클 속에 하위 서클들이 존재하는 원 도형으로 표현된다. 홀론(holon)이라 불리는 서클들은 그 자체가 유기체로서의 온전성을 갖추면서 동시에 더 큰 전체의 일부를 이루는 특성을 갖는다. 애자일 조직에서 하위 서클은 처음부터 끝까지 자신들이 추진하는 일에 대해 책임을 지면서 동시에 상위 서클의 목표 달성을 위해 다른 서클들과 유기적으로 상호작용한다. 작은 공동체가 하나의 완결된 교회를 이루면서 그것들이 느슨하게 연합하는 가정교회 모델이 애자일 조직에 가까운 예라고 볼 수 있다.

애자일 조직은 변화에 유연하게 적응하면서 지속적인 개선을 추구하기 때문에 가벼운 시도를 통한 학습과 조정, 열린 피드백을 중시한다. 그 점에서 예측과 사전 계획에 기반하며 실수와 실패를 최소화함으로써 효율성을 추구하는 관료제 조직과는 매우 다르다. 애자일 조직에서는 위계적 보고 체계를 중요하게 여기지 않으며, 대신 현장 중심의 실행을 중시한다. 애자일 조직에서 리더는 구성원들에게 무엇을 해야 하는지

---

6 Aghina, W., Ahlback, K., Smet, A. D., Lackey, G., Lurie, M., Murarka, M., & Handscomb, C., *The Five Trademarks of Agile Organizations*, McKinsey & Company, 2018,

지시하기보다 무엇이 왜 필요한지 그 배경과 맥락을 알려주고 구성원들 스스로 최선의 선택을 내릴 수 있도록 옆에서 도와준다.

[그림 1] 서클의 기본 구조와 서클 간의 상호관계

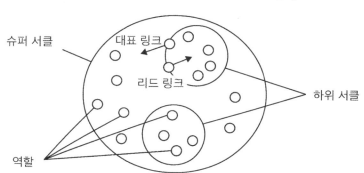

(출처: 브라이언 J. 로버트슨, 2017)[7]

애자일 조직 중에서 가장 파격적이라 할 수 있는 홀라크라시 (holacracy) 조직[8]은 보스 없는 조직으로 알려져 있다. 홀라크라시 조직의 기본 단위는 조직에서 수행되는 역할(role)이다. 그리고 관련성이 높은 역할들이 묶여서 형성된 하위 서클, 관련성이 높은 역할들과 하위 서클들이 묶여서 형성된 슈퍼 서클, 그렇게 구성된 역할과 하위 서클과 슈퍼 서클들이 엮여서 앵커 서클이 되는 홀라키(holacy) 구조이다. 또한 서클 내부에서 홀론들 사이의 상호작용을 이끄는 리드 링크(lead link)와 외부의 하위 서클이나 슈퍼 서클과의 상호작용에서 해당 서클의

___

7 Brian J. Robertson, *Holacracy*, 홍승현 역,『홀라크라시』(서울: 흐름출판, 2017), 89, 92.

8 홀라그라시 조직에 대한 내용은 위 책을 참조하여 정리하였음.

입장을 대표하는 대표 링크(representative link)가 있어서 유기적 상호 작용이 원활하게 일어나도록 돕는다.

홀라크라시 조직은 우선 자기 조직화하는 특징을 갖는다. 이것은 중앙집중적 구조하에서 예측과 통제의 원리에 따라 작동되는 것과는 근본적으로 다른 특징이다. 구성원들이 가진 감지 능력에 의해 현실과 새로운 가능성 사이의 간극으로부터 발생하는 긴장이 포착되면, 그 긴장을 해소하기 위해서 자기 조직화를 지원하기 위해 설정되어 있는 일련의 포괄적 규칙과 프로세스에 따라 새로운 역할이나 서클이 생성되기도 하고, 기존의 역할이나 서클이 해체되기도 한다. 그리고 개별 역할과 서클들 사이에 역할 경계의 재설정이나 권한의 재분배가 일어나기도 하고, 개별 역할이나 서클들 사이의 상호작용의 내용이 달라지기도 한다.

둘째, 보스가 없기 때문에 피라미드식 관리 구조와 달리 긴장을 감지한 역할 담당자나 하위 서클이 주도권을 갖고 유연한 방식으로 문제 해결 방안을 찾아 나간다. 물론 자기 조직화가 일체의 조율 과정이 무시된 방임과 무질서를 의미하지 않는다. 피라미드식 관리 구조에서 보스가 지시적 방식으로 하던 조정 및 통제를 홀라크라시 조직에서는 자기 조직화 규칙과 프로세스가 대신한다. 문제 혹은 기회로서 새로운 긴장이 감지되면 일상적 운영과 관련된 것은 전술 회의를 통해서 조정이 일어나고, 체계 구축과 관련된 것은 거버넌스 회의를 통해서 조정이 일어난다. 거버넌스 프로세스를 통해 각 홀론의 목적과 역할 범위와 그에 따른 권한과 책무 등이 정해지면 그것들이 명시적으로 문서화되기 때문에 역할과 책임의 경계가 모호하지도 않다.

셋째, 유연하고 역동적인 특징을 갖는다. 조직 구조가 고정되어 있거나 완전한 것이 아니라 자기 조직화 과정을 통해 지속적으로 변화해 나간다. 홀라크라시에서 개별 역할은 역동적으로 변화하며 새로운 환경 변화에 적응해간다. 조직 구조와 역할의 역동적 변화 과정은 실제에서 일어나는 긴장과 실험적 시도, 현실적 경험에 바탕을 두고 지속적인 조정을 거쳐 일어난다.

교회 내에서 자율 기반 조직이 원활하게 운영되기 위해서는 자율적이고 독립적인 소규모 공동체들이 성장 및 분화되어 나가는 분권화된 조직 체계 속에서 교인들이 교회의 존재 목적(사명)과 미래 청사진(비전)과 핵심 가치를 공유하고, 하나님 나라의 원리와 가치를 기준으로 변화하는 상황에 대해 해석할 수 있는 능력과 분별력을 갖추는 것이 중요하다. '모이는' 공동체로서의 교회가 감당해야 할 중요한 기능 중 하나가 바로 교인들이 그러한 능력과 분별력을 키울 수 있도록 지원하는 데 있다. 아울러 교회가 주관하는 다양한 사역 수행 과정에서 하나님 나라의 원리와 가치를 적용하고 하나님의 인도하심을 실제적으로 경험하며 성장할 수 있도록 지원할 필요가 있다.

또한 교회 리더들은 교인들에 대한 관점을 바꿀 필요가 있다. 그들은 강한 통제 상황 속에서 엄격한 지시와 감독을 받아 사역을 수행하는 수동적이고 미성숙한 존재가 아니라, 신뢰 관계 속에서 하나님의 인도하심을 따라 섬기려는 의지를 가진 능동적이고 성숙한 존재로 보아야 한다. 이 세상 가운데서 하나님 나라의 복음을 삶으로 살아내며 빛과 소금의 역할을 감당해야 할 사역의 주체는 전임 목회자가 아니라 세상 속에서 일상적 삶을 살아가는 교인들이며, 그들이 '흩어진' 교회로서 세상을 변혁시키는 역할을 감당해야 하기 때문이다.

2. 다양성과 독립성 존중

교회 공동체 내에서 개인들의 다양성과 독립적 사고를 보장하는 것은 창조적 혁신을 활성화함으로써 변화에 효과적으로 대응하는 데 필수불가결한 요소이다. 세상을 바라보는 관점이나 전문성에서 동질성이 강한 모임에서는 창의적이고 균형 잡힌 집단지성(collective intelligence) 대신 집단사고(group thinking)가 지배하기 쉽다. 그에 반해 사고의 다양성은 문제에 대한 해법의 범위를 넓혀주고, 문제를 바라보는 독창적 안목을 갖게 한다. 복음으로 세상을 섬기는 데 적합한 창의적이고 혁신적인 아이디어는 교인들이 각자의 은사 및 전문성과 세상과의 다양한 접촉점에서 건져 올린 아이디어들을 자유롭게 공유하고 논의하는 가운데 싹을 틔운다.

통상 교회 공동체 내에서 '하나됨'은 매우 중요한 가치로 강조된다. 그러나 그것이 자칫 획일적 하나됨의 의미로 오용될 때 목사의 지도에 대한 복종과 교회 내에서 이견이나 갈등을 원천 차단하는 명분으로 활용되기도 한다. 이는 '하나됨'에 대한 심각한 오용誤用이다. 교회 내에서의 하나됨은 교인 개개인의 다양성과 독립성을 배제한 획일성과는 명확하게 구별되어야 한다. 각 개인이 하나님께로부터 받은 개성과 기질과 은사는 고유할 뿐만 아니라 다양하다. 각 개인의 신앙 여정과 삶의 경험도 다양하며, 삶의 현장 또한 다양하다. 또한 각 개인은 하나님 앞에서 공동체로서 서기 이전에 단독자로 서 있다. 따라서 교회가 지향해야 할 하나됨은 '다양성과 독립성 속에서의 하나됨'이어야 한다.

다양성을 존중한다는 것은 소수의 의견을 존중한다는 의미를 내포한다. 집단 의사결정에서 '소수의 의견'이 중요한 이유는 "그들의 의견이 결국 옳다고 판명되는 경향이 있기 때문이 아니라 다양한 측면에 관심을 갖게 하고, 사고를 촉진시키기 때문이다."9 결과적으로 그들의 의견이 틀린 것으로 판명된다 해도, 소수의 의견이 창조적 해결 방안을 찾아내거나 질적으로 더 나은 결정을 내리는 데 기여한다는 것이다. 같은 맥락에서 자유주의 철학자 존 스튜어트 밀의 말을 들어보자: "인류 전체 가운데 단 한 사람이 다른 생각을 한다고 해서 그 사람에게 침묵을 강요하는 일은 옳지 못하다. 이것은 어떤 한 사람이 자기와 생각이 다르다고 나머지 사람 전부에게 침묵을 강요하는 것만큼이나 용납될 수 없는 일"이다.10

　　교회 내에서 다양성과 독립성을 존중하는 것은 하나님의 뜻을 분별하고 확인하는 면에서도 매우 중요하다. 교회 내에서 하나님의 뜻을 깨닫고 분별하는 것은 목회자만의 몫이 아니라 생활 속에서 하나님의 뜻에 따라 삶을 살아내야 할 교인들 개개인의 책무이기도 하다. 이것이 만인제사상 교리(벧전 2:9)의 취지와도 맞다. 또한 개인이 하나님의 뜻을 깨닫고 분별하는 과정에서 자신도 의식하지 못하는 가운데 선입견이나 욕망에 의해 하나님의 뜻이 왜곡될 수 있다. 따라서 교회 공동체 안에서 특정 사안과 관련한 하나님의 뜻을 분별하고자 할 때에는 교인들이 그 사안을 놓고 말씀과 기도 가운데 하나님의 뜻을 구하며 깨닫게 하신 바를 함께 공유함으로써 공동체적으로 하나님의 뜻을 확인해가는 과정이 필요하다.

---

9 Charlan J. Nemeth, "Differential contributions of majority and minority influence," *Psychological Review* 93 (1986): 23-32; Adam Grant, *Originals*, 홍지수 역, 『오리지널스』(서울: 한국경제신문, 2016), 312에서 재인용.

10 John Stuart Mill, *On Liberty*, 서병훈 역, 『자유론』(서울: 책세상, 2020), 12.

공동체적으로 하나님의 뜻을 확인하는 과정이 건설적으로 이루어지려면 각 개인이 다른 사람의 의견에 의존하거나 편승하지 않고 독립적으로 생각하고 자유롭게 자신의 의견을 얘기할 수 있는 분위기 조성이 중요하다. 독립성은 특정한 구성원들의 판단 착오가 서로 연관되어 집단적 편향으로 전환되는 것을 막아 주고, 신선하고 새로운 정보와 아이디어가 논의 테이블에 올라올 수 있는 기회를 넓혀준다. 따라서 리더는 집단 내에서 개인의 독립적 의견 개진을 가로막는 요소들을 제거하고 자유로운 의견 개진이 일어날 수 있는 여건과 프로세스를 마련할 필요가 있다.

특별히 가부장적 위계질서가 강한 집단이나 획일적 하나됨을 강하게 추구하는 신앙 공동체에 속한 개인들은 심리적으로 동조화 압력을 강하게 받는다. 또한 공개석상에서 의견을 순차적으로 발표할 경우에도 영향력이 큰 사람들이 앞서 발표한 의견에 영향을 받아 자신의 독립적 의견을 내어놓기 어려울 수 있다. 따라서 교회 공동체 내에서 함께 기도하는 사안과 관련하여 소수 의견이 있을 때 "혹시라도 그 소수 의견을 통해 우리가 미처 생각하지 못한 하나님의 메시지가 있는 건 아닐까?"라는 자세로 귀 기울이며 깨닫게 하시는 성령님의 도움을 구하는 태도가 중요하다.

이러한 취지와 과정을 교회 내 민주주의 원리로 이해할 수 있다. 교회 내 민주주의는 기계적 다수결주의로 치환되어서는 안 된다. 민주주의에서 다수결의 원칙은 소수의 의견까지 존중하는 원칙 위에서 충분한 숙의를 통해 집단지성의 결과물을 도출하는 과정의 마지막 단계에 적용되는 원칙이다. 다수결의 원칙이 민주주의의 껍데기 절차로 악용될 때 다수의 생각이 소수의 생각을 배제하는 결과를 가져오며,

정치적으로는 선동가들이 그것을 악용하여 한 사회를 파시즘이나 나치즘과 같은 전체주의 사회로 휩쓸고 가는 불행에 빠뜨릴 수 있다.

최고의 이론과 관례라는 것들도 너무 쉽게 도식적인 것으로 전락하는 경향이 있다. 따라서 끊임없이 샘솟는 독창성으로 기존의 이론과 관례가 그렇고 그런 구습으로 굳어버리는 것을 방지해주는 사람들이 없다면, 그런 죽어버린 전통은 새롭게 부각되는 것들이 가하는 최소한의 충격에도 버티지 못한다. 비잔틴제국이 보여주듯이 문명 자체가 죽어버릴 수도 있다.[11]

기존의 관습에 물들지 않고 깨어있는 소수가 한 사회나 집단의 건강성을 유지하는 데 소중한 이유가 바로 여기에 있다.

3. 낯선 것에 대한 개방성

시스템 관점에서 볼 때 살아있는 생명체는 모두 열린 체계(open system)로서 외부 환경과 지속적으로 상호작용하며 생명 활동에 필요한 에너지와 자원을 주고받는다. 그에 반해 닫힌 체계는 자체적으로 외부 환경과 상호작용을 할 수 없으며 에너지원이 끊기면 기능을 멈춘다. 외부 환경의 변화에 유연하게 적응하며 대응할 수 있는 능력을 갖추려면 외부 환경과 느슨하면서도 다양한 교류의 접점을 갖는 열린 체계가 되어야 한다. 그리고 이질적이고 낯선 것이 만나는 그 접점들을 통해 창조적 혁신의 불꽃이 일어난다.

---

11 위의 책. 139-140.

뇌과학자 정재승 교수는 "창의적인 사람이 따로 있는 것이 아니라 창의적인 순간이 있을 뿐"이라고 말한다.[12] 그의 설명에 따르면, "아하! 모멘트", 즉 창의적 아이디어가 만들어지는 순간에는 평소 신경 신호를 주고받지 않던, 굉장히 멀리 떨어져 있는 뇌의 영역들 사이에 서로 신호를 주고받는 현상이 벌어진다고 한다.[13] 이는 인간이 발휘하는 창의성이란 기존에 있는 것들, 특별히 서로 모순적이고 역설적인 관계에 있는 것들, 익숙하지 않은 낯선 것들을 독창적으로 새롭게 조합할 때 발현된다는 점을 시사한다. 이를 고려하면 창의적이고 혁신적인 발상이 이루어지기 위해서는 해결해야 할 문제와 평소에는 서로 상관없어 보이는 다양한 관점과 지식과 경험 등이 재료로 준비되어야 하고, 그것들이 서로 어우러져 불꽃이 튈 수 있는 조건이 형성되어야 한다.

사회적 네트워크 이론도 혁신을 이루는 데 있어서 '약한 연결고리' (weak ties)의 중요성을 강조한다. 약한 연결고리란 자주 직접적 교류를 하지는 않지만 가끔씩 혹은 간접적으로 교류하는 관계를 가리킨다. 보통 교류가 잦은 '강한 연결고리'로 맺어진 관계는 서로의 생각과 아이디어를 반복적으로 공유하고 확인하기 때문에 익숙한 사고방식을 강화하는 역할을 한다. 결과적으로 당사자들에게 안정감을 주는 익숙함의 세계를 제공하는 역할을 한다.

그에 반해 익숙함의 경계를 넘어서서 형성되는 약한 연결고리는 평소 접하기 어려운 생소한 정보와 아이디어, 새로운 관점을 접할 수 있는 통로 역할을 한다. 경계를 넘어선 외부 세계와 약한 연결고리들을

---

12 정재승, 『열두 발자국』 (서울: 어크로스, 2018), 220.
13 위의 책, 200-202.

활성화할 때 새로움에 대한 탐색과 혁신이 활발하게 일어나는 이유가 바로 이 때문이다. 창의적 혁신의 발현은 본인과 다른 관점 및 전문성을 가진 사람들과 약한 연결고리를 유지하면서 그 연결고리들을 통해 들어오는 낯설고 이질적인 것들과 접할 때 활성화된다. 익숙함과 낯섦이 부딪히는 경계에서 새로운 창조와 혁신이 이루어진다.

따라서 창의적 혁신 역량을 개발하기 원하는 개인들은 질문을 통해 새로운 과제들을 탐색하고, 평소 자신의 전문성 탁마뿐만 아니라 폭넓은 독서나 경험, 자신과 다른 관점이나 식견을 갖춘 사람들과의 느슨한 네트워크를 유지할 필요가 있다. 아울러 그러한 과정을 통해 창의적 사고의 레퍼토리를 축적하면서 해결해야 할 과제에 대한 해법을 다각도로 모색하는 습관을 체질화하는 것이 바람직하다. 그리고 조직을 이끌어가는 리더는 구성원들이 안정 지향성을 뛰어넘어 창의적이고 혁신적인 문제 해결방안을 찾는 데 몰입할 수 있도록 그것을 가로막는 제도적 장벽을 제거하고, 대신 그것을 촉진하는 구조적, 제도적 조건을 조성할 필요가 있다.

V. 변화를 이끌어가는 리더십

1. 불확실성에 대한 내성

끊임없이 변화하는 세상 속에서 교회가 세상을 품고 시대적 사명을 감당하려면 무엇보다 불확실성에 대한 내성을 길러야 한다. 그것은 확실한 것을 추구하려고 안달하지 않고 불확실성과 의문 속에 머물

수 있는 능력, 즉 '부정적 능력'(negative capability)[14]을 가리킨다. 변화를 능동적으로 수용하고 하나님 나라의 복음으로 그 변화를 선도해가려면 높은 변동성이 불러오는 불확실성 속에서 창의적으로 새로운 길을 찾아 나가야 한다. 가장 창의적인 것은 가장 불확실할 때 일어나기 때문이다.[15]

그런데 인간은 본성적으로 불확실성을 헤쳐 나가기보다는 현상 유지 성향이 강하다. 주변 환경을 예측 가능하고 통제 가능한 환경으로 만들어 그 안에 안전하게 머물기를 원한다. 하지만 성경에서 말하는 믿음은 기본적으로 현상 유지 본성에 반한다. 믿음의 본질은 하나님에 대한 신뢰이고, 그 신뢰를 테스트할 수 있는 리트머스지는 "내가 서 있는 자리에서 떨쳐 일어나 하나님께서 부르시는 자리로 기꺼이 발걸음을 옮길 수 있는지 여부"라고 할 수 있다. 그리고 그것은 하나님의 인도하심에 나를 맡긴 채 불확실성과 불편함을 받아들이는 결단과 행동이다.

믿음의 조상 아브라함은 자신의 안정적 삶의 기반인 본토 아비 친척 집을 떠나 하나님께서 지시할 땅으로 가라는 부르심을 받았을 때 갈 바를 알지 못했음에도 불구하고 믿음으로 떠났다. 하나님의 부르심에 따라 현실의 안전판이라 여기는 것들로부터 떨쳐 일어날 때 하나님을 의지하게 되고 비로소 그분의 인도하심을 경험하게 된다. 그러한 실제적 경험에 비례하여 하나님을 아는 지식과 그분에 대한 믿음이 더욱더

---

14 시인 존 키츠(John Keats)가 문학적 영혼을 위한 이상적인 마음 상태를 가리킨 개념이다. Stuart Firestein, *Ignorance*, 장호연 역, 『이그노런스: 무지는 어떻게 과학을 이끄는가』 (서울: 뮤진트리, 2017), 24쪽에서 재인용.

15 Stuart Firestein, *Ignorance*, 장호연 역, 『이그노런스: 무지는 어떻게 과학을 이끄는가』 (서울: 뮤진트리, 2017), 25.

깊어지고, 겨자씨 같은 믿음이 새들이 깃들 수 있는 풍성한 나무로 자랄 것이다.

그런 점에서 현재 안정성을 가져다주는 그 무엇—그것이 무엇이든—에 안주하려는 마음은 믿음에서 멀어지게 한다. 현재의 자리가 과거 어느 한순간 하나님의 부르심에 응답해서 옮긴 자리라 하더라도 지속적으로 그분과 동행하지 않고 현재의 자리에 안주하고 있다면 그것은 퇴화된 믿음, 박제된 믿음에 불과할 것이다. 하나님을 사랑하는 자 곧 그 이름을 믿는 자들에게는 합력하여 선을 이루실(롬 8:28) 주님에게 믿음의 닻을 내리면 불확실성에 대한 내성과 도전에 따른 실패를 견뎌낼 수 있는 힘을 얻게 될 것이다. 믿는 자에게 가장 확실한 안전판은 이미 받아 누리고 있는 그 무엇이 아니라, 우리의 주권자이시고 인도자 되시는 하나님에 대한 신뢰와 믿음이기 때문이다.

2. 무지의 지: 자기 확신에 대한 경계

사람은 보고 싶은 대로 보고, 듣고 싶은 대로 듣고, 믿고 싶은 대로 믿는 경향을 가지고 있다. 로마제국의 기반을 닦았던 율리우스 카이사르(Gaius Julius Caesar, BC 100~44)도 "인간은 자기가 보고 싶다고 생각하는 현실밖에 보지 않는다"[16]고 말한 것을 보면 그것은 현대인에게만 적용되는 성향이라기보다는 인간의 보편적 성향이라 할 수 있다. 다만 디지털 사회관계망을 통해 비슷한 생각을 가진 사람들끼리 쉽게 교류할

---

[16] Gaius Julius Caesar, *Commentarii de Bello Civili*, 김한영 역, 『내전기』 (서울: 사이, 2005); Nanami Shiono, *Roma Wa Ichinichi Ni Shite Narazu*, 김석희 역, 『로마인 이야기 5: 율리우스 카이사르 하』 (파주: 한길사, 1996), 217에서 재인용.

수 있는 환경이 형성됨에 따라 그러한 경향은 훨씬 더 강해지고 있다. 비슷한 관점과 생각을 가진 사람들끼리 만나 생각을 나누면 서로가 서로에게 자신들의 생각이 옳다는 확신을 강화해준다. 그 안에서 심리적 안정감을 느낀다. 자신들의 생각이 객관적으로 볼 때 왜곡되고 편향된 생각이라 하더라도 자신들의 생각이 옳다고 지지해주는 동류 그룹이 있으니 객관적 진실이 무엇인지는 그들에게 크게 중요하지 않다.

이러한 경향은 자신의 무지를 인식하지 못할수록 강해지는데, 자신의 무지를 인식하지 못하는 것 또한 인간의 보편적 맹점 중 하나이다.

고대 그리스의 철학자 소크라테스는 아테네 시민들의 무지를 일깨우는 데 앞장섰다. 그는 그의 친구이자 추종자인 카이레폰이 델포이 신탁에서 받아온 "소크라테스보다 더 지혜로운 사람이 없다"는 말에 동의할 수 없어 그에 대한 반증을 찾아 나섰다. 당시 가장 지혜로운 자들로 알려졌던 정치가와 시인과 장인들을 만나 질문식 대화를 통해 정작 중요한 미덕(arête)에 대해 아는지 확인했지만 그들은 아는 게 전혀 없었다. 그럼에도 그들은 하나같이 자기들이 알고 있다고 착각하고 있었다. 그것을 확인한 후 소크라테스 자신은 적어도 "자신이 모른다는 것을 알고 있다"는, 즉 '무지(無知)의 지(知)'를 인지하고 있다는 점에서 델포이 신탁을 받아들인다.

근대 문학의 효시라 일컬어지는 『돈키호테』의 저자 세르반테스도 주인공 돈키호테가 시종 산초 판사에게 조언하는 형식을 빌려 '자신을 아는 지식'이 가장 어려운 지식임을 일깨운다: "자네 자신에게 눈길을 보내 스스로가 어떤 인간인지를 알도록 노력하게. 이것은 세상에 있을 수 있는 가장 어려운 지식일세. 자네를 알게 되면 황소와 같아지고 싶었던 개구리처럼 몸을 부풀리려는 일은 없을 거야."17

태양계를 벗어난 우주의 블랙홀까지 규명하고, 미시적으로는 인간의 DNA뿐 아니라 육안으로 보이지도 않는 원자 내부의 질서까지도 해독할 수 있는 수준에 이른 과학의 세계는 어떤가? 18세기 이성과 과학의 세기가 열린 이래로 자연 세계에 대한 수많은 지식의 금자탑을 쌓아 올린 과학의 세계에서도 인간이 알고 있는 지식은 인간이 파악하지 못한 미지의 영역에 비하면 극히 미미하다. 그런 맥락에서 미국 컬럼비아대학의 신경과학자 스튜어트 파이어스타인 교수는 "지식은 거대한 주제다. 무지는 이보다 더 거대하다."[18] "거짓 과학만이 밝혀진 사실이 영원하다고 생각하고, 모든 것을 다 알 수 있고 한 치의 오차도 없이 예측할 수 있다고 주장한다. … 진짜 과학은 항상 고쳐지는 과정에 있다"[19]라고 말한다.

자신의 무지를 인식하지 못하는 이유는 우물 안 개구리처럼 자신이 구축한 극히 부분적이고 작은 세계 안에 안주하기 때문이다. 자신이 많이 안다고 생각하는 사람은 더 이상 배우거나 알려고 하지 않는다. 경청하기보다 자기 말을 많이 하는 자, 배우려고 하기보다 가르치려고 하는 자는 '무지의 지'를 인식하고 있지 못할 가능성이 높다. 선생의 역할을 수행하는 사람들이 이 덫에 걸리기 쉽다. 가르치는 위치에 서 있다는 것 자체가 자신의 무지를 드러내기 어렵게 하기 때문이다. 그러나 자신이 쌓아온 지식이 자신의 무지를 보지 못하게 하고 오만에 이르게 한다면 그 지식은 독이 된다. 반면 자신이 모른다는 것을 인정할

17 Miguel de Cervantes Saavedra, *El Ingenioso Hidalgo Don Quijote De La Mancha*, 안영옥 역, 『돈키호테』 (파주: 열린책들, 2014), 513.
18 Stuart Firestein, *Ignorance*, 장호연 역, 『이그노런스: 무지는 어떻게 과학을 이끄는가』 (서울: 뮤진트리, 2017), 17.
19 위의 책, 30.

때 배움이 시작되고 지혜가 쌓인다. 위대한 신학자나 철학자나 과학자들은 자신들이 알고 있는 것의 커다란 한계를 인식하고 열린 자세로 끊임없이 자신이 아직 이해하지 못하는 무지의 세계를 끊임없이 탐구해 나갔다는 점에서 공통점이 있다. 따라서 무지를 부끄러워할 게 아니라, 배우려 하지 않는 것을 부끄러워해야 한다.

자기 확신의 경향은 신앙의 영역에서 훨씬 더 강화된다. 신앙은 객관적 검증의 영역이라기보다는 믿음의 영역이기 때문이다. 시대를 초월하는 복음의 핵심 진리에 대해서는 확신을 갖는 것이 중요하다. 그래야 하나님 나라의 백성으로서 하나님의 섭리와 부르심에 믿음과 순종으로 응답할 수 있는 동인이 생기기 때문이다. 그러나 복음적 삶을 특정한 시공간의 맥락에서 살아내고 세상을 제대로 섬기려면, 시대적 상황과 동시대 사람들의 문제 및 필요를 성경적 관점과 가치관에 비춰 재해석하고, 그에 맞는 사역 방식을 끊임없이 찾아 나가야 한다. 하나님 나라의 복음을 제대로 이해하고 실천하고 적용하는 면에서 개인적 생각과 경험을 일반화하거나 그것에 대한 자기 확신을 강하게 갖는 것은 하나님의 뜻에 대한 무지의 덫에 걸릴 위험성을 높인다.

무지한 말로 이치를 가리는 자가 누구니이까 나는 깨닫지도 못한 일을 말하였고 스스로 알 수도 없고 헤아리기도 어려운 일을 말하였나이다(욥 42:3).

이 구절은 "무지한 말로 생각을 어둡게 하는 자가 누구냐. 너는 대장부처럼 허리를 묶고 내가 네게 묻는 것을 대답할지니라. 내가 땅의 기초를 놓을 때에 네가 어디 있었느냐 네가 깨달아 알았거든 말할지니라"(욥 38:2-4)는 천둥 같은 하나님의 추궁 앞에서 욥이 회개하며 고백한

말이다. 하나님으로부터 인정받았던 욥조차도 하나님의 질문 앞에
섰을 때 크고 광대하신 하나님의 뜻을 아는 데 있어서 자신의 무지를
고백하지 않을 수 없었다.

20세기에 전성기를 구가했던 산업화 시대가 퇴조하고 21세기 4차
산업혁명 시대가 전면에 부상하고 있는 불연속적 대변혁기이다. 불연
속적 대변혁기에 조직의 리더들이 유의해야 할 것이 과거의 성공 경험
에 의존해서는 안 된다는 점이다. 이전 시대에 효과적으로 작동했던
성공 법칙이 더 이상 효과를 낼 수 없는 상황 변화가 발생했기 때문이다.
급격한 상황 변화가 발생했음에도 과거의 성공 방식을 고집할 경우에
그것이 변화된 상황에 적응하는 것을 방해하는 덫이 될 수 있다. 곧
성공의 덫(success trap)으로 작용한다.

어떤 리더들이 성공의 덫에 빠지기 쉬울까? 과거에 크게 성공한
경험을 가지고 있으나 새로운 배움을 게을리하는 리더들이 그 덫에
걸려들기 쉽다. 급격한 변화로부터 야기되는 불확실성에 직면하여
어떻게 대응해야 할지 갈피를 잡지 못할 때 사람들은 보통 의식적으로
든 무의식적으로든 자신이 경험한 과거의 성공 법칙에 의존하기 쉽다.
뿐만 아니라 "불확실성에 직면하게 되면, 가장 먼저 직관적으로 새로운
것은 거부하게 되고 생소한 개념이 실패할 이유를 찾게 된다."[20] 하지만
과거의 성공 경험 속에 머물며 자기 개혁을 게을리하는 리더나 공동체
는 결코 새롭게 부상하는 시대적 사명을 감당할 수 없게 된다.

---

[20] Jennifer S. Mueller, Shimul Melwani, and Jack A. Goncalo, "The bias against
creativity: Why people desire but reject creative ideas," *Psychological Science*
23 (2012): 13-17; Adam Grant, *Originals*, 홍지수 역, 『오리지널스』 (서울: 한국경제
신문, 2016), 83에서 재인용.

3. 리더의 품

리더가 비전을 품고 그 비전을 이뤄가는 데 있어서 가장 중요한 것은 그 비전에 공감하고 그것을 실현하는 데 있어 지혜로운 동역자들을 확보하는 것이다. 비전은 하나님께서 우리 마음에 심으시지만(빌 2:13) 부르심을 받은 사람들의 동역과 순종의 발걸음을 통해 그 비전을 이뤄가게 하시기 때문이다. 남들보다 앞장서서 비전 추구를 선도해 갈 리더가 갖춰야 할 가장 중요한 자질은 그 비전이 하나님께로부터 온 비전인지 여부를 동역자들과 함께 분별하고, 공동체 구성원들과 그것을 공유하면서 그들의 능동적 참여를 이끌어 낼 수 있는 리더십이다. 그러한 자질을 갖춘 동역자들을 어떻게 만날 수 있을까? 이는 리더의 품의 넓이에 달려 있다 해도 과언이 아니다. 이에 대해 명료하게 드러내 주는 고대 중국의 일화가 있다.

중국 춘추전국 시대 제나라 왕 경공은 자기 수하에 좋은 인재가 없음을 한탄하며 "왜 내게는 환공 소백의 관중 같은 신하가 없느냐?"는 푸념을 늘어놓는다. 관중은 주나라 왕실의 지배력이 위축된 춘추시대에 제나라 환공 소백의 재상이 되어 제후국들 간에 지켜야 할 새로운 질서를 세웠던 경세가로서 출중한 자질을 갖춘 인재였다. 이에 왕 앞에서도 직언을 서슴지 않았던 경공의 재상 안자가 나서서 "물이 넓으면 그 속에 사는 고기도 큰 법입니다. 환공 같은 군주가 계셨기에 관중 같은 인물이 있을 수 있었습니다. 지금도 여기에 환공이 계셨다면 모든 신하들이 관중이었을 것입니다"라며 경공의 품이 좁은 것이 문제라는 일침을 놓는다.

리더의 품을 넓힌다는 것은 리더가 경청하며 배우려는 태도를 견지하면서 자신보다 유능한 동역자들을 찾고 그들의 역량을 발휘할 수 있는 장場을 넓게 열어준다는 것을 의미한다. 춘추전국시대에 인재를 찾는 데 목말라했던 연나라 소왕에게 재상 곽외는 황제의 업을 이루는 군주는 현자를 스승으로, 왕의 업을 이루는 군주는 친구로, 패자의 업을 이루는 군주는 신하로 삼고, 나라를 망치는 군주는 비천한 소인배를 신하로 삼는다며, 대왕께서 몸을 낮추고 현자를 모신다면 자신보다 백 배 나은 인재를 얻을 거라고 조언한다.[21] 자신의 통제력하에 들어올 수 있는 사람들만을 곁에 두려는 리더는 자신의 한계를 뛰어넘을 수 없으며, 그 한계를 넘어서는 하나님의 뜻을 깨닫지도 실행할 수도 없다.

IV. 나가는 말

변화관리의 생태적 접근법은 교회가 변화에 대해 열려 있어야 함을 전제로 한다. 그러나 이 글을 읽는 사람 중에는 그 전제에 대해 의문을 품는 분도 있을 것이다. 교회가 세상의 변화에 보조를 맞춰 나가는 것이 과연 바람직한가? 하나님께서 계시해주신 복음은 시대를 초월하여 유효하기 때문에 그 복음의 토대 위에 세워진 교회도 세태의 변화에 휘둘려서는 안 되는 것 아닌가? 오히려 세상의 변화 소용돌이 속에서 복음으로 중심을 잡아주는 것이 교회의 역할이 아닐까? 일면 타당한 의문 제기이다. 불확실성이 커지면 커질수록 사람들은 그 불확실성을

---

21 유향/여설하 역, 『전국책』(戰國策) (부천: 학술편수관, 2017), 350 참조.

헤쳐 나가는 데 필요한 어느 정도의 심리적 안정감이 필요하다. 그러나 교회가 계속 지켜야 한다고 생각하는 것들이 실은 복음 자체보다는 복음에 대한 해석과 그로부터 연유한 교회의 전통이나 관습들인 경우가 많다.

인간은 시공간이라는 맥락 속에서 대상을 인식하고 이해하는 인지적 한계를 안고 살아간다. 그렇기 때문에 어떠한 제약도 받지 않으시는 하나님과 그분의 뜻을 이해함에 있어서 우리는 극히 제한적이고 부분적일 수밖에 없으며, 경험 기반의 편향성에서 벗어나기 어렵다. 이는 이사야 선지자를 통해 주신 "여호와의 말씀에 내 생각은 너희 생각과 다르며 내 길은 너희 길과 달라서 하늘이 땅보다 높음 같이 내 길은 너희 길보다 높으며 내 생각은 너희 생각보다 높으니라"(사 55:8-9)라는 말씀 속에 고스란히 드러나 있다. 하나님께서 성경 말씀을 통해 우리에게 진리를 계시해주셨지만, 우리는 인식 능력의 한계 때문에 그것을 흐릿한 거울을 통해 보는 것처럼 희미하게 이해할 수 있을 뿐이다(고전 13:12). 하나님의 크신 뜻 앞에서 우리가 겸손해야 할 이유이다. 르네상스 천재 중 한 사람인 단테도 인간의 인지적 한계에 대해 "삼위일체를 하나의 존재 안에 내포하는 무한자. 그를 인간 정신이 이해할 수 있다는 희망은 미친 짓이지. 인간이 이성으로 우주의 본질까지 꿰뚫으려 해선 안 된다. 그저 결과로 알려지는 사실을 아는 것으로 만족해야 한다. 인간이 모든 것을 안다면 마리아께서 그리스도를 낳을 필요도 없었겠지"[22]라고 언급한 바 있다.

따라서 우리는 하나님께서 정하신 진리의 절대성을 인정하지만,

---

[22] Dante Alighieri, *La Divina Commedia*, 박상진 역, 『신곡』〈연옥〉편 3곡 (파주: 서해문집, 2005), 146.

그것을 우리의 인식 능력의 한계 안에서 이해하고 해석한 특정 신학이나 교리의 절대성을 고집해서는 안 될 것이다. 그런 의미에서 테오 순더마이어(Theo Sundermeier) 교수의 "모든 신학은 그 시대의 상황신학이었다"[23]는 진술에 동의한다. "하나님의 법 자체는 언제 어디서나 늘 동일하고, 시대와 지역에 따라서 달라질 수 없지만, 사람들은 하나님의 법을 가져와서, 자신들이 살아가는 시대와 지역에 맞춰서 도덕과 관습을 형성"한다.[24]

그렇기 때문에 특정한 시공간 속에서 재해석된 복음의 형식이나 그렇게 형성된 교회의 관습을 바꾸는 것이 불변하시는 하나님의 섭리와 뜻을 바꾸는 것으로 오해해서는 안 된다. 성 아우구스티누스의 말을 들어보자:

> 주님은 최고의 존재로서 변함이 없으시기 때문에 주님 안에서는 '오늘'이라는 날이 결코 끝나지 않지만, 우리는 '오늘'이라는 날이 주님 안에서 지나간다고 말할 수도 있습니다. … 무수히 많은 우리의 날들과 우리 조상들의 날들이 주님의 '오늘'을 통과해 지나갔고, 그 각각의 날들이 주님의 '오늘'로부터 각각의 독특한 존재 형태를 부여받았습니다. 마찬가지로 앞으로 올 다른 모든 날도 주님의 '오늘'로부터 각각의 존재 형태를 부여받아서 주님의 '오늘'을 통과해 지나갈 것입니다. 하지만 주님은 늘 동일하시기 때문에 내일을 비롯한 장래의 모든 날과 어제를 비롯한 과거의 모든 날은 주님께는 늘 '오늘'이었

---

23 Theo Sundermeier/채수일 역, 『선교신학의 유형과 과제』 (서울: 대한기독교서회, 1999), 248; 본서 "신학적 회심을 유발하는 변화의 동기와 메커니즘(작동원리)에 관한 연구"(한국일 교수)에서 재인용.

24 St. Augustinus, *Confessiones*, 박문재 역, 『고백록』 (파주: CH북스, 2016), 91.

고, 늘 '오늘'일 것입니다.[25]

특정한 시공간의 맥락에서 교회가 옳다고 판단하여 지키고 있는 의례, 존재 양식, 사역 양식, 운영 방식 등은 어디까지나 통시적이고 보편적인 타당성을 갖기보다는 시공간적으로 제한적인 타당성을 갖는다고 봐야 한다. 그것이 신학이든 교리든 그것을 절대화하여 하나님께서 정하신 진리의 자리에 놓을 때 그것은 우상이 되고 우리는 하나님 앞에서 오만의 자리에 앉게 되는 죄를 범하게 된다. 따라서 우리는 겸손하고 열린 자세로 오늘의 시대적 상황 속에 살아가는 이웃들의 고충과 필요를 담아낼 수 있도록 성령의 깨닫게 하심을 따라 하나님께서 정하신 복음의 진리를 재해석하고 그에 맞춰 필요한 변화를 추진할 필요가 있다. 그럴 때 비로소 변화하는 시대의 요청에 부응하여 사명을 감당하는 교회로 설 수 있을 것이다.

---

25 위의 책. 35.

언어의 전환
: 교회, 행복, 사회적 자본(Social Capital)

안 정 도

장로회신학대학교 강사, 행복한교회 부목사

변화와 개혁은 개신교 교회의 정체성이다. 이 정체성을 오늘날 교회에서 보존하고 이어가기 위해서 우리는 공동체성에 대한 기초적이면서도 성찰적인 질문을 던져봐야 할 것이다. 변화하는 교회를 위하여 본 글은 세상과 소통하는 교회의 중간 언어, 피벗 언어의 사용을 강조한다. 교회 안에서 사용되는 언어는 신학적인 신앙 언어이지만, 그 세세한 의미들을 들여다보면 기독교 언어와 사회적 용어는 분명 상호 전환이 가능한 언어라는 점을 알 수 있다.

교회는 신앙의 장소이자 모임의 장소다. 그러기 위해서는 우리의 교회는 사회의 상호 연결되는 공동의 언어를 들여다봐야 할 것이다. 그 첫 번째 공통의 언어는 바로 행복이다. 인간은 종교적이든 아니든 누구나 행복을 추구하기 때문이다. 그리고 두 번째 공통의 언어는 사회적 자본이다. 행복의 추구는 사람과 사람이 연결되는 관계성, 공동체성

안정도 _ 언어의 전환 | 83

에 성패가 달려있기 때문이다. 그러기 위해서 이 글에서는 경제적 용어인 사회적 자본으로서 교회의 역할과 가능성을 살펴본다.

미국 기독교 역사를 보았을 때, 신앙의 부흥은 사회적 자본의 관점에서도 긍정적 기능을 담당했다. 그리고 독일의 에큐메니컬 프로젝트 사업, "Kirche findet Stadt"(교회, 도시를 찾는다)를 보면 어떻게 교회가 지역의 사회사업과 연계하는지에 대한 가능성을 배울 수 있다.

Ⅰ. 들어가는 말

'교회'는 삼위일체 하나님의 연합을 이 땅 위에서 체험하는 신비의 모임이라 할 수 있다. 이러한 삼위일체의 신비는 성부 하나님께서 성자 예수 그리스도를 사랑하고, 성자 예수 그리스도는 아버지에게 순종하며 자신을 겸허히 내려놓는 신뢰의 관계로 설명할 수 있다. 이 거룩하고 신성한 상호관계는 예수께서 세례를 받으시는 장면에서 잘 드러난다. "하늘이 열리고 하나님의 성령이 비둘기같이 내려 자기 위에 임하심을 보시더니 하늘로부터 소리가 있어 말씀하시되 이는 내 사랑하는 아들이요 내 기뻐하는 자라 하시니라"(마 3:16-17, 개역개정)라고 말씀하듯이, 우리 앞에 현현하는 삼위일체는 성부, 성자, 성령의 사랑과 기쁨을 한 장소에서 공감각적으로 경험할 수 있다. 더군다나 예수는 "두세 사람이 내 이름으로 모인 곳에는 나도 그들 중에 있느니라"(마 18:20, 개역개정)라고 말씀하시면서 제자들이 공동체적 연합의 신비를 이 땅 위에서 실현하기를 원하셨다. 그렇다. 그리스도의 몸으로서 교회는 사랑 안에서의 연합이며, 성령 안에서 기뻐하게 되는 공동체적 삶이라

할 수 있다. 우리는 이러한 공동체적 삶을 추구할 때, 교회는 비로소 변화될 수 있다.

변화하는 교회 혹은 본질을 회복하는 교회, 표현은 각기 다를지라도 모두가 공감하는 교회의 필수 요소는 바로 공동체적 삶이다. 공동체적 삶, 그것은 과연 무엇인가? 기독교교육학자 존 웨스터호프(John, H. Westerhoff)는 『살아있는 신앙 공동체』(Living the Faith Community)에서 변화를 이루는 교회는 모든 회원이 "얼굴과 얼굴을 마주 보는 상호관계 속에서 동질성과 조화를 세우려는 원초적인 작은 그룹"이 되어야 한다고 주장한다. 그리고 기독교 공동체는 '지금-여기'(here and now)에 연결된 공동 이야기를 창조하는 공간이 되어야 함을 강조한다.[1] 기독교 교회의 정신적 구호처럼 여겨진 '끊임없이 변화하는 교회'(ecclesia semper reformanda)를 유지하기 위해서 우리는 먼저 공동체성에 대한 기초적이면서도 성찰적인 질문을 던져봐야 할 것이다. 우리의 공동체는 과연 '지금-여기'에서 연합의 사랑과 기쁨을 실현하고 있는가?

오늘날 우리가 속한 공동체의 현실은 그리 녹록지 않다는 것을 누구나 알고 있다. 그러면서도 하나님 나라와 '지금-여기'에서 연결되는 사랑과 기쁨의 공동체가 초대교회부터 교회의 정체성이자 방향성임을 아무도 부인할 수 없다. 여기에 더하여 오늘 '변화하는 교회'라는 논의에서 간과해서는 안 될 점이 있다. 위에서 언급한 교회의 공동체적 정체성은 단순한 종교의 영역에만 머무는 것이 아니라 일반 사회의 영역에서도 필요로 하고 간구하는 사회적 요소다. '사랑과 기쁨'의 언어는 기독교의 신학적 전유물이 아니라, 세상의 모든 이들이 추구하는 '행복'의

---

[1] John, H. Westerhoff, *Living the Faith Community*, 김일환 역, 『살아있는 신앙 공동체: 변화를 이루는 교회』 (서울, 보이스사, 1992), 35-42.

다른 표현이라 할 수 있다. 또한 '삼위일체의 연합'이라는 신학적 용어도 또한 '행복과 신뢰의 관계'라는 일반적인 사회 용어로 풀어 설명할 수 있다. 교회의 삼위일체적 연합의 관계는 교회 밖에서도 비슷한 의미이자 조금은 전환된 용어로 사용될 수 있는 것이다. 이렇게 볼 때, 세상을 위해 변화하는 교회가 되기 위해서는 중심축을 유지한 채 방향을 전환하는 언어적 피벗(Pivot)이 필요하다고 할 수 있다. 이러한 관점에서 우리는 '삼위일체의 사랑과 기쁨'을 '행복을 추구하는 사회적 자본'이라는 중심축은 같지만, 방향은 조금 다른 언어로 풀어보고자 한다.

II. 교회, 강단과 시청

이방인 여행자가 독일의 낯선 도시를 방문하려 한다면, 네비게이션 검색창에 방문하고자 하는 도시의 '중앙광장'(Marktplatz)을 먼저 입력하고 출발하는 것이 수월한 방법일 것이다. 방문 목적이 교회 탐방이든 관광이든 쇼핑이든 상관없이 말이다. 왜냐하면 그곳에는 도시의 교회, 시청 그리고 중심 시장이 모여 있으며, 가장 큰 주차장이 위치하기 때문이다. 주말에는 광장에서 장터가 열리고, 시민들은 노상 카페에서 가족 시간을 보내며, 관광객들은 이곳에 위치한 관광 안내소에서 그들의 필요한 정보를 얻을 수 있다. 운이 좋다면 독일의 전통적인 결혼식 장면을 목격할 수도 있다. 교회에서 결혼 예식을 마친 신랑과 신부는 그 옆에 위치한 시청에서 결혼 증명서를 발급 받고, 광장의 시민들에게 공개적으로 인사한다. 이처럼 교회와 시청이 붙어 있는 도시 광장을 중심으로 도시의 구조와 시민의 삶은 거미줄처럼 연결되어 뻗어나간다.

독일 신학자 에버하르트 베트게(Eberhard Bethge)는 그의 친구였던 디트리히 본회퍼(Dietrich Bonhoeffer)의 교회론을 "교회, 강단과 시청"(Katheder, Kanzel und Rathaus)이라는 상징적 용어로 특징 짓는다.[2] 이것은 독일 교회가 위치한 구조적 특징만을 말하는 것이 아니라, 교회의 실천적 역할을 강조한 것이라 할 수 있다. 본회퍼의 실천적 교회론이 강조한 바 교회의 '강단'은 세상을 위한 말씀을 선포하고, 교회는 말씀을 세상 속에서 실현시키는 '시청'의 역할을 감당해야 하기 때문이다. 이렇게 '강단과 시청'은 마을의 중앙광장에서 서로에게 향하여 열려 있고, 서로 연결되어야만 한다는 교회와 사회의 관계를 상징하는 두 중심축이 된다.

오늘날 교회의 변화를 마음에 품고 있는 사람이라면, 기독교 전통의 풍부한 잠재력과 세계를 향해 발산하는 교회의 생명력을 도시의 중앙광장에서 어떻게 발현시킬 수 있는지 심도 있게 질문해 보아야 할 것이다. 현대 교회는 이전과는 비교할 수 없는 촘촘한 네트워크에 의지하고 있으며, 다양한 배경의 사람들이 하나의 지평 안에 함께 살아가고 있기 때문이다. 이러한 질문의 과정 속에서 우리가 놓쳐서는 안 될 점은 기독교인이든 아니든, 오늘날 우리 모두는 인간과 자연의 온전한 회복과 완성, 정의와 평화를 향한 화해, 깊고 친밀한 형제애를 바라고 희망한다는 점이다. 이것은 온 인류 공동의 지향점인 바 본회퍼와 베트게가 말한 대로 '강단과 시청' 사이의 긴밀한 연결로서 공동의 언어가 살아있는 역동적 교회를 세워가야 할 것이다. 그러기 위해서는 먼저 교회에

---

2 Eberhard Bethge, "Dietrich Bonhoeffer-Der Mensch und sein Zeugnis," ders. (Hg.), *Die Mündige Welt* Bd. II (München, 1956), 103.

대한 언어적 사고 전환이 먼저 필요해 보인다.

1. 교회의 사회적 의미

누군가 "교회는 사회적 자본"이라고 말한다면 어떤 이들은 이 말을 불편하게 여길는지 모른다. 이는 교회의 신성한 의미를 격하시켜 마치 사회적 기관의 일부인 것처럼 들리기 때문이다. 하지만 교회의 속성을 곰곰이 생각해본다면, '사회적 기관'으로서의 교회는 결코 교회의 거룩성을 훼손하는 말이 아니라는 것을 깨닫게 될 것이다.

어원학 사전을 살펴보면 교회는 그 단어 자체만으로도 '공간', '모임', '관계'의 사회적 의미를 이미 내포하며, 종교적 의미와 사회학적 의미가 중재적으로 연결된 전환 언어, 즉 피벗 언어(Pivot Language)라 할 수 있기 때문이다.[3]

어원학 사전에 따르면 우리가 사용하는 교회의 영어 표현인 Church의 초기 원형 Cirice, Circe는 초기 독일어 원형 Kirka(현대 독일어 Kirche, 고대 색슨어 kirika, 고대 노르웨이어 kirkja, 고대 불어 zerke, 중기 네덜란드어 kerke)에서 파생되었으며, '집합의 공간'을 의미한다. 이 단어는 아마도 '집'을 의미하는 헬라어 단어 Kyriake와 '주님'을 뜻하는 Kyrios의 조합으로 탄생했을 것으로 보고 있다.[4]

교회의 의미를 이해하기 위한 또 다른 중요한 단어는 에클레시아(ἐκ

---

[3] 피벗 언어(Pivot language)는 두 언어 간의 번역을 위해 사용되는 주축 언어, 연결 언어 혹은 중간 언어를 표현하는 용어다. 예를 들자면 컴퓨터의 번역 시스템에서 입력어 프랑스어는 피벗 언어 일본어를 통하여 결과 언어 한국어로 번역될 수 있다.

[4] 온라인 어원사전 https://www.etymonline.com/word/church#etymonline_v_11358, s. v. "Church".

κλησία)다. 이 용어는 사복음서에서 언급되지 않았지만 사도 시대부터 그리스도인의 종말론적 공동체라는 의미로 교회를 지칭하는 언어가 되었다. 하지만 이 단어도 위에서 언급한 Kirka와 마찬가지로 사회적 집합체라는 본래 의미에 기독교적 의미가 더해진 복합적 언어라는 점을 주목해야 한다.

에클레시아의 단어를 분석해보면 '~으로부터'라는 접두어 'ἐκ'와 '소집하다'의 뜻을 가진 'καλέω'가 결합된 형태로, 기원전 5세기 고대 그리스 폴리스에서 연간 30~40회 정기적으로 열리던 군사, 정치적 '시민 총회'를 일컫는 말로 사용되었다.[5] 칠십인경에서 유대교 회당을 번역한 '시나고게'(συναγωγή)라는 명칭도 에클레시아와 비슷한 의미를 지닌다. '함께'라는 의미의 접두어 'συν'(Syn)과 '이끌다, 안내하다'의 의미인 ἀγωγός(agogos)가 합쳐져 '모임 장소'를 뜻한다.

이상에서 보았듯이 오늘날 교회를 의미하며 사용되었던 용어는 어원적으로 볼 때 일차적으로 공간, 관계, 사회적 집합체의 의미를 내포하고 있다. 이렇게 볼 때 우리가 너무 익숙하게 접해온 '교회'라는 명칭은 사회학적 의미를 이미 내포한 상징적이고 은유적인 언어다. 인간 군상의 집합이라는 사회학적 의미와 그리스도인의 몸이라는 종교적 의미가 '교회'라는 한 언어의 용광로 안에서 신비롭게 융해되어 사용되는 것이다. 그렇기에 우리는 교회라는 언어의 특징을 다각적으로 볼 필요가 있다.

독일 본(Bonn)대학교의 실천신학 교수인 에버하르트 하우쉴츠(E. Hausschildt)는 현대 교회에는 종교기관(Institution/Volkskirche), 사회

---

[5] Lothar Coenen, "Kirche," *Theologisches Begriffs Lexikon zum neuen Testament*, s. v. (Neukirhce: Neukirchener, 2005), 1136.

적 집단 운동(Gruppe/Bewegung) 그리고 기업형 기관(Organisation/Unternehmen)의 속성이 혼합되어 있다고 주장한다.6 그리고 "어느 한 가지 모델만으로 교회의 특징을 다 말할 수 없으며, 구성원들이 이 세 가지 모델 중 어떤 모델을 이상으로 삼는지에 따라 교회 안 복음의 소통 방식은 세분화될 뿐이다"라고 말한다.7 이러한 관점에서 하우쉴츠는 바울의 교회론을 매우 독특한 방식으로 해석한다.

바울은 당시 교회들에게 예수 그리스도의 복음 안에서의 유기적 공동체성을 강조하였는데, 이러한 강조는 단순히 기독론적 교리에 근거한 것만이 아니라, 사회적 갈등과 긴장 관계를 봉합하는 실용적 기능도 수행했다는 것이다. 예수 그리스도의 복음은 당시 새로운 사회적 갈등의 온상지로 부상하던 교회의 긴장 관계를 내부적으로 완화시키고, 공동체를 결속하고, 편지나 방문의 형태로 물리적으로 멀리 떨어진 교회 간의 느슨한 연결망을 촘촘하게 강화하는 사회적 기능을 내포하고 있다는 것이다. 다시 말하면 "교회는 예수의 몸"이라는 바울의 교회론은 지역 교회들의 갈등을 봉합하고 지역 간 느슨한 유대 관계를 강화하는 기능적 언어로도 이해할 수 있다.8

'예수의 몸'이라는 은유로 이해하는 교회의 본질을 사회적 기능의 관점에서 풀어내는 실천신학자 하우쉴츠의 관점은 교리적 해석에만 익숙한 우리에게 조금은 낯설지만 새로운 시각을 제공한다 할 수 있다.

우리가 조금만 더 찬찬히 살펴본다면 교회와 복음을 이렇게 구체적

---

6 Eberhard Hauschildt & Uta Pohl-Patalong, *Kirche* (Gütersloher: Gütersloher 2013), 137-219.

7 위의 책, 216.

8 이런 관점은 필자가 수학한 본 대학교의 실천신학가 Eberhard Hauschildt의 교회론 수업에서 함께 토의한 내용이다.

이고 다양한 시선으로 해석할 수 있다. 시대에 따라 사회가 급변하면서 교회를 이해하는 시각은 그 당시의 변화하는 가치관, 신념 및 지역 사회의 필요에 영향을 받을 수밖에 없다. 그리고 교회는 시대 속에서 사회 속 신뢰, 존중, 대화의 문화를 만들어가는 사회적 기능을 감당했고, 이것은 교회의 신학적 이해에도 크게 어긋나지 않는다. 교회에 대한 다각적 이해의 시도는 교회의 교리적, 신학적 의미를 왜곡하는 것이 아니라, 오히려 더 풍요롭게 만들어 줄 수 있다. 그런데 우리는 교회와 목회를 논할 때, 과도한 신학적 언어의 무게에 눌려 '사회적 관계의 공간'으로서의 의미를 너무 쉽게 놓치고 있지는 않은가? 그리고 현재 우리의 공통 핵심 질문을 다음과 같이 던져 본다. 교회는 어떻게 기독교 신앙이라는 특수성을 보존하면서도 동시에 세상 속에 사회적 기관이 될 수 있는가?

2. 우리에게는 피벗 언어(Pivot Language)가 필요하다!

교회가 강단에서 시청으로 향하는 새로운 발돋움을 하기 위해서는 위에서 언급한 소위 피벗 언어(Pivot language) 구사 능력이 필요하다. 종교적 언어로만 오늘과 같이 복잡다단해진 세상을 해석하고 표현하는 것은 얼핏 보기에 반쪽짜리 대화일 수 있기 때문이다. 그렇기에 이미 많은 종교학자가 이러한 관점에서 교회와 사회의 공통 언어, 이중 언어 의 필요성을 공감하고 또 이를 강조한다.

성서 언어의 교수학적 능력을 강조하는 독일 성서 교육학자 잉고 발더만(Ingo Baldemann)은 현대 기술 사회에서 문명인이 겪는 문제의 원인을 "언어의 분리와 상실"로 지목하며 구약의 바벨탑 이야기를 주목한다.

발더만의 성서 해석에 따르면, 바벨탑 이야기는 단순 과거 사건의 서술이 아니라 파편화된 언어에 갇혀 더 이상 소통이 불가능한 기술 사회 현대인들에게 전하는 성서 언어의 내재적 가르침이기 때문이다. 발더만은 특히 우리가 스쳐 지나가기 쉬운 첫 구절, "온 땅의 언어가 하나요 말이 하나였더라"(창 11:1, 개역개정)를 주목하면서 성서는 우리가 언어가 하나로 통합되어 의사소통이 원활했던 사회를 동경하게 한다고 주장한다.9 성서는 해설과 설명으로만 전달되는 것이 아니라, 성서의 언어 그 자체가 이미 시대를 넘어서는 교육을 가능하게 한다는 것이 발더만의 관점이다. 이러한 관점에서 발더만의 성서교수학은 성서 언어와 오늘날 우리의 경험이 하나의 지평에서 만나는 "기초적 교수학"(Elementare Bibledidaktik)이라는 이름으로 명명된다.

미국의 종교교육학자 가브리엘 모란(Gabriel Moran)은 진정한 종교교육자들은 교회적 언어(ecclesiastical language)와 더불어 교육적 언어(educational language as the second language)를 구사할 수 있어야 한다고 주장한다.10

종교교육에는 헌신, 기도, 예식, 교리문답과 같은 교회의 신앙 언어가 주 언어로 통용되는데, 광범위한 컨텍스트를 고려하지 않고 사용되는 교회의 단일 언어는 오늘날 교육학적인 측면에서 바라볼 때 충분하지 않다고 강하게 비판한다.11 이러한 관점은 미국의 구약학자 월터

---

9 Ingo Baldermann, *Der biblische Unterricht: Ein Handbuch für den evangelischen Religionsunterricht* (Braunschweig: Westermann, 1969), 37-58.

10 Gabriel Moran, "Two Languages of Religious Education," *The Living Light* 14 (1977): 7-15.

11 위의 책, 8.

부르거만(Walter Brueggemann)의 관점과도 일맥상통한다.

부르거만은 그의 저서『분파주의적 해석학의 타당성』(*The Legitimacy of Sectarian Hermeneutic*)에서 신앙 공동체의 언어는 공동체 밖에서도 통용되는 언어로 함께 사용될 때에야 비로소 당위성을 획득할 수 있다고 주장하면서 신앙과 공공의 이중 언어(Bi-Language)를 구사할 줄 알아야 한다고 역설한다. 브루거만은 앗수르에서 파견된 외교 대표 랍사게(Rabshakeh)가 의도적으로 유다 백성이 알아들을 수 있도록 히브리어를 사용하여 항복을 권고하는 것을 예로 들면서 공적 대화의 도구인 "성벽 위의 언어"와 신앙 공동체의 "성벽 뒤의 언어"(공동체의 언어: 유다어), 둘 다에 능통해야 함을 강조한다. 어느 한 언어만 강조하거나 고집하는 것은 보수주의나 자유주의 한 극단에 빠지는 위험을 초래한다고 경고하는 것이다.[12]

독일 개신교회 주교이자 밤베르그대학 교수였던 하인리치 배드포드 슈트롬(H. Badford-Strohm)도 공공신학의 관점에서 '교회의 이중 언어'(Zwei Sprachlichkeit der Kirche)를 강조하면서 사회 정의의 개념을 기독교의 관점에서 논증하고 정립하고자 했다.

교회가 하나님 나라의 증인이 되고, 세계를 위한 중보자가 되기 위해서는 늘 공개 토론장에 등장해야 하고, 그 안에서 통용되는 세속적 언어에도 능통해야 한다고 강조한다. 그렇게 될 때에만 교회의 신학적 담론은 세상의 공론장에 입장할 수 있고, 세속적 사람들에게도 신학의 언어는 설득력 있게 받아들여질 수 있다고 하면서, 배드포드 슈트롬은 신학의 언어는 보다 선명하고 명확하게 세속 세계의 언어로 번역되어야

---

12 Walter Brueggemann, *The Legitimacy of Sectarian Hermeneutic* (1989), 59-65: 김도일,『온전성을 추구하는 기독교교육』(서울: 장로회신학대학출판부, 2011), 22-23.

한다고 주장한다.[13]

이렇게 교회의 이중 언어 능력은 시민사회에서 감당해야 할 교회의 공공신학적 책임에 필수적인 요소라 할 수 있다.

미국의 종교 사회학자 존 콜먼(John Coleman)은 교회를 시민사회 정치와 경제적 삶의 도덕 문화를 위한 중립적 공론장을 형성할 수 있는 사회적 자본으로 보고 있다. 교회는 시민의 정치적 무관심을 타파하며 참여를 이끌어 내는 중립적 대화의 공간을 창조할 수 있기 때문이다. 그렇기에 콜먼은 "교회들이 공동의 시민들이라는 자신들의 공적 역할에 대한 감각을 반드시 회복해야 한다"고 주장한다.[14]

이처럼 많은 이들이 통합적 언어의 필요성을 이야기한다. 이들의 공통적 주장은 현대 교회가 세상과 함께 공동의 토론을 이어가기 위해서는 이중 언어, 중간 언어 등으로 연결되는 담론의 통합이 필요하다는 것이다. 이 사회 속에서 함께 신뢰를 쌓아가는 교회는 어느 한쪽의 관점에 의존하지 않고 서로 다른 환경의 언어 방식을 이해하면서 번역과 해석이 가능한 언어, 즉 피벗 언어(Pivot Language)가 필요하다.

---

13 Heinrich Bedford-Strohm, "Öffentliche Theologie in der Zivilgesellschaft," Ingeborg Gabriel, ed., *Politik und Theologie in Europa. Perspektiven ökume-nischer Sozialethik* (Mainz: Matthias-Grünewald, 2008), 340-366; Ders., "Vorrang für die Armen: Öffentliche Theologie als Befreiungstheologie für eine de-mokratische Gesellschaft," Friederike Nüssel, ed., *Theologische Ethik der Gegenwart. Ein Überblick über zentrale Ansätze und Themen* (Tübingen: Mohr Siebeck, 2009), 167-182.

14 John Coleman, "Beginning the Civic Civerseration," Mary C. Boys, *Educating in Faith: Maps and Visions*, 유재덕 역,『현대 종교교육의 지형과 전망』(서울: 하늘기획, 2006), 267 재인용.

III. 첫 번째 피벗 언어: 행복

'행복'과 '신뢰'는 신학과 세상의 이중적 언어를 연결하고 번역 가능케 하는 제3의 언어, 즉 피벗 언어라 할 수 있다. 오늘날 여기저기에서 새롭게 일어나고 있는 '마을목회'는 한국교회의 선교와 공공신학에 새로운 생명력을 덧입히며 실천적으로 구체화되고 있다. 그동안 단순히 "교인이 몇 명인가?"와 같은 양적 담론이 한국교회를 지배했다면, 이제는 "얼마나 함께 행복하고 신뢰할 만한가?"라는 질적 담론이 교회의 공공 담론에 새롭게 등장하고 있다.

> 서울 응암동 행복한 교회 선우준 목사는 응암2동 마을주민자치회 문화분과장이다!

> 광주에 사는 김동관 씨는 마을주민자치회 '행복하신가' 분과장이다. 그는 목사다!

교회의 안과 밖에서 '행복'이란 언어는 끊임없이 등장한다. 위에서 예로든 광주의 주민자치분과의 이름은 특이하게도 '행복하신가' 분과다. '행복' 분과라고 작명할 수도 있었을 텐데 굳이 '행복하신가?'라는 물음으로 이름을 지은 데에는 분명 어떠한 고민과 의도가 있었을 것이다. '행복하신가?'라는 질문에서 한편으로 우리는 행복하기 힘든 현실적 고단함을 느끼면서도 다른 한편으로는 녹록지 않은 삶의 현장 속에서 행복의 가치를 구현하려는 의지를 찾아볼 수 있다. 서울 응암동의 '행복한교회'는 그 이름에서 알 수 있듯이 교회의 정체성을 '행복'으로 정의하고 있다.

　이처럼 행복은 오늘날 교회와 사회에서 공히 거론되는 화두다. 행복! 그것은 과연 무엇인가? 위에서 언급한 두 교회의 예시에서 우리는 몇 가지 변화의 흐름을 발견할 수 있다. 첫째, 최근 각 지역마다 주민들의 '자치회'가 활성화되고 있다. 주거 지역을 기반으로 한 구성원들이 함께 모여 문화, 여가, 교육 활동을 함께 기획하고 참여하면서 스스로 만들어 가는 공동체가 자생적으로 형성되고 있는 것이다. 다양한 사람들이 모이다 보니 당연히 조직적 체계와 구심점 역할을 하는 사람들이 필요한데, 여기서 교회의 목사들이 분과장이나 동장과 같은 직책을 맡으며 직접 활동하는 사례들이 많아지고 있다. 둘째, 지역의 살림살이, 행사 활동을 기획하던 정부 주도형 정책 구조가 '주민자치회'라는 조직 용어와 함께 점차 주민들이 직접 아이디어를 공모하고 기획하는 참여형 정책 구조로 변화하고 있다. 정책 구조, 의사결정 형태가 바뀌고 있는 것이다. 셋째로 주목할 점은 많은 주민자치회 활동은 그 명칭이나 이름에서 알 수 있듯이 '공동의 행복 생태계 조성'을 지향하고 있다는 것이다. 주민들이 참여하는 정책들은 대부분 작은 범위에서 시작하는 교육, 문화, 사회적 정책들과 관련 있는데, 이런 것들은 어느 개인이나 특정 단체의 경제적 이윤 추구나 정치적 목표 달성과는 거리가 있다. 오히려 지역 사회의 일반 주민들의 공동의 삶의 만족감을 향상시키는 데 대부분의 초점이 맞추어져 있다. 달리 말하면 단기적 목표보다는 장기적 목적과 가치 형성을 지향한다 할 수 있다.

　이러한 변화의 흐름 속에서 점차 많은 목회자가 이런 자치회 활동에 적극적으로 참여하고 있다. 그런데 우리는 이 사례들을 조금은 솔직하게 그리고 조심히 살펴볼 필요가 있다. 가장 먼저 대두되는 질문은

"목사가 주민자치회 활동에 어떤 목적으로 참여하는가?" 하는 것이다. 선교적 전략을 지닌 목사로 참여하는가? 아니면 사회적 기능에 참여하는 시민으로 참여하는가?

여기에 더하여 우리는 "어떻게 그리고 어째서 목사는 이런 자치회 활동에서 주도적인 구심적 역할을 할 수 있는가?"라고 질문해 보아야 한다. 다른 이유가 있겠지만, 필자의 시선에서 그 이유는 종교기관으로서 교회가 추구하는 기쁨의 가치가 기본적으로 인간이 누리는 '복福'과 많은 부분 공통점이 있어 보인다. 혹자들은 이것을 기복신앙이라고 비판할지 모르겠다. 하지만 하나님이 인간에게 베푸신 은혜와 구원을 '지금-여기'에서 누리고 사는 성경적 삶이 우리가 흔히 이해하는 복福의 개념과 과연 크게 다르다고 할 수 있을까? 목사는 하나님의 은혜와 구원을 바라는 이 땅의 인간 심연의 희망을 함께 고민하는 사람들이고, 하늘의 복이 이 땅의 사람들에게 어떻게 전달될 수 있을지 고민하는 사람들이다. 그렇기 때문에 교회와 목사는 하나님께서 부어주시는 은혜, 동양 언어로 표현하자면 복福의 강림을 추구하면서 '행복 목회'라는 말을 사용하게 된다. 결국 행복은 교회와 세상을 잇는 중간 언어, 피벗 언어가 되고 적어도 목사들은 이러한 언어 구사력이 추구하며 오늘날 새로운 역할을 감당하게 되는 것이다.

1. 행복 철학과 행복 심리학 ― 인간은 누구나 행복을 위하여 살아간다

행복은 사람마다 다른 의미로 이해되고 설명되는 복잡한 개념이지만 우리는 모두 행복하기 원한다는 점은 분명하다.

먼저 일반적인 정의를 살펴보자면 행복이란 기쁨, 만족감, 성취감에 기반한 정서적 상태를 말한다. 행복의 감정은 흥분, 흥미, 애정과 같은 다른 긍정적인 감정과 슬픔, 두려움, 분노와 같은 부정적인 감정이 뒤섞여 균형을 이루는 과정에서 나타난다.[15] 그것은 긍정적 경험에서 찾아오는 일시적 쾌의 감정을 의미할 수도 있고 또는 자아의 실현과 성취와 같은 장기적 삶의 의미와 목적을 의미할 수도 있다.[16]

이러한 행복의 감정은 모든 인간 심연의 본성이었기에 고대부터 철학자들에게 주요 관심사였다. 아리스토텔레스는 행복을 인간의 객관적 목적으로 보며 그것을 이루기 위해 모든 인간은 외부 세계와 관계를 맺으며 살아간다고 한다. 아리스토텔레스의 관점에서 인간은 원인, 목적, 계획의 틀 거리 안에서 우주의 삼라만상을 인식하고 살아가는데, 이런 목적론(Teleology)에 근거하여 궁극의 선(summum bonum)을 성취하기 위해 부단히 노력하며 살아가는 것이 바로 인간의 삶의 태도다.[17] 그 삶의 태도를 결정하고 실천하면서 도덕이란 것을 구체화하는데, 이것을 잘 수행하고 만족할 때 궁극적인 만족감인 '자아실현'을 경험하게 된다. 아리스토텔레스의 관점에서 이것이 곧 행복의 추구며 실현인 것이다.[18]

인간의 행복을 정의했던 또 다른 고대 철학자로 에피쿠로스를 꼽을 수 있다. 에피쿠로스는 개인의 만족에 기반한 주관적 행복관을 주장하며 개인 내면의 성찰을 중요시한다. 에피쿠로스적 행복관에 따르면,

---

15 온라인 사전 https://www.britannica.com, s. v. "Happiness," 2022년 11월 4일 접속.
16 권석만, "심리학의 관점에서 본 욕망과 행복의 관계," 「철학사상」 36 (2010): 121-152, 124.
17 김도일, 『―더불어 건강하고 행복한 생태계를 만들어가는― 가정 교회 마을 교육공동체』 (서울: 동연, 2018), 204.
18 이서영, "행복이란 무엇인가," 『제주 소피아 울림』 (2016), 58-95.

인간이 지속적으로 정신적 평안과 만족을 이루기 위해서는 단순한 육체적, 감각적 욕망을 절제하여 쾌의 감정을 균형 있게 조절해야 한다.

에피쿠로스의 개인적 관점과는 다르게 칸트는 자아와 타인의 관계 안에서 해석된 도덕적 의미를 지향하면서 보편주의적 행복관을 주장한다. 칸트에게 있어 도덕법칙이란 타인의 입장에서도 정당화될 수 있어야 하며, 행복이란 개인뿐 아니라 모두가 만족하는 공동선에 기여할 때 이루어지는 것이다.[19] 인간의 행복은 결국 개인의 도덕의무를 수행하면서 획득하는 만족감으로 이해되는 것이다. 인간은 이성을 통해 스스로의 의지와 부합하는 최대의 만족을 추구하는 원칙을 세우고, 그 원칙에 입각한 조화로운 세계를 희망한다.[20] 여기서 이성理性(Vernunft)은 도덕적 존재로서의 만족감을 느끼게 하는 동시에 행복한 삶을 위한 행동을 촉발하는 주요 동력을 제공한다.

인간의 행복을 규명하려는 노력은 철학뿐 아니라 심리학 분야에서도 활발히 이루어졌다.

1998년 미국 심리학회장으로 취임한 셀리그만(Martin Seligmann)은 인간의 어두운 면에만 치중하였던 기존의 심리학 분야에서 인간의 행복과 성장을 지원하는 긍정 심리학(positive psychology)을 새롭게 주장하기 시작했다.[21] 긍정 심리학은 행복을 두 가지 상태로 이해할 수 있는데, 첫째로 행복은 주관적 안녕(subjective well-being)으로 이해되면서 행복감, 즐거움과 같은 긍정 정서와 우울, 불안과 같은 부정

---

19 위의 책.

20 Inge Krisner & Michael Wermke, *Passion Kino: Existenzielle Filmmotive im Religionsunterricht und Schulgottesdienst* (Göttingen: Vandenhoek & Ruprecht, 2009), 13.

21 권석만, "심리학의 관점에서 본 욕망과 행복의 관계," 123.

정서가 균형을 이루는 상태로 정의된다. 두 번째 관점에서 긍정 심리학은 행복을 자기실현의 관점에서 바라본다. 인간이 자신의 잠재 능력을 충분히 발휘함으로써 개인이나 사회적으로 가치 있는 삶을 구현해 낼 때 행복한 삶을 영위한다 할 수 있다는 것이다.[22] 철학자들이 사용한 용어와는 다를지라도 긍정 심리학자들이 행복을 바라보는 관점은 감정의 균형과 조절, 인생의 자기실현과 같은 개념으로 바라볼 때 철학자들의 주요 관점과 비슷하다 할 수 있다.

이러한 심리학의 관점에서 행복이란 것은 인간의 무의식적인 욕구, 욕망과 깊은 연관을 맺고 있다. 인간의 욕망 역시 진화의 산물이라고 주장한 다윈(C. Dawin)의 관점은 인간의 행복 추구를 진화심리학적 인간의 욕구 충족으로 바라본다.[23]

이러한 진화심리학에 기반을 둔 서은국은 그의 저서『행복의 기원』에서 "인간은 100% 동물이다"라며 인간을 생존을 위한 동물, 즉 생물학적 기계로 이해한다. 그리고 인간의 행복은 생존과 번식의 과정에서 나타나는 진화의 현상이며 수단이라고 정의한다.[24] 여기서 서은국은 우리가 흔히 행복을 추구하는 인간의 정신 활동으로 이해하는 창조적 예술 활동조차도 인간의 생존, 번식을 위한 짝짓기를 위한 인간의 무의식적 활동이라고까지 주장한다. 위트와 유머와 같은 인간의 고유한 언어 행위도 결국에는 타인에게 자신의 특별함을 보여주며 짝짓기에 성공하려는 행위로 서은국은 설명한다. 출간 당시 많은 토론의 불러일으킨 논쟁적인 관점이지만, 인간의 행복을 완전히 다른 언어로 설명했

---

22 위의 글, 126.
23 위의 글, 132.
24 서은국,『행복의 기원』(서울: 21세기북스, 2014), 64.

다는 점에서 도전적인 연구라 할 수 있다.

2. 행복은 관계성을 전제한다

위에서 살펴보았듯이 행복 철학과 행복 심리학은 서로 다양한 언어와 관점으로 인간의 행복을 서술한다. 진화심리학적 관점에서도 행복을 인간의 필수 본능으로 서술한다. 이 외에도 수많은 연구가 있지만 종합적으로 말하면 결국 기쁨, 행복의 감정은 인간이 태생적으로 지닌 본능적인 감정이다. 그리고 이러한 본능, 욕구로서의 행복은 자아와 외부 세계의 상호관계에서 충족되는 만족감을 전제한다.

이와 관련하여 가장 많이 언급되는 이론은 1954년 발표된 매슬로우(Abraham Maslow)의 위계 이론이다.[25] 매슬로우에 따르면, 인간의 욕구는 다섯 단계로 분류할 수 있는데, 가장 하위 단계의 기초적인 욕구부터 차례로 충족하며 상위 단계의 만족감으로 성취된다. 1단계에서는 의식주와 수면과 같은 생리적 욕구, 2단계에서는 신체, 감정적인 안전의 욕구, 3단계는 타인과 관계를 맺고 집단에 소속되고자 사회적 욕구, 4단계에서는 타인으로부터 인정받고자 하는 존중의 욕구, 5단계에서는 자신이 스스로를 인정하고자 하는 욕구가 충족되어야 한다.[26] 매슬로우의 위계 이론에서 행복과 관련하여 우리가 주목할 점은, 인간은 '안전과 보호'와 '소속과 안정' 그리고 '존경과 인정'을 바라고 지향한

---

[25] Abraham Maslow, *Motivation and Personality* (New York: Harper and Row, 1954).

[26] Abraham Maslow, "A theory of Human Motivation," *Psychological Review* 50 (1943): 370-396.

다는 것이다. 인간의 욕구와 만족은 지극히 개인적인 것으로 시작되지만, 단계가 올라갈수록 외부 세계와의 관계 안에서 충족되는 것이다.

매슬로우의 욕구 위계 이론을 비슷하게 발전시킨 이론이 있다. 독일 클레이턴 엘더퍼(Clayton Alderfer)의 '실존-관계-성장 욕구 위계 이론'(ERG theory)은 매슬로우의 이론과 맥을 같이 하며 인간의 실존, 관계, 성장은 복합적이면서도 동시적으로 상호 영향을 미친다고 본다. 엘더퍼는 매슬로우 이론의 생리 욕구와 안전 욕구에 해당하는 욕구들을 인간의 기본적인 '실존 욕구'(Existenzbedürfnisse)로 분류한다. 그리고 매슬로우 이론의 소속과 안정의 욕구에 해당하는 욕구는 '관계 형성의 욕구'(Beziehungsbedürfnisse)로, 자아실현에 해당하는 욕구는 '성장 욕구'(Wachstumsbedürfnisse)로 새롭게 분류한다. 그리고 이러한 욕구들은 계층적이면서도 상호 통합적인 영향 관계에 놓여 있다고 본다.[27]

매슬로우와 엘더퍼 이론에서 공통적으로 알 수 있는 것은 인간의 욕구는 최종적 자아의 실현이나 성장을 추구하고 성취하는 과정에서 만족감, 즉 행복을 느낄 수 있다는 것이다. 그리고 이러한 과정의 중간 단계로 '소속, 안정, 대인 관계'와 같은 관계적 요소가 만족의 성취를 결정하는 주요한 역할을 감당한다는 것이다. 인간의 만족감 혹은 행복감에 대한 대표적인 이론들을 살펴보면 우리에게 행복은 단순히 도구적으로 기술될 수 없는 본질적인 문제라는 점을 알 수 있다. 그리고 그것은 우리의 삶의 방향성을 설정하고 삶의 형태를 좌지우지한다. 하지만 여기서 우리가 놓쳐서는 안 될 중요한 점은 철학적으로나 심리학적으로 볼 때 행복 담론에서 결국 자아와 타인의 관계성이 빠질 수 없다는

---

[27] Clayton P. Alderfer, *Existence, Relatedness, and Growth; Human Needs in Organizational Settings* (New York: Free Press, 1972).

점이다. 그래서 질문한다. 행복을 위해 이렇게 중요한 우리의 관계성은 오늘 안녕한가?

3. 행복에 관한 우리의 현실

오늘 우리의 사회에 행복이 화두인 것은 인간의 근본적 희망 사항임에도 불구하고 우리의 현실은 그렇지 못하기 때문일 것이다. 우리의 현실에서 행복이란 단어가 시급하면서도 낯선 것은 아마도 위에서 언급한 소속, 안정, 관계의 만족감이 충족되지 않기 때문일 것이다.

'불신 사회'로 쉽게 표현되는 오늘 한국 사회에 공동체성 형성은 시급한 문제다. OECD가 정기적으로 발표하는 '더 나은 삶의 질 지수' (Better Life Index)는 주거, 소득, 일자리, 공동체, 교육, 환경, 시민 참여, 건강, 삶의 만족, 안전, 일과 삶의 균형 등을 수치화한다. 그런데 2019년 조사에서 대한민국은 5.8점으로 평균 이하의 점수를 기록한다(OECD 조사대상국 평균 6.7).

여기서 우리에게 두 가지 세부 항목 점수를 눈여겨볼 필요가 있다. 먼저 '삶의 만족도' 항목에서 대한민국은 3.1점을 기록하면서 콜롬비아, 그리스, 포르투갈, 튀르키예와 더불어 평균 6점대에 미치지 못한 하위 국가로 기록되었다. 그리고 두 번째 항목인 사회적 '공동체성'(Community)에 대한 지표는 1.3점으로 모든 항목 중 최저 점수를 보이며 최하위를 기록했다. 이것은 오늘날 한국 사회의 젠더 갈등, 정치적 이념 갈등, 부의 양극화 현상들이 한국의 삶의 질에 지대한 영향을 미치고 있음이 수치로 나타나는 것이다. 현저하게 낮은 '공동체성' 지표 점수는 결코 가볍게 여길 문제가 아니다. 왜냐하면 우리의 낮은 '삶의 만족도' 지표에 영향을 크게 미치는 '공동체성' 지표의 최하위권 점수는 비단 최근 조사의 결과만이 아니라, 2007년부터 최근 십여 년 동안 전혀 개선되지 않는 장기적 정체 현상이기 때문이다.[28]

　　대한민국의 심각한 공동체성에 대해 보고하는 연구 결과가 또 있다. 2021년 대한민국 정부에서 발표한 「국민 삶의 질 보고서」는 우리가 얼마나 다른 사람을 신뢰하지 않는지를 잘 보여준다. 이 보고서에서 발표한 '대인 신뢰도' 항목은 시민들이 자신과 강한 구속력을 지니지 않는 일반 사람들을 얼마나 신뢰하는가에 대해 지표를 나타낸다. 여기에 나타난 대한민국의 '대인 신뢰도'는 2013년 72.2%에서 2017년 65.3%까지 떨어진 이후 증감을 반복하다가 2020년에는 50.3%로 전년보다 15.9% 급감하였다. 이러한 대인 신뢰도 감소 현상은 오늘날 한국인들이 자신들과 강하게 결속된 제한적 소수의 사람과만 신뢰 관계를 형성할 뿐 자신들과는 약하게 연결된 타인과는 점차 거리를 두며 서로 신뢰하지 않는다는 점을 나타낸다. 특히 2020년 이후에 나타나는 15.9%의 급감률은 코로나 팬데믹 기간 동안 개인 간 거리두기와 전염에 대한 공포 심리가 가뜩이나 낮은 대인 신뢰도에 얼마나 더 큰 악영향을 미쳤는지를 보여준다. 코로나 기간을 감안하더라도 그 이전부터의 장기적인 현상을 바라볼 때 분명한 것은 한국 사회의 사회적 유대와 결속의 범위가 지속적으로 좁아지고 있다는 점이다. 그리고 이러한 추세 속에서 개인과 개인, 집단과 집단 사이의 불신에서 발생하는 갈등은 추가적 사회 비용을 발생시킬 가능성을 높여만 가고 있다.[29]

---

28 https://www.oecdbetterlifeindex.org/ 2022년 11월 27일 접속.

사람과 사람이 연결되어 공동체감을 얼마나 느끼는가는 행복감과 직결된 문제다. 타인을 신뢰하지 않고서는 결코 '삶의 질'을 향상시킬 수 없고, '삶의 만족도' 또한 올릴 수 없다. 우리가 행복을 삶에서 영위하기 위해서는 개인뿐 아니라 사회가 신뢰의 사회적 기반을 조성해야 하며, 이 여부에 따라 신뢰와 행복의 지수는 올라갈 수 있을 것이다.

코로나 기간 정신 건강과 행복감에 대한 세계의 연구 결과들에 따르면, 코로나 팬데믹이 지속될수록 대인 관계의 형성 여부에 따라 행복감과 연관된 긍정적 심리 측정값이 높아질 수 있다.[30] 얼핏 보면 팬데믹의 장기화는 사람들의 행복도를 당연히 감소시킬 것으로 예상되지만, 가족, 지인과의 관계 형성, 정부의 투명한 정보 공개 및 사회 기관의 노력이 종합적으로 반영된다면 사회적 위기 가운데서도 긍정적 행복감을 다시 상승시킬 수 있다는 결과가 나타난다.[31]

"코로나 이후 행복 증진 방안"을 연구한 김가혜 · 이소연은 특히 교육 분야에서 각 지역의 교육 센터 활동 지원, 복지 지원 정책, 지역별 캠페인, 사회적 관계를 유지하기 위한 지역 사회 연대 강화와 같은 관계 및 사회참여가 필요하다고 강조하며, 타인에게 긍정적 영향을 주기 위한 일상 공유의 공간 제공이 필요하다고 강조한다.[32] 이러한 연구에서 보듯이 사회가 근본적으로 흔들리는 위기 가운데서도 긍정의

29 대한민국 통계청 통계개발원, 『국민 삶의 질 보고서』, 2021.

30 김가혜 · 이소연, "코로나 전후 행복 이슈 변화 분석 및 행복 증진 방안 연구," 「지능정보연구」 28/3 (2022. 08.): 81-103.

31 Lee, N. Y. & Kang, J. H., "A Phenomenlogical Study on the Emotional Change of the Elderly Aged 65 and older who Experienced COVID-19 Social Situation," *Journal of the Korea Entertainment Industry Association* 14/6 (2020): 171-179.

32 김가혜 · 이소연, "코로나 전후 행복 이슈 변화 분석 및 행복 증진 방안 연구," 94-95.

행복 감정을 만들어 내는 다양한 방법들이 있으며, 행복을 추구하는 희망적인 존재로서 사람들은 어떻게 연대하는가에 따라 다양한 기회와 가능성을 만들 수 있다. 이렇게 볼 때 행복과 관련된 긍정적 감정 형성은 온라인이든 오프라인이든 사람과 사람의 연결 가능성에 달려 있음을 부정할 수 없다. 여기에 더하여 정부와 사회 기관의 투명하고도 긴밀한 협력이 사람들에게 얼마나 많은 안정감을 제공하며 행복의 언어를 생성하는지 다른 많은 연구가 밝히고 있다.

종합해 보면 사람들이 느끼는 사회적 위기 가운데서도 창출 가능한 긍정적 감정은 결국 안정적인 공동체성과 깊게 연관되었다고 할 수 있다.

오늘 우리에게 시급한 과제는 공동체성을 살리는 희망의 신뢰 관계의 형성이다. 이를 위해서는 잘 모르는 사람들도 서로가 신뢰할 수 있을 때 사회적 자본이 증대되어야 한다. 그렇게 될 때에 사회적 유대 또한 돈독해질 수 있고, 우리의 정신 건강과 행복감에 직접적인 영향을 미치게 된다. 이런 시점에 요즘 교회의 새로운 변화로 대두되는 마을목회에서 인간 행복의 실현을 빼놓고 말할 수 없을 것이다. 다시 한번 강조하자면 인간은 모두 행복을 추구하는 존재—진화심리학자들의 거친 표현으로는 동물—이기 때문이다. 그렇기에 우리는 사람과 사람의 끈끈한 연결망을 필요로 한다.

IV. 교회는 사회적 자본(Social Capital)이다!

오늘 한국교회에는 이러한 끈끈한 연결망이 잘 조성되어 있는가?

한국교회가 변화를 위하여 새롭게 말하는 하나님의 선교(*Missio Dei*)는 공동체에 대한 책임과 실천이 자생적으로 창발(Emerging)되는 기독교적 생태계의 조성과 회복으로 요약할 수 있다. 이러한 기독교적 생태계 조성은 단순히 교회 내부적인 변화로만 이뤄지는 것이 아니라, 세상 속 일상의 변화와 병행하여 이루어질 수 있다.

미국의 사회적 복음 운동가 로널드 사이더(Ronald J. Sider)는 "교회가 친밀한 공동체, 즉 가족이라고 한다면 그 공동체의 구성원들은 서로 책임이 있으며 또 서로에게 자신을 내어 주어야 한다. 이것은 경제생활과 영적인 생활 모두에 해당된다"고 역설한다.[33] 우리가 주목할 점은 교회의 친밀한 공동체성을 위해 단순한 영적 생활뿐 아니라 일반적인 경제생활까지 언급했다는 것이다. 친밀한 공동체의 발현, 책임과 실천이 자생적으로 조직되는 생태환경은 단순히 영적인 생활로만 채워지는 것이 아니라 가정이나 지역 사회의 경제 생활에 공통적으로 필요하며, 두 영역이 함께 채워져야 하는 것이다. 이 두 가지 영역이 함께 균형 있는 조절과 균형의 형태를 이뤄나갈 때, 서로 다른 영역이지만 함께 추구하는 만족의 상태, 즉 행복에 도달할 수 있는 것이다.

이런 관점에서 교회는 교육, 사회, 경제, 정치 등 다양한 분야에서 사회적 연결망을 구축할 필요가 있다. 그러기에 우리는 교회와 사회를 연결하는 두 번째 언어로서 '사회적 자본'(Social Capital)을 주목할 필요가 있다.

---

[33] 김도일, 『온전성을 추구하는 기독교교육』, 99.

1. 사회적 자본의 개념과 교회의 역할

그동안 우리는 사회를 변화시키는 자원이라고 하면, 개인적 생산성을 향상시키는 도구와 훈련이라는 의미에서 물리적 자본과 인적 자원만을 생각해 왔다. 하지만 20세기 후반부터 사회적 네트워크를 의미하는 '사회적 자본'(Social Capital)이 새롭게 거론되며 21세기 네트워크 지식시대의 경제 혁신 성과를 좌우하는 실제적인 자본으로 여기기 시작했다. 사회적 자본 연구가 퍼트넘(R. Putnam)이 제시한 사회적 자본의 정의는 다음과 같다.

> 스크루 드라이버(물리적 자본) 혹은 대학 교육(인적 자본)이 (개인적, 집단적) 생산성을 모두 향상시킬 수 있듯, 사회적 접촉 역시 개인과 집단의 생산성에 영향을 미친다는 것이다. 물리적 자본이 물리적 사물, 인적 자본이 개인의 특성을 가리키듯, 사회적 자본이란 개인들 사이의 연계(connections) 그리고 이로부터 발생하는 사회적 네트워크, 호혜성(reciprocity)과 신뢰의 규범을 가리키는 말이다. 이런 의미에서 사회적 자본은 몇몇 사람들이 '시민적 품성'(civic virtue)이라고 부르던 것과 밀접하게 관련되어 있다.[34]

사회적 자본이란 개념은 1890년대부터 1920년대까지 미국의 진보의 시대의 사회개혁가로 활동을 펼친 리다 하니판(Lyda J. Hanifan)으로부터 시작되었다. 그녀는 교사로 헌신했던 농촌 학교에서 교육과 운영의 문제가 지역 공동체의 적극적 참여와 직접적으로 결부되어 있다는

---

[34] 로버트 퍼트넘/정승현 역, 『나 홀로 볼링: 볼링 얼론 ― 사회적 커뮤니티의 붕괴와 소생』 (서울: 페이퍼로드, 2009), 17.

점을 발견하고 '사회적 자본'이라는 용어를 처음 사용하였다.

　　사람들이 일상생활에서 가장 중요하게 유형의 실체, 예를 들면 사회 단위를
　　구성하는 개인과 가족들 사이의 호의, 동료애, 동정심, 사회적 교섭 같은
　　것을 말한다… 한 사람이 자신의 이웃과 접촉하고, 이 사람들이 또 다른
　　이웃들과 접촉하는 식으로 계속 확대하면 사회적 자본이 축적될 것이다.
　　이렇게 형성된 사회적 자본으로 인해 개인의 사회적 욕구는 즉각 충족될
　　수 있으며, 공동체 전체의 생활 조건을 실질적으로 향상시키는 충분한 사회
　　적 잠재력을 갖게 될 수 있다.[35]

　　이렇게 등장한 사회적 자본의 개념은 시대가 지나며 다양하게 재정
의된다. 간단히 살펴보자면 1980년대 부르디외(Pierre Bourdieu)는
사회적 자본을 사회·경제적 관점에서 "지속적인 네트워크를 유지함으
로서 형성되는 관계에서 발생하는 잠재적 자원의 합"이라고 정의한다.
그리고 콜만(James S. Coleman)은 교육과 사회의 관점에서 "사회적
구조 내에 존재하는 두 요소 가운데 다양한 실체로서 행위자의 특정한
행위를 촉진하는 것"으로 사회적 자본을 바라본다.[36] 1990년대에 들어
서 퍼트넘(R. Putnam)은 "공동체의 사회적 생산성에 영향을 주는 사람
들 간의 관계에서 형성되어 개인과 집단의 발전을 가져오는 일련의
동력"으로서 "규범, 신뢰, 네트워크"를 사회적 자본을 규정하고 있다.

---

[35] Lyda Judson Hanifan, "The Rural School Community Center," *Annals of the American Academy of Political and Social Science*, 67 (1916): 130-138; 로버트 퍼트넘, 『나 홀로 볼링: 볼링 얼론 — 사회적 커뮤니티의 붕괴와 소생』, 18 재인용.
[36] 한혜숙, "학교장의 진성리더십이 조직효과성에 미치는 영향에 관한 연구: 사회적 자본의 매개효과를 중심으로," 미간행 행정학 박사학위 논문 (서울시립대학교 2022), 36-43.

특별히 그는 이탈리아의 지역 사례 연구에서 사회적 자본의 차이에 따라 북부 이탈리아에서 많은 자발적 단체들이 형성되고 지역의 공동목표 수행이 가능했던 반면, 남부 이탈리아에서는 그렇지 못했다고 하였다. 세계은행에서도 "경제 발전이나 빈곤 퇴치를 위해서 뿐만 아니라, 범죄, 교육 격차, 공공위생, 환경 분야의 문제를 해결하기 위한 핵심 자산"으로 사회적 자본을 꼽고 있다.[37]

이러한 사회적 자본의 개념과 이론은 한국의 배경에서는 2001년 교육인적자원부가 발표한 "제1차 국가인적자원개발 기본계획"에서 처음으로 거론되기 시작했다. 당시 사회적 자본 개념은 교육적 차원에서 초중등 교육, 시민 교육 등을 통한 시민의식 함양을 강조하며 소개되기 시작했다. 하지만 당시 사회적 자본에 대한 이해나 사례가 많지 않았기에 특정한 교육 문제의 해결을 위한 구체적인 정책 방안이 제시되기에는 무리가 있었고, 단지 소개 차원에서 그쳤다.[38] 사회적 자본의 개념은 기본적으로 학제 연구 성격이 강하고, 단편적인 개념 규정이 어렵다는 측면에서 장기간 이론과 증거들을 분석하고 현실적인 문제와 접목시켜야 한다. 사회적 현상, 해석 그리고 실증의 연구 과정이 필요하다고 할 수 있다. 한국의 배경에서 이제 겨우 30년이라는 짧은 역사를 가지고 있는 담론임을 비추어 볼 때, 한국의 사회적 자본 연구는 이제 시작 단계라 할 수 있을 것이다.[39]

---

[37] Robert D. Putnam, *Making democracy work: Civic tradition in modern Italy, Princeton* (NJ: Princeton University Press, 1993), 안청시 외 역,『사회적 자본과 민주주의』(서울: 박영사, 2000).

[38] 우천식 · 김태종, "한국 경제 · 사회의 발전과 사회적 자본,"『한국경제, 사회와 사회적 자본』(서울: 한국개발연구원, 2007). 7.

[39] 위의 책, 7.

하지만 오늘날 행복한 사회를 만들기 위해서 사회적 자본은 결코 빠질 수 없는 담론이다. 퍼트넘은 건강한 사회적 유대 관계 형성에 따라 우리의 삶은 보다 풍부해진다는 사실을 강조하면서 다양한 구성원이 섞여 사는 사회 속에서 그들이 지닌 사회적 자본들의 '최적 조합'(Best Mix)을 이끌어 내야 한다고 한다. 여기에 따라 신뢰, 규범, 네트워크와 정책 제도 등의 각 사회에 적합한 균형 상태를 이루며 풍부한 삶을 형성해 갈 수 있을 것이다. 이런 관점에서 보았을 때 우리는 교회와 신학적 자본(공공신학, 하나님의 선교, 마을목회 등)이 과연 탈종교 사회의 복잡다단한 사회 속에서 어떤 최적의 조합을 도출할 수 있을지 고민해 보아야 할 것이다. 오늘날 우리는 사회에서 바라보는 교회의 부정적인 시선을 지나치게 의식하고 영향을 받고 있다 할 수 있다. 하지만 사회적 자본의 관점에서 다시 한번 되묻고 대답해 볼 필요가 있다.

오늘날 한국 사회에서 교회는 늘 불신의 대상일 뿐인가? 현대인들은 교회가 사회적 자본 활동의 종교적 중립성을 위해서 한 걸음 물러서 있어야 한다고 생각할까? 사실 사회적 자본의 관점에서 보면 전혀 그렇지 않다! 사회적 자본 개념을 지속적으로 연구하는 하버드대학 교수 퍼트넘의 결론을 한마디로 요약하자면 교회는 긍정적인 사회적 자본이다.[40]

퍼트넘의 관점에 따르면, 교회는 미국의 발전 역사에서 적어도 세 번 이상 주요한 사회적 기능을 수행했다. 퍼트넘은 이러한 사회적 기능이 단순히 종교 기관의 전도와 선교의 역사만이 아니라, 미국 초기 사회의 중요한 발전 동력이었다고 강조한다. 처음 두 번의 사례로 들

---

[40] 로버트 퍼트넘 · 셰일린 롬니 가렛/이종인 역, 『업스윙: 나 홀로 사회인가 우리 함께 사회인가』 (서울: 페이퍼로드, 2022).

수 있는 1차 신앙 부흥 운동(1730~1760)과 2차 신앙 부흥 운동(1800~1830)은 단순한 종교적 부흥 운동을 넘어서 사회적 기틀을 형성한 사회적 자본 형성의 역사로 꼽을 수 있다. 사도 바울이 유럽에서 각기 멀리 떨어져 있는 초대교회들을 방문하며 유럽 사회의 역사를 만들어 갔듯이 초기 미국 개척 시대의 목사들도 교회가 부족하던 부락을 순방하며 전도하던 것이 지역을 연결하고 사회를 발전시켰다고 보기 때문이다. 종교적 목적의 전도 활동과 신앙 부흥 운동은 접근성이 떨어지는 지역에서도 노예제 거부 운동, 선교회, 금주회 등 새로운 모임을 형성하여 지역 간 소통을 가능케 했고, 사회적으로 소외된 사람들에게 더 많은 관심을 갖게 하는 효과를 가져왔다. 이와 더불어 여성, 어린이 공장 노동자, 변경 지대의 거주민 등 공립 교육에서 배제된 사람들에게 글을 가르치려는 교육적 사명은 신앙 부흥과 결합하여 '주일학교 운동'을 일으켰다. 쉽게 말하면 미국 기독교의 신앙 부흥 운동은 미국 사회와 역사 형성에 주요한 기틀을 마련한 사회적 자본이란 것이다.

퍼트넘은 19세기 말 신앙 부흥 운동을 사회 문제와 종교적 참여가 결합된 세 번째 교회의 사회적 자본 사례로 꼽는다. 교회는 근대 사회에 들어서면서 도시화와 산업화에 혹사되는 사람들을 위하여 '사회 복음'이라는 구호로 사회적 역동성을 불어넣는 역할을 감당했다. 구세군과 같은 종교 단체의 '브라스 밴드 행진'과 '할렐루야 아가씨'를 동원하는 진보적 행사는 신앙과 문화가 새롭게 결합하였고, 빈민 구호 활동, 여성의 종교적 지위 향상, 백인과 흑인을 모두 신도로 받아들이는 교회의 내부적 변화는 사회적 자본의 역사에서도 높게 평가되는 것이다.

여기에 더하여 퍼트넘은 21세기에 등장한 미국 초대형 교회도 최근의 사회적 자본으로 꼽는다. 새롭게 등장한 대형 교회의 현대적 마케팅과 연예·오락 테크닉을 결합한 예배와 양육 프로그램 구성은 백인뿐 아니라 다양한 유색 인종들도 교회 안으로 끌어들이며 자연스럽게 모두가 함께하는 종교적 경험을 가능케 했다. 이런 점에서 퍼트넘은 종교와 사교 활동을 혼합하여 소그룹 프로젝트를 조직하며 사회적 네트워크를 교회 안과 밖에서 형성시킨 교회 지도자들을 "대단한 사회 자본가들!"이라고 평가했다.[41]

기독교는 지역 공동체의 생명과 건강의 중요한 사회적 원천이다. 퍼트넘은 "신앙에 기초한 공동체는 미국에서 사회적 자본의 대단히 중요한 저수지 역할을 해 왔다"는 점을 분명히 한다. 하지만 시대가 변하면서 점차 그 기능이 약해지는 것을 안타깝게 여기고 있다.

교회가 시민사회에 미치는 영향력은 20세기 초반까지 시간이 지나면서 변동을 보이는데, 특히 1960년대 후반부터 베이비부머 세대를 포함한 교회의 시민 참여도가 점차 하락하기 시작했다고 지적한다. 이 시기 동안 미국 종교 지형도는 신도들의 교회 내부적인 신앙적 헌신을 강조하는 '온건한 전통 교파'들의 강세에 따라 신앙 공동체의 개념은 교회 울타리 안에서 점차 머물게 되었기 때문이다.[42] 교회 안에만 '온건히'(?) 머무르며 점차 종교와 사회의 연계성이 느슨해지는 현실을 안타깝게 여기는 퍼트넘은 그의 연구 말미에서 오늘날 신앙 공동체를 향해 다음과 같이 제언한다:

나는 미국의 성직자, 평신도 지도자, 신학자, 평신도에게 이런 부탁을 하고

41 로버트 퍼트넘/정승현 역, 『나 홀로 볼링: 볼링 얼론 — 사회적 커뮤니티의 붕괴와 소생』 (서울: 페이퍼로드, 2009) 684-685.
42 위의 책, 109-126.

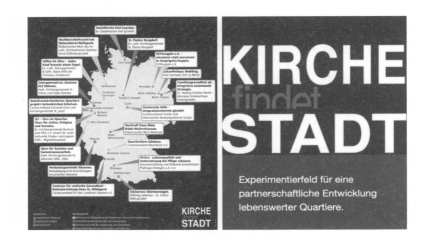

싶다. 2010년 미국인이 오늘의 우리보다 각자의 정신적 공동체에 더 깊이 참여하는 동시에 다른 사람들의 신앙과 행동에는 더 관용적인 새롭고, 다원적이며, 사회적으로 책임지는 '신앙 부흥 운동'에 나서도록 하자."[43]

2. 교회는 도시를 찾는다!(Kirche findet Stadt)

교회와 시민사회가 연결되어 공동의 선을 추구하는 순기능적 관계는 유럽 교회의 에큐메니컬 운동에서도 찾을 수 있다. 독일 국토부는 2011년부터 가톨릭 사회봉사 기관인 카리타스(Caritas)와 개신교 기관인 디아코니(Diakonie)와 함께 "교회, 도시를 찾아가다"(Kirche findet Stadt, 이하 KFS)라는 명칭의 국토 개발 프로젝트를 진행하는데, 이 사업은 기독교 에큐메니컬 신앙의 정체성에 입각하여 교회가 지역의 정치, 사회, 문화에 기여하는 사회적 자본의 기능을 수행하는 또 하나의 사례

---

43 위의 책, 683.

로 눈여겨 볼만하다.

가톨릭과 개신교회는 "그 성읍의 좋은 것을 구하라"(Suchet der Stadt Bestes, 렘 29:7)는 선지자적 사명을 공동 표어로 걸고 지역 주민들의 생활 조건을 개선하기 위한 KFS 지역 개발 협력 사업에 참여한다.[44]

2015년 여름부터 혁신적으로 도시 개발 정책을 시작하기 위하여 KFS 프로젝트에 참여하는 지역 교회와 국가 기관들은 이미 2011년부터 네트워크를 형성하며 프로젝트를 준비했다. 이러한 교회와 국가의 공동 프로젝트 초기에는 독일 국가 도시 개발 정책(National Urban Development Policy)의 연방 기금이 투입되었고, 장관급 정치인 및 일반 복지 전문가들이 함께 참여하며 시작되었다. 이 프로젝트를 위하여 독일 전역의 18개의 지역이 선정되었으며, 8개 지역은 개신교 교회와 디아코니아에서, 7개 지역은 가톨릭교회와 카리타스에서, 5개 지역은 공동으로 프로젝트를 주도적으로 담당하기로 했다. 각 지역의 특수성과 필요에 따라 주요 프로젝트의 주요 사업도 1) 빈부 양극화 극복, 2) 세대 간 통합, 3) 환대와 만남의 공간 창조, 4) 위생과 건강과 같이 세분화되었다.[45]

KFS의 첫 번째 집중 분야는 지역의 경제적 발전이었다. 지역의 경제적 빈곤을 예방하기 위해서 교회와 정부, 사회적 기관은 함께 지역

---

[44] Kirche findet Stadt (www.kirche-findet-stadt.de).

[45] https://www.diakonie.de/kirche-findet-stadt#c20635. 개신교회는 Osnab-rück-Lüstringen, Raunen, Golsar 지역을 전적으로 담당하였다. 가톨릭교회는 Manheim-Schönau, Köln-Choweiler, Dülmen, Gelsenkirchen-Scholven, Rasstatt, Oberteuringen, Berlin-Treptow 지역을 담당하였다. 그 외 Delmenhorst, Nidda-Wallernhausen, Burgdorf-Südstadt, Bochum-Westend, Kiel-Gaarden, Neur-uppin, Berlin-Wedding 지역은 에큐메니컬 공동 사업으로 진행되었다.

의 사용 가능한 자본들을 전수 조사하면서 부족한 인프라를 정확하게 찾아내고자 했다. 그리고 주민들의 자발적이고 능동적인 참여를 이끌어 낼 수 있는 지역 자원의 조합과 배분을 논의하였다. 이 과정에서 지역 정치, 행정, 주민 관리, 주택 산업과 같은 문제에 대하여 교회, 사회적 기관, 지역 활동가들이 적극적으로 참여하면서 지역의 경제적 공동 이익을 발생시키는 현실적인 방안을 찾고자 했다. 그러면서 구체적으로 집행될 예산 조성 및 관리, 중장기적인 예산 집행 계획을 교회, 지자체, 연방 정부가 함께 논의하게 되었다.

KFS에서 사회-경제-인구의 구조적 변화에 따라 발생하는 지역의 부족 자원을 효과적으로 배분하기 위하여 지역과 세대를 통합하는 관계망 형성 사업은 필수적이었다. 이런 사업은 단순히 지역의 지엽적인 문제 해결에만 집중하는 것이 아니라, 장기적인 관점에서 세대 간 통합의 장을 만들어간다는 점에서도 주목할 만하다. 저출산, 노령화 그리고 지역 유입 인구의 불균형은 지역 활동을 제한하고 지역 간, 세대 간 갈등을 촉발시켰다. 이러한 지역 불균형을 해소하기 위해서 지역과 기관들이 네트워크를 형성하여 서로 연계되면서 필요 자원을 전수 조사하고 배분하는 과정이 먼저 필요했던 것이다.

KFS의 세 번째 주안점은 환대와 만남의 장을 형성하는 것이었다. 공공의 이익을 증대시키기 위해서는 사회참여와 만남을 권장하는 물리적 공간이 필요한데, 이를 위해서 가장 효과적인 것은 지역 교회의 공간을 지역 센터로 전환하고 개방하는 것이었다. 교회의 공간은 지역 커뮤니티 센터를 개설하기 가장 용이한 공간임이 분명했다. 그곳에서 다양한 문화 행사를 통해 주민들의 상호 만남을 주선하기 쉬웠기에 교회의 공간은 단순히 종교적 공간을 넘어 지역 커뮤니티 센터의 기능으로 전환되어야만 했다. 이러한 교회 공간의 사회적 전환은 또 다른 효과를 기대하게 했다. 이 과정에서 기독교 교인들의 사회적 사명에 대한 잠재적인 신앙 교육도 자연스럽게 이뤄지기 때문이다. 하지만 교회의 사적 재산을 공적 자본으로 사용하는 과정에서 현실적으로 대두되는 복잡한 절차와 세밀한 설득 과정은 결코 쉬운 일은 아니었다.

KFS의 네 번째 주제인 위생·건강 사업에서는 지역 주민의 건강 증진 및 관리를 위한 서비스 공급과 안정적 구조를 만드는 방안이 논의되고 실행되었다. 질병의 예방적 관점에서 (치료의 관점이 아닌) 위생·건강 사업을 수행하기 위해서는 제도적, 재정적 패러다임 변화가 필요했으며, 이를 위해서 건강 복합시설의 지방 분권화와 예방 및 건강 증진을 위한 지자체 통합 전략이 수립되었다.

KFS 프로젝트의 세 가지 정체성과 이에 따른 기본 원칙들을 살펴보면 교회의 사회적 자본 기능은 보다 명확해진다. 교회 공동체는 시민 공동체이며, 지역 사회를 위한 전략적 책임 공동체이다. 그리고 지역의 지속 가능한 개발에 공동으로 참여하는 기관이다.

2018년부터 2020년까지 진행된 KFS 프로젝트의 내부 연구 "사회적 도시를 위한 커뮤니티 작업: 일반 관심 서비스, 도시 개발 및 사회사업 간의 개발 잠재력"(Gemeinwesenarbeit in der sozialen Stadt: Entwicklungspotenziale zwischen Daseinsvorsorge, Städtebauför- derung und Sozialer Arbeit)[46]은 KFS 사업의 최종 평가를 발표하는데, 여기에

---

46 Petra Potz et al., Gemeinwesenarbeit in der sozialen Stadt Entwicklungspotenziale zwischen Daseinsvorsorge, Städtebauförderung und Sozialer Arbeit. Endbericht, https://www.diakonie.de/fileadmin/user_up load/Diakonie/ PDFs/Kampagne_PDF/ Gemeinwesenarbeit_in_der_sozialen_Stadt_Endbericht_08_2020.pdf. 5-8.

따르면 KFS의 사업 진행과 함께 인적 자원의 재배치, 참여 기관들의 자기 이해와 실천 그리고 자금 조성 및 조달, 제도적 구조 등 다양한 면에서 가시적인 변화가 나타났다고 한다.

〈표〉Kirche findet Stadt 프로젝트 3가지 정체성과 기본 원칙

교회 공동체는 시민 공동체	1. 교회는 지역 공동체의 일부로 이해되어야 한다. 2. 교회 '역학관계'의 다양성을 인정하고, 교단과 연합회의 협력을 강화한다. 3. 공동체 안의 교회를 기본적인 시민사회 구조로 인식한다. 4. 시민사회를 지탱하는 지원과 구조를 확보하고 보장한다.
지역 사회를 위한 전략적 책임 공동체	5. 다른 파트너들과 협력적으로 공동체를 형성한다. 6. (지역)파트너와의 협력 모색 및 공익을 위한 공동 작업을 확대한다. 7. 지역 네트워크를 구속력 있는 개발 파트너십으로 발전시키고, 지속 가능한 구조를 만든다.
지속 가능한 지역 개발 공동체	8. 지역 및 주제별 파트너십을 통해 통합적 실행 개념과 지역별 추진계획을 개발하고 구현한다. 9. 지역을 연결하는 중간 연결 기관을 설치한다. 10. 사회 영역 관련 예산 자금을 마련한다.

첫째, 교회 사업이 다양화되었으며, 지역 사회에서 교회 공동체 역할의 범위는 지방 당국 및 복지 단체가 지원하는 지역 사업에서부터 주택 정책, 시민 참여형 자원봉사 프로그램까지 확장되었다. 이 과정에서 물론 현실적인 문제도 보고되는데, 그중 가장 큰 문제는 재정 혼합과 복잡한 의사 결정 구조이다. 프로젝트 사업 특성상 불가피한 패치워크 형태의 자금 조성은 반복적으로 사업 진행의 불확실성을 초래하고 지속 가능한 구조를 구축하기 어려운 과제로 나타났다. 그리고 프로그램의 전략적 개발 및 운영을 위해서는 많은 자원이 소모되는데, 이러한 사업을 모두 수행하기에는 충분한 시간과 안정적 자금이 부족한 경우가

많았기 때문이다. 하지만 이 사업 과정에서 형성된 교회-사회, 지역-지역을 연결하는 중간 연결 협의체는 각 지역과 기관들의 상이한 의사결정 구조와 이해관계를 보완할 수 있었다고 평가되며, 특히 교회의 인적·공간적 자본은 지역 사회의 부가가치 창출에 긍정적으로 이바지한다는데 이견이 없었다. 마지막으로 평가 보고서는 종교와 제도, 문화와 정책의 지속 가능한 통합적 연계를 위해서는 교회-법조계-정치계의 긴밀한 연동과 협업이 뒷받침되어야 한다고 결론 짓는다.

이상의 KFS 주요 사업 주안점들 속에서 모두가 공감하는 것은 지속적인 도시 개발 프로젝트에서 교회와 지역, 정부와 사회 기관들의 공동체적 이해와 대화 없이는 아무것도 시작할 수 없다는 것이다. 준비부터 진행까지 모든 과정에서 교회는 사회 기관과 함께 손을 맞잡아야 했다. 이 사업의 목적을 상기해보자면 교회와 사회는 서로가 서로를 필요로하고 또한 서로에게 도움이 된다.

KFS 프로젝트는 점차 약화되는 교회의 사회적 자본 기능에 있어 새로운 모델을 보여주었다고 할 수 있다. 가톨릭·개신교 교회들은 국가 공공기관과 함께 협력하여 지역을 개발하는 과정 속에서 자연스럽게 에큐메니컬 협력관계를 실천적으로 이해하게 된다. 그리고 이러한 신학적 실천은 교회 내의 선교와 복지, 공동체 발전 및 교회 정치적 방향성 설정에도 구체적으로 영향을 미치게 된다. 이 과정에서 교인들은 단순히 교회의 목양 대상인 '교인'(교회의 사람들)으로만 존재하는 것이 아니라, 지역에서 함께 살아가는 '동네 사람'으로서 공존하며, 삶의 질을 안정시키고 향상시키기 위하여 함께 논의하는 시민 정체성을 배울 수 있었다. 또한 KFS 프로젝트의 지역 간의 연결과 동맹은 외부에서 새롭게 유입되는 난민이나 이주민에도 관심을 갖게 하면서 다문화 사회 안의 교회의 공동체적 실천을 가능케 했다. 한 마디로 교회의 사회적 기능은 에큐메니컬 신학의 실천적 관점에서 교회 내부적으로도 교육적 효과를 불러온다 볼 수 있다.

V. 나가는 말: 동네 교회, 동네 사람으로의 언어 변화

우리는 이상의 글에서 행복한 사회를 위한 교회와 사회의 공동체적 관계망 형성에 대해서 살펴보았다. 교회는 동네의 자본이며, 목사는 기본적으로 마을 사람이 되어야 한다. 이런 관점에서 교회는 사람과 공간으로 사회와 소통할 수 있는 연결 가능성을 제공한다. 그리고 그 안에는 당연히 기독교의 신앙에 기초한 겸허한 삶의 방식이 기초될 것이다. 서초동의 온무리교회 조용선 목사는 다음과 같이 말한다:

> 최근에 '선교적 교회' 혹은 '마을목회'라는 말을 많이 합니다. '선교적 교회'에 대한 이론을 공부하고 실천한 것이 아닙니다. 그냥 동네 교회, 동네 사람으로 지내고 있습니다. 앞으로도 저는 동네 사람, 동네 아저씨로 살아가려고 합니다. 동네를 다닐 때 "동네 아저씨, 어디 가요?"라는 말을 듣는 것만으로도 행복합니다.[47]

인천 작전동의 이경환 목사는 주일에는 길벗교회 담임목사지만, 주중에는 길벗어린이도서관 관장이다. 서울 오금동의 박요섭 목사는

---

47 조용선, "동네 사람,"「한국장로신문」 2022. 8. 30.

길 가는 이들에게 귤 두어 개는 언제나 집어 갈 수 있는 동네 과일가게 '스위트리' 사장이다. 안양의 조에스더 목사는 지역 어린이들의 토론과 논술 선생님으로 불리며 살아간다. 경기도 광주 태전동 김주용 목사는 독서 지도 선생님으로서 그가 품은 평화와 회복의 교회를 다르게 실천하고 있다. 서울 응암동의 선우준 목사는 주민자치회 분과장으로 주민 사업 회의에 참여하고, 주민 총회를 진행한다. 이처럼 많은 목회자가 오늘날 다양한 형태로 동네 사람으로 살아간다. 더 이상 교회라는 벽 안에 갇혀있는 제단의 사제로만 살아가지 않는다. 이것은 우리의 현실이자 한국교회의 새로운 움직임이다. 동네 사람이라는 호칭은 오늘날 사회와 교회를 연결하는 새로운 가능성이자 우리에게 주어지는 훈장이다. 동네에서 소통하며 사랑하고 살아가는데, 단순히 교회의 규모나 성도의 수로만 그들의 목회의 성공 여부를 논할 수 있겠는가?

교회는 여전히 불신의 대상인가? 많은 이들이 교회에 실망하고 불신하며 떠난다는 소식이 우리의 어깨를 움츠러들게 만들지만, 그것만으로 교회의 불필요성을 증빙한다고 할 수는 없다. 다시 한번 교회를 사회학적 용어로 다시 정의해 보자면, 교회는 분명히 행복을 위한 사회적 자본이기 때문이다! 이 시대의 사람들을 연결하고 공감의 공간을 제공하는 주요한 장소다. 과거에 그랬고, 지금도 그렇다. 사람들은 이곳에 함께 모여 이야기하고, 활동을 기획하고 참여하며, 서로를 지원하고 격려한다. 음식 나눔, 문화 행사, 방과 후 프로그램 등 다양한 지역 서비스 기능을 제공하면서 강력한 관계 커뮤니티를 구축하고 공동체적 일체감을 조성하고 있다.

이러한 관점에서 교회의 공동체적 정체성, 즉 코이노니아의 실현은 사회적 자본의 개념과 숨결을 같이 한다고 볼 수 있다. 코이노니아와 사회적 자본의 개념은 교회의 성벽 안과 밖에서 우리의 일상을 함께 연결한다. 종교교육학자 메리 보이스(M. Boys)가 "거룩함은 전일성" (Holiness is Wohleness)이라는 선언과 함께 코이노니아는 교회 밖 우리의 삶에서도 늘 훈련하는 종교교육의 도구이며, 종교적 거룩은 일상의 통전적 삶에서 당연히 구현되어야 함을 강조한다.[48] 그렇다. 종교와 거룩, 코이노니아는 비단 성스러운 종교적인 용어만이 아니라, 일상적이고 사회적인 용어일 수 있다. 그렇기에 우리는 코이노니아적 언어와 관점의 실천을 우리가 살아가는 일상의 마을 공간으로 확대시켜야 할 것이다.

이런 관점에서 필자는 사회적 자본으로 변화되는 한국교회는 '공터' 가 되어야 한다고 주장하는 바이다. 모든 사람이 공유하는 공터(共: 공공의)이자 언제나 비워진 채 사람들에게 열려 있는 공터(孔: 비어 있는)가 될 필요가 있다. 이것이 바로 코이노니아의 교회이자 사회적 자본으로서 교회의 시작이 될 것이다.

우리 시대에 가장 절실한 것은 단지 케리그마(kerygma), 즉 복음 선포만도 아니고, 디아코니아(diakonia), 즉 정의를 위한 봉사만도 아니며, 카리스마(charisma), 즉 성령의 은사를 경험하는 것도 아니다. 심지어 프로페테이아(propheteia), 즉 권력에 대한 도전만도 아니다. 우리 시대에 가장 절실한 것은 코이노니아(koinonia), 즉 서로 사랑하고 세상을 위해 생명을 바치라는 부르심(에 대한 순종)이다. 지역 교회 차원에서 함께 살고 호흡하며 사랑하는 신앙 공동체들을 만들어 내는 것이 다른 모든 것의 기초다. 세상에 근본적으로 도전하고, 가시적이고 구체적인

---

48 Mary C. Boys, *Educating in Faith: Maps and Visions*, 유재덕 역, 『현대 종교교육의 지형과 전망』 (서울: 하늘기획, 2006), 250.

대안을 제시하는 것은 다름 아닌 신앙 공동체의 지속적인 삶이다. 교회는 분명 그런 공동체를 재건하도록 부름 받았다.[49]

---

[49] Kenneth Leech, *The Social God*, 신현기 역,『사회적 하나님』(서울: 청림, 2009), 21-22; 김도일, 『온전성을 추구하는 기독교교육』, 99 재인용.

신학적 회심을 유발하는 변화의 동기와
메커니즘(작동원리)에 관한 연구

한국일

장로회신학대학교 은퇴교수

I. 들어가는 말

변화는 한 사람이나 공동체 그리고 사회가 온전함을 향하여 성장하고 발전하는 사건이며 과정이다. 사람이나 사회가 긍정적인 방향으로 변화하는 것을 바라보는 것은 가슴 뛰는 감동적인 사건이다.[1] "철학의 과제가 세계를 해석하는 것이라면, 신학의 과제는 세계를 변화시키는 것"이라고 누군가 말한 바 있다. 신앙의 변화는 일차적으로 불신앙에서 신앙으로 전환하는 근본적인 회심과 변화를 의미하나, 그리스도인이 된 이후에도 지식과 인격과 성품 그리고 전 삶의 과정에서 지속적인 변화를 경험하는 과정도 포함한다. 그리스도인이 된 이후에 회심이

---

[1] 필자는 1994년 남아공을 320여 년 동안 지배해 온 백인 정부가 만델라의 흑인 정부로 바뀌는 것을 보면서 세상 안에서 진정한 변화가 가능하다는 희망을 품을 수 있었다.

지속되는 변화의 과정을 신학적 회심이라고 부른다. 신학적 회심은 신앙적 인식과 관점의 전환을 가져오는 사건이다. 하나님에 대하여, 인간에 대하여 그리고 세상에 대한 이해와 생각이 새로워지고 확장되며 심화하는데, 이런 과정에서 특별히 문제의식을 느끼고 있던 주제와 관련하여 기존 인식이 확장되는 강력한 관점의 변화를 경험하게 된다. 현재의 삶에 만족하거나 실망하는 것이 아니라 지식과 인격과 관계와 삶의 영역에서 지속해서 성장하며 변화하는 삶이 하나님이 우리에게 기대하는 삶이다. 그러므로 변화는 기독교 신앙에 핵심이며, 나 자신과 다른 사람의 내적 변화와 그로 인한 외적 영향력으로 나타난다.

"한 사람이 변하면 세상이 바뀐다."[2] 한 사람의 변화는 개인뿐 아니라 사회적으로 강력한 힘을 발휘하며 놀라운 결과를 가져온다. 교회는 이러한 성도의 변화를 통하여 세상에 하나님 나라 복음을 선포하며 실천한다. 세상은 교회를 통해서 잃어버린 하나님과의 관계와 본래의 목적을 회복한다. 그러므로 교회는 옛 세계 안에 시작한 새로운 세계를 보여주는 곳이다. 교회는 하나님의 뜻에 따라 세상이 변화되는 일에 부름을 받았다. 그러나 교회가 세상을 새롭게 하려고 먼저 교회 자신을 변화시키는 것이 첫 번째 책임이라는 보쉬의 언급을 주목할 필요가

---

2 이 말은 40년간 한 교회를 목회한 안광수 목사가 기도 중에 들었던 하나님의 음성이었다. 안 목사는 새신자반을 직접 운영하는데 한번은 한 명의 청년과 함께 3개월을 인도해야 할 상황이 되었다. 안 목사는 청년을 다음 과정에 참여하도록 말하려다 먼저 하나님께 기도하였다. "이 청년을 다음 과정으로 미뤄도 되겠습니까?" 기도 중 마음속에 하나님의 응답을 들었다. "한 사람이 변하면 세상이 바뀐다." 안 목사는 응답을 들은 후 한 청년만을 위해 3개월간 인도하였는데, 30년이 지난 현재 그 청년은 아프리카 가나에서 18년간 선교 활동을 하며 현지 지도자들을 세웠고, 지금 아세아연합신학대학교의 교수와 세계선교 학회 총무로 활동하고 있다. 한국일, 『선교적 교회의 이론과 실제』(서울: 장로회신학대학 교출판부, 2019, 개정증보판), 379-380.

있다.3

    필자는 2018년 장로회신학대학교 목회학 박사과정에 있는 학생들
과 2박 3일간 8개 교회들을 방문하였다.4 이들은 사전에 3회 정도
선교적 교회와 마을목회에 대한 이론을 배운 후 방학을 이용하여 내적
으로 건강하고 지역 사회에 선한 영향력을 미치는 교회들을 방문하였
다. 방문 후 평가 내용을 보면 2박 3일의 짧은 기간임에도 불구하고
참석자들은 사례 교회들의 방문과 목회자와 성도들의 이야기를 들으면
서 신학적 회심 또는 목회적 회심과 같은 큰 충격을 경험하였다. 이런
과정을 통해서 신학 교육과 함께 현장의 사례 방문에서 목회자 의식의
변화 가능성을 발견하였다. 변화를 위해서는 보고 닮아가고 싶은 좋은
모델이 필요하며, 교실에서 '듣고 배우는 것'으로부터 현장에서 '보고
배우는' 학습 방식으로 보완되어야 한다는 사실이다. 참가자들의 소감
을 인용해보자:

"한국교회가 사회적 공신력을 많이 잃어버린 상태에서 작지만, 사회에 큰
    영향력을 가진 교회들이 있다는 사실에 위안과 소망을 얻는다. 교회의 본질
    과 근원적 모습을 찾기 위해 몸부림치고 있는 선배 목사님들의 목회와 강의
    를 통해서 앞으로 목회 방향과 교회의 모습을 그리는 데 큰 도움을 받았다."

"선교적 교회와 마을목회에 대하여 이론적이고 막연하였던 그림이 현장에

---

3 D. J. Bosch, *Witness to the world*, 전재옥 역.『세계를 향한 증거. 선교의 신학적 이해』
    (서울: 도서출판 두란노, 1995), 291. 레슬리 뉴비긴도 교회가 세상을 변화시키는 영향력
    은 자신의 변화되는 과정에서 나타난다고 진술한 바 있다.
4 2018. 7. 2~4, 16~18, 2회에 걸쳐 장로회신학대학교 목회학 박사과정 38명의 학생들이
    사례교회 방문 후 평가한 내용이다.

서 열심히 사역하시는 목사님들을 직접 만나 뵙고, 그 사역을 눈으로 보고 귀로 들으면서 '바로 이것이구나' 하고 깨닫게 되었다. 방문한 교회의 목사님들을 보면서 내 목회론적 회심이 일어나는 것 같다. 너무나 틀에 매여 안일하게 전통적인 목회관에 물들어 있던 굳은 심장이 다시 꿈틀거리며 움직이는 것 같다. 교회 안에 매몰되어 성도들만 보이고 나의 일신만 안전하게 보장받으려는 얕은 생각이 허물어지는 것 같다."

"짧은 기간이지만 교회와 목회에 대한 큰 변화를 경험하였다. 첫날은 충격과 혼란, 둘째 날은 이해와 감탄, 셋째 날은 정리와 과제의 시간이었다. 2박 3일의 교회 탐방 시간은 자신의 목회 사역을 돌아보고, 앞으로 어떤 목회를 해야 할 것인가에 대한 진지한 고민과 성찰의 시간이었다."

"현재 사역하는 교회로부터 설움과 참 교회를 향한 갈망이 뒤섞인 마음에서 눈물을 흘리며 강의를 들었다. 현실 교회와 목회에 실망하여 목사를 그만두고 떠나려는 마음을 수없이 가졌다. 한 명의 목사가 얼마나 큰 영향력을 가졌는지를 보게 되었다. 교회 방문을 통해 목회의 활력과 기쁨이 샘솟는다. 앞으로 가야 할 길에 대한 기대가 생긴다."

변화를 위해서는 세상 안에서 하나님의 뜻을 찾아가는 과정에 자신의 성찰과 새로운 도전에 개방적이어야 한다. 역사적으로 보면 교회와 신학은 시대와 상황에 따라 도전과 응전의 과정에서 항상 변화해 왔다. 변화는 시대와 상황 속에서 본질을 실현하려는 정직하고 소신 있는 대응 과정에서 발생하는 현상이다. 변화는 신앙의 본질에 대한 깨달음과 왜곡된 현실로부터 돌이킴이 현재 가지고 있는 관점의 전환과 인식이 확장되는 형태로 나타난다. 이러한 변화의 사례는 성서 안에서 그리고 역사 안에서 얼마든지 찾아볼 수 있다.

먼저 인식과 사고의 변화를 개인과 시대적 차원에서 구분하여 논의해보자.

시대를 움직이는 큰 틀에서 접근하자면 한 시대와 사회의 변화는 그 시대를 지배하는 보편적 인식과 그 사회를 움직이는 패러다임의 전환으로부터 발생한다. 이런 주장은 패러다임의 전환이라는 개념으로 제시되었다. 토마스 쿤은 『과학혁명의 구조』에서 엄격한 객관성과 중립성을 주장하는 과학에서도 시간이 지나면서 기존의 패러다임의 위기를 맞으면서 패러다임의 전환이 찾아온다고 주장한다.[5]

예를 들면 코페르니쿠스의 등장은 중세 세계관의 급격한 전환을 가져왔다. 그의 지동설 주장으로 인하여 중세 시대를 지배하였던 천동설이 더 이상 작동할 수 없는 패러다임으로 폐기되면서 중세 세계관을 종식하고 근대 세계관의 문을 열었다. 근대에 이르러 뉴턴의 중력이론은 세계를 이해하는 새로운 패러다임으로 작용하였으나 아인슈타인의 상대성이론으로 인하여 그의 이론은 힘을 잃었다. 한스 큉은 이러한 토마스 쿤의 패러다임 전환의 주장을 신학에 적용하여 세계 교회가 시대와 상황의 변화에 따라 여섯 패러다임으로 구분한다.[6]

---

[5] Thomas Kuhn, *The Structure of Scientific Revolution*, 김명자 역, 『과학혁명의 구조』 (서울: 까치글방, 1999), 121-137.

[6] D. J. Bosch, *Transforming Mission. Paradigm Shifts in Theology of Mission*, 김병길 · 장훈태 역, 『변화하고 있는 선교』 (서울: 기독교문서선교회, 2000), 291-296.

II. 신학적 회심과 목회 패러다임의 전환

1. 신학의 상황성과 패러다임의 전환

토마스 쿤의 패러다임 변화의 개념은 일반적으로 신학 연구에, 특히 선교 연구와 이해에 적합하다.7 독일의 선교학자 마굴은 변화를 유발하는 인식의 전환을 한 문화권에서 다른 문화권과의 접촉 과정에서 발생하는 현상으로 설명한다. 마굴은 선교 과정에서 인식의 변화로서 '관점의 전환'(Perspektivwechsel)을 매우 중요한 주제로 인식하고 그의 선교학에서 핵심으로 다루고 있다. 모든 사람은 교회와 신학자를 포함하여 '한 시대의 자녀'로서 그 사회와 시대가 제공한 제한적 관점으로 세상을 바라보며 생활한다. 그런데 다른 문화권을 접촉하면서 타자성을 경험한 후에 자기 성찰을 통하여 기존의 '관점의 전환'을 가져온다.8 특히 서구 교회들은 비서구 문화와 교회들과 타자적 만남을 통해 사물을 다른 시각에서 볼 수 있다는 사실을 깨닫고 관점의 전환을 경험한다. 이런 인식의 변화는 오늘날 '타자해석학' 또는 '상호문화적 해석학'이란 이름으로 선교의 상호성에 매우 중요한 주제가 된다.9

관점과 시각의 변화는 타 문화권과의 만남뿐 아니라 동일 문화권이나 사회 안에서 다양한 요인들의 복합적 작용으로 인하여 발생한다.

---

7 위의 책, 293.

8 Kook-il Han, *Mission und Kultur in der deutschen Missionswissenschaft des 20. Jahrhundgerts* (Erlangen: Erlanger Verlag, 2011), 206-210.

9 타자 해석학을 이해하는 데에는 다음 자료가 도움이 된다. Theo Sunderemeir, *Den Fremden verstehen. Eine praktische Hermeneutik* (Goettingen: Vandenboeck and Ruprecht, 1996).

특히 신학자나 목회자들의 새로운 인식을 통한 관점의 전환은 그의 목회관을 새롭게 변화시킨다. 우리는 이런 경험이나 현상을 '신학적 회심'의 용어로 설명할 수 있다. 한 신학자의 사상이 그의 생애 초기, 중기, 말기에 따라 변화와 발전의 양상을 보이는 것은 새로운 일이 아니다. 성서에서 언급하는 본질과 현실 교회 사이에 괴리가 신학자들에게 진지한 고민과 진정성 있는 문제의식을 느끼게 하며, 그것은 내면에서 점진적으로 누적되어 어느 시점에 이르러 폭발적인 깨달음과 인식의 전환을 경험케 한다. 또한 목회자들이 신학교에서 배운 신학은 목회 현장 속에서 느끼는 새로운 문제의식과 함께 기존의 익숙한 성경 본문을 새롭게 해석하면서 한 사람의 신학적 관점이 변하기도 하고 동시에 한 시대 흐름의 전환이 시작하기도 한다.

종교개혁자들은 중세 시대 구원이 교회의 권위에 종속된 구원론과 교황과 교회의 절대주의를 주장하는 중세의 교회론에 대항하며 이신칭의와 "교회는 항상 개혁되어야 한다"(ecclesia semper reformanda)는 변화의 도상에 있는 개혁교회의 교회론을 제시하였다. 19세기 현대신학은 서구의 계몽주의 이후 서구 사회가 세속화 과정을 겪으면서 보편 이성으로 확인할 수 없는 신의 초월성에 대하여 현대인과 소통하기 위한 방식으로 성서를 해석하려는 시도였다.[10] 이렇게 하나님의 초월성보다 내재성을 강조하며 성서 안에 기적 같은 초월적 사건들을 제거하는 자유주의신학이 태동하였다. 그러나 초기에 19세기 자유주의신학을 배운 바르트는 목회 현장에서 성서를 읽으면서 하나님의 초월성과 성서의 말씀을 새롭게 발견한다. 그리고 그는 자유주의신학

---

[10] Karen Amstrong, *History of God: The 4000 Year Quest of Judaism, Christianity and Islam* (NY: Vintage, 1993).

의 관점을 비판하며 성서에 기초한 신학을 구축하는 소위 신정통주의 또는 변증법적 신학을 제창한다.[11] 역사 속에서 나타나는 신학 사상의 변화를 고찰할 때 우리는 종교개혁자들의 개혁 신학뿐 아니라 보수, 진보, 자유주의 등 모든 현대 신학은 각 시대나 상황이 제기하는 문제에 나름대로 진지하게 학문적으로 답변하려는 시도였다는 점을 알 수 있다. 이런 점에서 순더마이어 교수의 "모든 신학은 그 시대의 상황신학이었다"는 진술은 전적으로 동의할 만하다.[12]

2. 코로나19 상황에 의한 한국교회의 인식 변화

상황의 변화가 사고의 변화를 가져온다. 코로나19의 확장은 사회 전 분야에 영향을 미치며 일상생활의 제한을 가져왔다. 교회도 예외가 아니다. 예배와 모든 모임의 중단은 한국교회가 세워진 이래 초유의 상황으로서 교회는 여기에 어떻게 대처할지 알지 못하였다. 대면 모임의 중지와 비대면 예배로의 전환은 신학자들에게 새로운 연구 과제를 제시하였으며, 이에 대한 많은 해석과 적용 할 수 있는 내용이 구상되었

---

[11] Stanley J. Grenz & Roger E. Olson, *20th Century Theology*, 신재구 역, 『20세기 신학』 (서울: IVP, 1997), 100-119. 그랜츠는 하나님의 초월성과 내재성은 순환적으로 강조되었다는 사실을 신학자들의 사상, 신학의 역사적 고찰을 통해서 입증하고 있다. 바르트는 1919년 출판된 로마서 주석과 함께 자신이 배웠던 자유주의로부터 결별하고, 성서에 기초한 새로운 신학의 방향을 제시한다. 김명룡, 『칼 바르트의 신학』 (서울: 이레서원, 2007), 13-35.

[12] 테오 순더마이어/채수일 역, 『선교신학의 유형과 과제』 (서울: 대한기독교서회, 1999), 248. 순더마이어는 개신교 신학의 핵심인 십자가 신학도 "사도 바울, 어거스틴, 루터에 의해서 그 시대와 주변 환경의 절박한 문제에 대답하는 콘텍스트 신학으로서 구성되었고, 바로 그랬기 때문에 보편적 타당성을 지닐 수 있었던 것이다"라고 주장한다. 위의 책, 267.

다. 필자가 보기에 코로나의 확장은 한국교회에 어려움을 준 것은 분명하나 교회와 세상이 분리될 수 없는 관계라는 인식으로의 전환을 가능케 했다.[13]

코로나 이전 상황의 한국교회는 교회 중심적 사고에 기반하여 '성'(castle)이나 '섬'(island)처럼 고립된 자기 인식과 이미지를 가지고 있었다. 세상으로 나가 열심히 전도하지만, 그것은 모이는 교회와 성장을 위한 수단에 머물렀다. 보수 신앙관은 세상 자체에 의미를 부여하지 않았고, 교회와 세상은 서로 적대 관계로서 영적 전쟁의 대상이었다. 그런데 코로나 상황이 확대되면서 교회는 사회 현상과 불가피하게 동행해야 하는 상황을 직면하면서 새로운 깨달음을 갖게 되었다. 교회와 세상이 본질상 차이가 있음에도 불구하고 서로 분리되지 않고 함께 같은 배를 타고 있는 운명 공동체라는 사실을 인식하게 된 것이다. 세상이 직면한 문제가 교회의 문제이며, 세상의 아픔과 고통을 교회도 동일하게 직면하고 있음을 코로나 상황을 통해서 교회는 깨달았다.

이런 교회의 각성은 매우 긍정적 의미를 갖는다. 교회는 다양한 관계에서 세상과 함께하는 존재라는 인식은 세상과 함께하며(church with others) 또한 세상을 위해(church for others) 보냄을 받았다는 교회의 본질적 이해와 일치한다.

---

13 코로나 이후 한국교회의 전환에 대해서는 이도영, 『코로나19 이후 시대와 한국교회의 과제』(서울: 새물결플러스, 2020) 참고.

III. 변화의 사례 분석

1. 베드로와 고넬료의 만남을 통해서 본 변화의 과정 이해

레슬리 뉴비긴이 주목한 사도행전 10장의 내용은 성서 안에 개인과 교회가 변화를 경험한 사건을 기록한 대표적 사례다. 베드로와 고넬료의 만남으로 시작되는 내용은 베드로의 인식 전환뿐만 아니라 초대교회의 신학적 기반인 구원론, 교회론, 선교 패러다임의 근본적인 변화와 전환을 가져온다.

베드로가 기도하던 중에 환상으로 본 내용은 이방인에 대한 기존의 유대 중심적 신앙관의 현주소를 유대 언어와 그림의 상징으로 보여주는 것이다.[14] 베드로가 환상으로 본 내용은 기존의 유대교 배경의 선민의식과 유대인 중심의 배타적 구원론 관점에서는 이해와 수용이 불가능한 사건이다. 그런데 고넬료가 보낸 하인으로부터 그들이 찾아온 이야기를 듣고 고넬료의 집을 방문하는 과정에서 이미 베드로는 환상에서 본 식용이 금지된 동물의 비유가 이방인에 대한 것이라는 점을 이해하며 깨닫고 있다.[15] 베드로는 고넬료를 만나 하나님의 인도를 경험한 이야기를 들으면서 하나님이 이방인도 구원의 대상으로 여기신다는

---

[14] 베드로는 기도 중에 환상을 보게 되는데, 커다란 보자기에 담긴 짐승들을 잡아먹으라는 하늘의 음성을 듣는다. 레위기 11장에 유대 백성이 먹을 수 있는 정한 짐승과 먹을 수 없는 부정한 짐승의 목록이 나오는데, 그 보자기에 담긴 짐승은 율법에 따르면 먹을 수 없는 부정한 짐승이었다.

[15] "이르되 유대인으로서 이방인과 교제하는 것과 가까이하는 것이 위법인 줄은 너희도 알거니와 하나님께서 내게 지시하사 아무도 속되다 하거나 깨끗지 않다 하지 말라 하시기로, 각 나라 중 하나님을 경외하며 의를 행하는 사람은 하나님이 받으시는 줄 깨달았도다" (행 10:28, 35, 개역성경).

사실을 깨닫는다. 그리고 고넬료 가족이 말씀을 듣는 중에 성령의 임재를 경험한 것을 보고 하나님이 일 하시는 선교의 새로운 전개를 확실하게 이해한다. 그리고 베드로는 대담하게 이방인 고넬료 가족에게 세례를 베풀며 최초로 이방인을 교회의 일원으로 받아들인다. 베드로의 이런 담대한 행동은 아직 유대 중심적 구원론에 머물러 있던 예루살렘교회로부터 비판을 받았고, 청문회에 선 베드로(행 11장)는 자신이 경험한 내용을 진술하면서 구원이 유대인 중심에서 이방인에게로 확장되었다는 깨달음을 예루살렘교회와 공유한다.

누가는 사도행전에서 복음이 경계선을 넘어 이방인과 전 세계를 향해 나아가는 것을 명백하게 밝히고 있다. 누가는 예루살렘교회가 기존의 유대인 중심 구원론에 파격적인 변화를 가져오는 베드로의 진술을 수용하면서 복음은 유대인의 경계를 넘어 이방인과 세계를 향해 확장된다는 사실을 강조한다. 뉴비긴은 이 사건을 고넬료 가족의 회심만 아니라 베드로의 회심이라고 부른다.[16] 여기에 이어서 지도자 베드로의 회심은 예루살렘교회의 동반 회심을 가져왔으며, 그 후에 이방 지역인 안디옥교회에 바나바를 파송하면서 본격적으로 세계 선교 시대가 시작된다.

사도행전 10장 이야기는 선교 개념이 유대인 선교에서 어떻게 세계 선교로 전환하게 되었는지, 선교 개념의 확장을 소개하는 매우 중요한 하나님의 선교(*missio Dei*) 이야기다. 이 내용은 우리 주제인 변화와

---

16 한국일, 『세계를 품는 선교』(서울: 장로회신학대학교출판부, 2004), 203-205; 레슬리 뉴비긴은 선교신학 개요 6장에서 베드로와 고넬료와의 만남을 해석학적 입장에서 상세히 다루고 있다. L. Newbigin, *The Open Secret*, 최성일 역, 『선교신학개요』(서울: 한국신학연구소, 1995).

인식의 전환에 관한 중요한 통찰을 제공한다.

변화의 과정을 분석해보면, 변화의 근본적인 주체는 베드로를 고넬료와 만나게 한 하나님(하나님의 선교)이며, 고넬료와의 만남은 변화의 실제적인 동력이 되었고, 베드로는 변화의 요구에 대해 바른 응답을 하였다. 하나님의 주도적 활동, 사람과 사건 등을 포함한 상황, 기존 패러다임의 확신과 그것에 대한 새로운 도전 등이 가져오는 질문과 흔들림 그리고 성찰의 과정을 통한 응답이 복합적으로 함께 작용하여 회심과 같은 변화를 유발한다.

2. 베드로의 열린 사고 — 기존 사고에 도전하는 새로운 경험에 대한 진정성 있는 응답

베드로의 변화는 그가 자신이 서 있던 유대 중심의 구원론과 선교론 사고방식에 매몰되어 있지 않음을 보여준다. 베드로가 기도 중에 본 환상은 그의 기존 신앙에 근본적인 질문을 제기한다. 환상을 보았다는 것은 눈이 열리는 상징적 사건이다.[17] 그 후 이방인 고넬료가 보낸 하인을 만나면서 어렴풋이 환상의 의미를 깨닫게 되며, 고넬료를 만날 때는 이방인과의 접촉 금지라는 유대인의 금기를 넘어서는 것이 하나님의 뜻이라고 말한다.[18] 만일 베드로가 근본주의 신앙과 같이 자신이

---

17 베드로가 기도 중에 본 환상은 신비한 경험이지만, 그의 내면의 눈이 열리는 상징으로 이해할 수 있다. 사도행전 3장에 베드로와 요한이 성전에 기도하러 가다가 미문 앞에 늘 앉아 있으며 구걸하는 사람을 보고 예수 이름으로 고친 사건이 기록되어 있다. 구걸하는 사람을 항상 같은 자리에 앉아 있었지만, 평소에 정기적으로 기도하러 가는 베드로는 내면으로는 그를 보지 못하였다. 그러나 어느 날 구걸하는 사람이 새롭게 보여 그를 주목하게 되었다. 이런 내면의 눈이 열려 항상 존재하던 사물이나 사람, 현상 등을 새롭게 보기 시작하는 것이 변화의 시작이다.

믿고 있는 신학과 교리 자체를 절대화하였다면, 기존의 신앙관을 근본적으로 흔드는 환상을 단순한 착시현상으로 치부하였을 것이다. 그리고 그의 신학적 사고의 변화는 일어나지 않았을 것이고, 이방인을 향한 새로운 선교의 시대도 또한 열리지 못하였을 것이다. 기존의 확신과 새로운 도전 사이에서 조심스러운 진전이 베드로의 신학적 회심과 변화를 가져왔다. 베드로의 깨달음은 유대인과 이방인 사이에 절대적 규범으로 놓여 있던 민족과 문화적 경계를 넘어갈 수 있었다. 이런 변화가 가능한 것은 자신이 믿고 있는 진리에 대한 확신을 절대화하는 것이 아니라 변화의 여지를 두고 있기 때문이다. 뉴비긴은 이런 인식 확장의 경험을 성령의 새로운 역사에 베드로가 응답한 것이라고 설명하면서, 선교학에서 인간의 사고와 행동을 넘어서는 하나님의 선교로 설명한다.

3. 바울의 부분적 지식론: 온전한 진리를 깨달아 가는 과정

바울은 현재의 인식 내용을 '부분적 지식'이라는 단어로 설명한다. 누구보다 복음의 진리에 대한 타협 없는 확신을 진술하지만(갈 1:7-9), 다른 한편 자신이 알고 있는 지식이 부분적이라고 고백하며 현재의

---

18 베드로가 환상에서 유대인이 먹어서는 안 되는 금기 동물이 이방인을 지칭하는 것으로 해석한 것에는 신학적 사유 과정이 있다고 추측된다. 베드고는 고넬료가 보낸 하인을 보면서 같은 시간에 경험한 두 사건의 관계를 유추하다가 환상의 내용이 이방인을 의미한 것임을 깨닫는다. 성서의 내용을 성서 안에서 깨닫지만, 현장의 특정 사건이나 현상이 성서의 특정 내용의 의미를 깨닫게 한다. 이런 현상은 상황(콘텍스트)이 가진 해석학적 기능으로 설명할 수 있다. 우리는 선교 현장에서의 성경 해석에서 본문(텍스트)과 상황(콘텍스트) 사이에 활발한 해석학적 역동을 경험한다. 한국일, 『세계를 품는 선교』, 205-206.

진리에 대한 확신은 온전한 지식을 향하여 나아가는 도상에 있음을 고백한다(고전 13: 9-12). 바울이 강조하는 진리의 확신은 닫힌 사고가 아니라 온전함을 향하는 과정에 있다. "내가 이미 얻었다 함도 아니요 온전히 이루었다 함도 아니라 오직 내가 그리스도 예수께 잡힌 바 된 그것을 잡으려고 좇아가노라"(빌 4:12-14)는 바울의 고백은 하나님을 아는 지식이 현재 완료가 아니라 진행 과정에 놓여 있음을 분명하게 말한다. 행동과 실천의 근거가 되는 확신은 교리주의자의 편협한 독선이 아니다. 오히려 성장과 온전함을 향해 열려 있다. 그러므로 변화와 성장을 추구하는 교회와 하나님의 사람에게 "신앙의 확신과 변화를 향한 유연한 개방성"은 함께 요구된다. 자신이 믿고 있는 교리나 내용에 사고가 매몰되지 않는다면, 우리는 배움의 과정을 통해서 자신의 신앙이나 목회관, 교회관 등을 새롭게, 근본적으로 살펴보는 시간을 갖게될 것이다. 그리고 이런 성찰의 과정은 변화와 성숙을 유발하는 동인으로 작용한다.

4. 타자(성)와의 만남과 소통이 가져오는 상호 변화: 상이한 문화 간, 교회와 사회, 타자와의 소통을 통한 변화

진리에 대한 인식과 배움은 개인적 사건이 아니라 공동체와 함께 경험하는 사건이다. 개인의 배움과 지식은 항상 그것을 형성해 온 전통과 공동체를 전제하기 때문이다. 교육은 이전 세대가 물려준 지식의 유산에서 시작한다. 전이해가 없는 새로운 배움은 존재할 수 없다. 또한 타자와 더불어 살아가는 인류 공동체는 만남을 통해 새로운 인식의 지평을 넓혀 간다. 특히 한 집단의 지식은 특정 문화와 관련되어 있으며, 문화는 언제나 타 문화와의 만남을 통해 충돌과 수용의 과정을 거치면서 형성된다. 인류 역사가 이룬 모든 문화의 전통은 이런 습합의 과정을 거친다. 이렇게 개인이나 공동체는 다양한 문화와의 만남을 통해서 서로 배우고 교정하며 변화를 경험한다.[19]

베드로와 고넬료의 만남은 유대인과 이방인, 교회와 세상 등의 다양한 이질적 요소들을 포함한다. 사도행전 10장을 전통적 관점에서 보면 베드로를 통해서 고넬료가 변화되는 것이라 할 수 있지만, 상호문화적 해석의 관점에서 보면 두 사람 모두 이전 상태로부터 변화되었다 할 수 있다. 그것도 극적인 경험을 통해서 말이다. 이렇게 낯선 것과의 만남, 타자와의 만남은 일방적 변화의 결과를 가져오는 것이 아니라 상호 배움의 과정을 통해서 변화의 상호성을 가져온다.[20]

IV. 신학적 사유를 통한 변화 과정에 대한 이해
: '신학적 인식'과 '신학적 확신'의 구별과 상호 교류

위에서 언급한 베드로의 열린 사고와 바울의 부분적 지식론은 우리가 현재 확신한 내용은 더욱 온전한 진리를 향하여 지속해 변화하는 과정에 있다는 사실을 입증한다. 현재의 확신은 새로운 인식을 통해서 더욱 온전한 진리를 향해 확장되고 심화하여 간다. 그리스도인, 특히

---

19 다른 공동체 또는 타 문화권과의 만남으로 경험하는 상호문화적 해석학에 관하여는 한국일, 『세계를 품는 선교』 (서울: 장로회신학대학교출판부, 2004) 참고.

20 위의 책, 167-208. 순더마이어 교수는 아프리카 선교사 경험을 통해 선교사는 가르칠 뿐 아니라 배우는 자임을 고백적으로 진술한다. Theo Sundermeier, *Lehren und Lernen in Afrika* (Leipzig, 2018), 165-167.

지역 교회에 거의 절대적 영향을 미치는 목회자들에게는 현재의 확신과 성장을 향한 개방적 인식이라는 '두 개의 서로 다른 생각의 방'을 가지고 서로 소통하는 것이 필요하다. 이 소통과 그것이 가져오는 변화의 과정을 네 가지 단계로 구분하여 살펴보자.

첫째, 신학은 신앙의 경험과 삶에 대한 이론적 성찰 과정을 형성한다. 외부의 권위에 의하여 비주체적으로 형성된 신학 이전의 신앙은 이제 주체적인 신학적 인식을 통해 객관화되며 비판적 인식의 필터링 과정을 거친다. 우리가 신학 공부를 단지 교과서적으로 하지 않는다면, 신학 공부를 통한 신학적 사고는 신앙의 교회와 자신의 현주소를 성찰하며 본질과 현상 사이의 괴리에 대한 분별력을 키운다. 이러한 신학적 사고를 통해서 신앙의 특성과 배경을 알게 되며, 신학적 성찰은 변화의 전제가 된다.

둘째, 신학을 공부하게 될 때 기존의 신앙을 이해하고 설명할 수 있는 분별력이 생긴다. 이때 신학은 신앙을 진단, 분석, 해석하고 대안을 제시하는 임무를 수행한다. 이 과정에서 우리는 자신의 기존 신앙과 다른 신학을 접하기도 하고, 당황하거나 혼란을 겪기도 한다. 이것은 일종의 통과의례와 같은 것으로서 기존의 전통과 새로운 인식 사이의 충돌 현상이다. 이것은 신학 수업에서 피하지 말고 거쳐 가야 할 통과의례이다.

셋째, 신학을 공부할 때 그 내용에 대하여 동의하고 수용하게 되는 내용을 '신학적 확신'이라고 명명하자! 신학적 확신은 신앙적으로 수용하는 신학이며 사역의 토대가 된다. 신앙과 사역의 범위는 신학적 확신의 영역에 비례한다.

넷째, 우리가 배우는 신학 중에서 아직 동의하지 못하거나 수용하지

신학적 사고 이전단계:
신앙의 영역(신학이 무의식적으로 기능함. 판단하지 않고 외부 권위에 의존한 신앙 상태)

신학적 사고 초기단계:
신학공부로 인해 신앙의 영역이 확장되어가는 과정(혼란과 갈등을 통해 신학이 신앙을 새로운 영역으로 인도함)

신학적 확신의 영역:
신학적 사고의 과정에서 신학의 영역과 신앙의 영역이 일치하는 상태(신학의 내용을 동의하고 수용하는 태도)

신학적 인식의 영역:
신학적 확신의 영역보다 더 넓은 상태(기존의 자신의 신앙과 너무 큰 차이를 가진 신학내용)

신학적 사유공간:
신학적 확신의 영역과 신학적 인식의 영역 사이에 차이에 관해 신학적 대화와 토론

계속적인 신학적 사유:
신학적 사유를 통해 신학적 확신의 영역이 인식의 영역으로 확장되어 간다 또는 반대현상도 나타날 수 있다.

못할 신학의 내용도 있다. 이것을 '신학적 인식 영역'(객관적 인식)이라고 부르고, 그 안에 넣어두자! 여기에서 내가 인정하고 수용한 신앙과 사역은 신학적 확신의 영역하고는 일치하지만, 신학적 인식의 영역과는 차이가 있다. 물론 이전의 신앙이 신학적 확신에 속하는 과정에도 신학적 사유가 필요하지만 말이다.[21] 여기에 신학적으로 깊은 사유는

신학적 확신과 신학적 인식, 두 영역의 차이를 숙고하며 교류하는 과정에서 필요하다. 신학적 확신에서 인식의 영역으로 나아가는 과정은 치열한 내적 토론을 거치면서 인격적, 신앙적 결단을 요구한다. 그리고 신학적 인식이 단지 지적 활동의 차원을 넘어서 신학하는 사람의 깊이 있는, 전인격적인, 실존적인 신학적 성찰과 사유를 거칠 때 비로소 자신의 신앙 영역이 넓어지며, 그것과 함께 사역의 근거와 영역이 확장된다. 이것은 한마디로 자기 성찰을 통한 '열린 사고'와 '유연한 사고'라고 말할 수 있다. 도표로 표현하면 위 그림과 같이 전개된다.

종교 심리학적 통찰에 따르면, 한 사람 인식의 변화는 기존 패러다임에 대한 강력한 문제의식과 성찰의 과정에서 발생하는 흔들림 그리고 변화에 대한 막연한 기대 등이 복합적으로 작용하여 그 심리적 부담감의 강도가 높아지고, 그 과정에서 심리적 전환점, 즉 '절벽 위에 선 느낌'을 경험하는 것에서 발생한다. 참된 진리를 발견하려는 한 사람의 갈망이 심리적 억압으로 나타나는데, 이 압박이 강화되어 견딜 수 없는 상황이 만들어지면서 일시에 옛 패러다임을 넘어서며 새로운 패러다임을 발견하는 인식의 전환이 발생한다. 이것은 개인적, 사회적 요인들이 하나님의 초월적 인도 과정에서 상호작용을 일으키면서 발생하는 것이다. 즉, 회심은 경험자의 삶이 위기에 직면하여 매우 심한 갈등과 혼돈 속에서 방황하는 중에, 그 위기에서 벗어날 수 있을 정도로 강렬한 힘에 사로잡히면서 갈등과 혼돈 속에 있던 삶이 질서를 되찾고 경험자

---

21 앞에서 언급한 사도행전 10장의 베드로와 고넬료의 만남의 장면에서 베드로가 환상을 본 후에 고넬료가 보낸 하인을 만나면서 이 두 사건의 상관성을 숙고하던 중 환상에서 본 동물이 이방인을 지칭하는 것임을 깨닫게 되는 과정이 신학적 인식(환상)이 신학적 확신(이방인의 구원)으로 확장된 경우이다.

의 마음에 평온함과 안정이 자리 잡는 기회를 가져다주는 사건이다.[22]

변화의 전조 현상은 강도 높은 문제의식으로부터 오는 고민과 심리적 부담감이다. 이런 현상은 바울의 체험에 기반한 것으로 간주하는 구원론인 로마서 7장과 8장의 극적인 전환에서 확인된다. 7:24에서 육체의 욕구와 성령의 욕구가 서로 상충하여 정점에 이르게 된 지점은 '죽음의 무게'로 다가온 '고민'이다. 바울은 토로한다: "오호라 나는 곤고한 사람이로다 이 사망의 몸에서 누가 나를 건져내랴?"(롬7:24)

바울은 절벽 위에 선 상태에서 8장에서 극적인 전환을 고백한다. 성령의 깨우침은 개인의 죄의식으로 인한 심리적 압박감으로부터 해방을 경험케 한다.[23] 이런 변화 현상은 문제의식이 개인의 내면 세계에서 서로 다른 세계의 갈등과 충돌로 인한 심리적 압박감으로 작용하고, 그것이 신학적 사유를 통해 촉진되어 폭발 직전의 임계점에 도달할 때 나타나는 현상이다. 종교심리학은 이런 현상을 회심 직전에 '절벽에 선 상태'로 표현한다.[24]

필자가 현장의 선교사나 목회자들과 함께 공부하면서 정리되지

---

22 사미자, 『종교심리학』(서울: 장로회신학대학교출판부, 2001), 26.

23 필자도 20대 초반 이와 동일한 체험을 한 적이 있다. 20대 젊은 날에 자유를 향한 충동과 신학생이라는 계율이 상충하며 내면에서 서로 상승되어 심리적 무게로 짓누르는 압박감을 경험하였다. 상담심리학 교수가 수업 중에 인용한 키엘케골의 한 마디 문장, "사람은 윤리적인 존재가 되려고 하면 할수록 자기 자신이 더 비윤리적이 존재임을 깨닫게 된다"는 강력한 지적 깨달음과 심리적 해방을 동반하는 회심을 경험케 했다.

24 이재현 교수는 바울의 회심을 영적 체험만 아니라 심리적 관점에서 설명한다. 바울은 성장 배경이나 신앙적 특성이 확고한 원칙주의자와 율법주의자의 성격이 강한데, 이런 특성은 자신이나 타인에 대하여 정죄감으로 나타난다. 바울은 내면에서 율법주의자로서의 강한 확신과 그것을 실현하지 못하는 현실적 자아 사이에 심리적 갈등과 압박감이 극에 도달하였을 때 다메섹에서 회심의 경험을 한다. 이재현, 『성경 속의 심리학』(서울: 장로회신학대학교출판부, 2019), 470-480.

않은 문제의식일지라도 현장의 사역을 고민하고 성찰하는 사람은 신학 공부 과정에서 고민과 성찰의 무게와 넓이, 깊이에 비례하는 충격을 경험하고 영향을 받는다는 사실을 확인하였다.[25] 바로 그것이 인식과 관점의 변화를 가져오는 회심의 강도와 깊이를 결정한다. 변화는 다양한 요인들의 복합적 작용으로 발생하지만, 개인이 본질과 현실 사이의 괴리를 당연한 것으로 여기며 둔감하게 지나치지 않고, 문제의식으로부터 오는 신학적 감수성과 양심의 소리에 귀 기울이며 진지하게 응답하려고 노력할 때도 발생한다. 로마서 7장이 묘사한 바와 같이, 바울이 내면의 선한 욕구와 악한 욕구가 서로 충돌하며 유발된 '죽음의 상태'를 경험하는 것은 그에게 선한 것, 즉 진리에 대한 갈망이 간절하였기 때문이다. 짐 월리스는 이런 회심은 지속해서 발생하고 개인적으로 경험되지만, 그 내용은 개인적 차원을 넘어 삶의 전 분야와 관련하여 나타나는 것임을 밝힌다.[26] 한국교회는 목회자와 성도들이 이러한 변화와 회심의 과정을 통하여 한편으로 성장하며, 다른 한편 세상을 변화시키는 하나님 나라의 영향력으로 나타난다.

V. 지속적 회심과 성숙을 향한 변화

그리스도인의 회심은 단 한 번으로 그치는 사건이 아니다. 물론

---

25 필자는 선교사 또는 목회자들과 집중 세미나를 하면서 그들이 현장이나 사역으로부터 제기되는 고민과 문제의식이 변화의 동력이 되어 신학 공부를 통해 강한 깨달음과 통찰을 얻으면서 신학적 회심을 하는 경우를 많이 보았다.

26 Jim Wallis, *The Call to Conversion: Why Faith is Always Personal But Never Private*, 정모세 역, 『회심』 (서울: IVP, 2008).

불신앙에서 신앙으로 전환하는 근본적인 회심은 단 한 번의 일회적 특징을 가지고 있으나, 이미 회심한 이후 계속 하나님을 알아가는 과정에서 그리스도인은 지속적인 깨달음을 통하여 관점이 새로워지며, 이런 과정을 통해 온전함을 향한 변화와 성숙이 이루어진다.

그리스도인의 회심과 성숙을 향한 변화는 크게 두 가지 과정을 거친다. 하나님에 대하여 알아가기와 자기 성찰이다. 하나님 앞에서 자기 성찰을 계속하는 그리스도인의 삶에서 우리가 기대와 희망을 품는 이유는 바로 우리의 삶에서 성장과 변화는 지속된다는 점이다. 바울의 고백처럼, 우리의 겉사람은 낡아지지만, 속사람은 나날이 새롭게 변화되기 때문이다.[27] 하나님 앞에서 자기 성찰을 통한 자기 인식의 변화는 서로 반비례한다. 하나님의 거룩하심을 깨달아 가는 과정은 인간 자신의 죄성에 더욱 깊은 성찰을 가져온다.

이것은 하나님의 은혜 앞에서 비추어본 바울의 자기 성찰과 고백에서 드러난다. 바울이 신앙 안에서 지속해서 성장하고 변화되어 가는 과정은 그의 서신의 내용에서도 확인할 수 있다. 바울서신 중에 세 서신—고린도전서(주후 55년), 에베소서(주후 60~63년), 디모데전서(주후 63~66년 사이에 기록)—을 연대기적으로 살펴보면 시간이 흘러갈수록 바울의 자기 성찰에 대한 고백이 어떻게 점진적으로 변화해 가는지를 알 수 있다.[28] 바울의 세 서신에 나타난 하나님 앞에서 자기를 부인하는

---

27 "그러므로 우리가 낙심하지 않습니다. 우리의 겉사람은 낡아가나 우리의 속사람은 날로 새로워집니다"(고후 4:16, 새번역).

28 세 서신의 저작 연대를 보면, 고린도전서는 주후 55년, 에베소서는 주후 60~63년경에, 그의 생애 말기인 주후 63~66년 사이에 기록된 것으로 추정한다. 『해설. 관주 성경전서 독일성서공회판』(서울: 대한성서공회, 1997), 고린도전서(393), 에베소서(453), 디모데전서(492-493) 안내 참고.

그의 고백은 점점 더 깊어진다.

　서신마다 자신의 사도성을 강조하는 바울은 고린도전서 15:9에서 "나는 사도 중에 지극히 작은 자"라고 고백한다. 한편으로는 자신의 사도성을 강조하면서 다른 한편으로는 사도 중 가장 작은 자라는 인식을 한다. 그러나 그다음에 쓰인 에베소서 3:8에서 바울은 자신을 "모든 성도 중에 지극히 작은 자보다 더 작은 나"라고 표현한다. 그리고 생애 말기에 기록된 디모데전서 1:15에서는 자기 자신을 "죄인 중에 괴수"로 고백한다. 바울의 이런 고백은 소위 율법적 종교나 자기 수양의 종교 관점에서 보면 거꾸로 가고 있는 것이다. 우리는 흔히 종교적 수양의 시간이 길어지면 일종의 공로 의식으로 개인의 종교적 거룩함이 더 고양된다고 생각하는데, 바울은 하나님의 거룩함과 은혜를 경험할수록 거꾸로 자신의 죄인됨의 깊이를 보게 된다. 기독교 신앙의 본질인 자기 부인은 하나님 은혜를 경험하는 것과 깊은 연관이 있다. 회심 이전의 바울은 율법의 공로 의식으로 자신은 흠이 없는 자라는 자의식을 가지고 있었지만(빌 3:6), 하나님의 은혜를 경험할수록 이것에 반비례적으로 자기 죄의 깊이를 보게 된다. 이것이 기독교, 특히 개신교의 이신칭의 이후에 성화의 과정에서 경험하는 자기 이해이다.[29]

　뉴비긴은 기독교와 다른 종교와의 차이를 이러한 자기 이해의 특성에서 찾는다. 일반적으로 다른 종교들은 개인의 종교적인 삶이 믿음과 수양을 통해 더 거룩해진다고 믿지만, 기독교는 하나님 앞에서 자신의 연약함과 죄인 됨을 깨닫는 과정에서 결과적으로 신앙의 삶이 성장한다고 믿는다. 그러므로 기독교 신앙의 여정은 스스로 종교적 노력이나

---

29 김세윤, 『칭의와 성화』 (서울: 두란노, 2014), 203.

도를 닦아 높은 곳으로 올라가는 '종교적 사다리 타기'가 아니라, 오히려 하나님의 은총의 빛 아래로 내려가면서 자기를 부인하고, 결과적으로 하나님의 거룩한 성품에 참여하는 것이다. 이런 태도와 인식의 전환을 통한 변화는 하나님 앞에서 자신의 현실적 기대가 맞부딪히는 어려움, 때로는 극한 어려움에 직면하고, 더 이상 현시적 삶에서 의미를 찾지 못하는 상황에서 발생한다. 이런 과정을 거치는 목회자의 지속적 회심은 하나님의 나라에 대한 인식의 확장을 경험하며 교회에 생기를 불어 넣는다. 그리고 성도의 회심은 삶의 영역에서 하나님 나라의 영향력이 확장되는 사건으로 나타난다.

VI. 나가는 말

우리가 어떤 주제에 대한 확신이 있다고 믿는 순간, 그 확신은 맞을지라도 그 확신 때문에 우리는 다른 부분에 대해서 닫혀 있을 수 있다. 그러므로 우리의 인식과 지식은 바울의 고백처럼 부분적일 수밖에 없다. 우리는 우리의 과거와 현재, 미래를 통합적으로 인식하지 못한다. 어떤 전문성을 가지고 사고할수록 더욱 부분에 불과한 그 전문성이라는 편향된 시각으로 현실과 세상을 인식하게 된다. 오직 하나님만이 나의 과거, 현재 그리고 미래를 통시적으로 보고 계시며, 통합적 지식을 갖고 계신다. 이런 점에서 우리는 어떤 확신이 있을지라도 아직 알지 못하는 지식과 관점 그리고 세계 이해에 대해 겸손함과 지속적인 깨달음을 향한 마음을 열어 놓아야 한다. 이것이 아버지의 온전하심과 같이 온전해지는 것이며, 그리스도의 장성한 분량에 이르기까지 성장하는 것이다. 온전함을 향한 성장과 변화를 위해서는 위에서 언급한 '열린 사고'와 '유연한 사고'가 필요하다. 또한 자신을 객관적으로 인식하는 태도도 중요하다.

그리스도인이 지속적 회심을 통한 변화를 경험하기 위해서는 신앙의 본질에 대한 근본적 성찰, 온전함을 향해 성장하려는 열망, 변화를 향한 개방된 자세 그리고 자신과 주변 상황에 대한 진정성 있는 태도 등이 요구된다. 그리스도인, 평신도와 목회자의 변화는 인식의 전환에서 온다.[30] 변화의 영역을 개인에 국한하려는 것은 아니지만, 교파주의와 개교회주의 등의 시스템 전환은 오랜 시간이 걸리며, 이 영역에서의 변화는 또 다른 연구 주제이다. 변화가 개인적 영역에 제한되지 않고 보다 넓은 영역으로 확대하기 위해서 다음의 주제들에 관한 연구가 필요하다. 지역 교회들의 연대를 실현하는 지역 에큐메니컬 운동, 더욱 확장된 전국적, 세계적 차원의 네트워크, 평신도의 의식화와 주체적 참여, 지역 사회와 협력하는 하나님 나라 운동, 공적 신학에 근거한 공교회 인식 그리고 그것을 실천하는 다양한 선도 그룹이 필요하다.

---

[30] 물론 변화는 인식의 전환 외에도 다양한 요소들이 작용하지만, 여기에서는 인식론적 전환에 초점을 맞추려 한다.

저항하는 공동체를 향하여

황인성

책보고가게 책방지기, 공명교회 공동 목회자

I. 들어가는 말

모든 시대는 그 시대를 분석하고 설명해 줄 수 있는 거대 담론이 존재한다. 그리고 시대가 변함에 따라 기존의 담론들은 붕괴하거나 수정되고 새로운 패러다임이 등장하게 된다. 이러한 다양한 패러다임의 등장과 소멸 속에서도 근대 사회 이후 등장한 자본주의는 '더 갖고자 하는' 인간의 본성을 합리화해 주는 도구로 점점 더 발전해가고 있다. 특별히 한국은 급격한 산업화, 도시화를 거치며 경제 성장을 이룬 독특한 사례이다.

그러나 이 '가지고자 하는' 욕구는 언제나 탐욕을 불러일으키고 결국 다양한 문제를 일으킨다. 최근에는 기후 위기의 근본 원인으로 지적되기도 한다. 풍요가 중요한 삶의 가치가 된 지금의 사회 속에서 과연 한국교회는 무엇을 돌아보고 또 무엇을 말할 수 있을까? 한국교회는

과거를 돌아보며 이 '풍요의 역설'의 관점에 무엇을 회개하고 또 새롭게
변화될 수 있을까? 짧은 글이지만 지금의 시대 속에서 한국교회가
변화되어야 할 방향에 대해 '저항'의 관점에서 이야기해보고자 한다.

II. 탐욕이 정당화되는 사회

1. 풍요의 역설

"행성에 탐사선을 보내는 데 쓰이는 로켓과 똑같은 로켓 추진체가 핵탄두를
적국으로 날려 보내는 데에도 쓰인다. 로켓 추진뿐 아니다. 바이킹과 보이저
탐사선에 전력을 공급하는 방사능 에너지도 핵무기를 개발하면서 알아낸
바로 그 기술에 힘입어 마련된 것이다. 모순은 이것으로 끝나지 않는다 …."[1]

칼 세이건은 그의 책에서 자연과 우주의 신비에 대한 감탄을 표현함
과 동시에 아주 작은 생명체인 인간의 위대함을 교차하며 묘사하고
있다. 그리고 그의 책 마지막 장에서 우주와 비교해 너무도 작은 인류가
지닌 미지의 세계에 대한 동경과 파괴적 탐욕을 잘 보여주고 있다.
인류 역사 이래 사회는 점점 더 복잡하고 계층화된 조직을 이루었으며
동시에 그에 따른 다양한 기술도 발전해 오고 있다. 최근 인공지능을
기반으로 한 4차 산업혁명은 그 이전의 혁명과는 비교할 수도 없는
극적인 변화를 가져오고 있다. 이러한 발전은 곧 인류에게 풍족함을

---

1 칼 세이건, 『코스모스』 (서울: 사이언스북스, 2006), 676-677.

가져다줄 것 같은 기대를 하게 한다.[2] 그러나 과거 인류의 역사 속에서 모든 세계가 평화를 온전히 누리고, 만족함을 누린 적이 있었는가? 지금의 기술로도 충분히 모든 인류는 풍족히 먹고도 남을 만한 식량을 보유하고 있다. 그러나 현실은 부의 양극화가 더 극단으로 치닫고 있다. 이러한 암울한 현실은 결국 기술의 문제가 아닌 자신의 욕심을 따라 사는 인간의 죄성에 기인한다.

제러미 리프킨은 기술의 발전으로 생산량이 증대되고, 이는 노동 시간의 감소로 이어졌다고 보았다. 그리고 자본주의는 노동자들이 잉여 시간과 자신의 부를 통한 소비 행위로 또 다른 생산의 필요성을 만들어 낸다고 보았다. 그러나 현실에서 노동자의 노동 시간은 줄어들고 있지만, 이것이 또 다른 소비로 연결되지 않고 있다. 노동자의 소비보다 생산의 절대적 과잉이 일어나고 있다.[3] 인공지능을 기반으로 한 4차 산업혁명은 인간의 노동을 획기적으로 대체하고 있다. 그러나 여전히 노동자는 소비의 주체가 되어야 하고, 비생산적 영역에서 자신의 노동을 이어가야 하는 모순적 상황에 놓이게 되었다. 이것이 신자유주의의 시스템에서 살아가야 하는 인간의 현실이다.[4]

최근 들어 '비트코인' 등의 투자 열풍이 불고 있다. 투기성 투자 자체보다 그 기저에 있는 '블록체인 기술'은 획기적인 대안 경제 체제처럼 보인다. 이제 재정의 흐름을 중앙정부가 통제하는 것이 아닌 자율적이며 민주적인 방식으로 안전하게 자치 경제를 이루어가는 듯 보인다. 그러나 이 또한 결국 블록체인 기술에 익숙한 전문가와 폐쇄적 정보를

---

2 클라우스 슈밥 외 1인,『클라우스 슈밥의 제4차 산업혁명』(서울: 메가스터디북스, 2021).
3 제러미 리프킨,『노동의 종말』(서울: 민음사, 2005), 75-79.
4 위의 책, 339-378.

공유하는 소수의 집단에 의해 더 큰 부의 불평등을 가져올 가능성이 크다.[5] 피케티는 지금의 가장 큰 문제는 생산의 불균형이 아닌 부의 재분배의 불균형임을 지적하였다.[6] 김누리 교수 또한 코로나 시대 이후를 진단하면서 이제 자본주의는 그 야수적 성격을 벗어버리고 '따뜻한 자본주의'로 전환할 것을 강조하였다. 그러나 현실 세계에서 이 해답은 멀리 있어 보인다.[7] 한병철은 이를 '긍정의 과잉성'이라고 묘사했다. 즉, 없어서 고통당하는 것이 아니라 너무 많은 것 안에 자신을 잃어버리고 있다는 것이다.

필자는 과거 피아식별이 명확했던, 필자의 표현을 빌려보자면 '면역학적' 구조가 뚜렷했던 시대를 지나 이제는 적의 구분이 불분명한 시대를 살고 있다고 진단한다. 그리고 이제는 명확한 이분법적 접근이 아닌 좋은 것으로 여겼던 것들의 과대 생산과 과잉으로 인한 '소화불량'의 상태에 이르렀다고 보는 것이다. 이를 '긍정의 과잉성'이라고 본 것이다.[8]

2. 탐욕의 결과: 기후 위기

최근 기후 위기에 대한 심각한 보고와 동시에 자성의 목소리가 들린다. 특히나 코로나19를 직접 겪으면서 이제는 먼 나라 이야기가 아닌 바로 나 자신, 내 가족, 내 교회에 일어날 수 있는 일임을 모두가 경험하고 있다. 그러나 인간 사회 안에서도 서로 양보하지 않고 착취하던 인류는

5 돈 탭스코트 외 1인, 『블록체인 혁명』(서울: 을유문화사, 2018), 151-193.
6 토마 피케티, 『21세기 자본』(서울: 글항아리, 2014), 52-57.
7 최재천 외 6인, 『코로나 사피엔스』(서울: 인플루엔셜, 2020), 142-153.
8 한병철, 『피로사회』(서울: 문학과지성사, 2012), 17.

비인간 세계, 모든 피조 세계에 대해 더 심한 악행과 욕심을 부리고 있다. 그에 따른 자연 파괴 그리고 기후 위기는 어쩌면 너무도 당연한 인간 욕심의 결과라고 볼 수 있다.

> "미국은 전 세계 인구의 4퍼센트밖에 차지하지 않으면서 전 세계 총에너지 생산량의 15퍼센트, 전기 생산량의 20퍼센트를 쓰는 에너지 최고 소비 국가다."[9]

또 다른 예로 전 세계에서 매년 천억 벌의 옷이 생산되고 그중 3분의 1이 버려진다고 한다.[10] 생산량의 증대를 위해 유전자 조작과 자연 파괴를 일삼고 생산해 낸 음식의 상당 부분은 소비되지 않은 채 다시 버려지고, 이는 또 다른 생태 위기를 불러일으키고 있다. 결국 인간의 탐욕으로 인해 이제는 인류뿐만 아니라 지구 생태계 전반을 위협하고 있다.[11]

짐 안탈은 기후 문제에 대하여 당장 눈앞에 닥친 현실을 과학으로 어떻게 극복할 것인가에 우리의 초점을 맞추지 말고, 왜 이러한 일이 일어났는지에 대한 근본적인 질문이 필요하다고 말한다. 그리고 그 원인의 대부분은 인간의 욕심과 탐욕으로부터 비롯된다는 것을 강조한다. 따라서 교회의 책임 또한 구체적인 운동 이전에 왜 이러한 재앙이 왔는지에 대한 깊은 성찰과 회개가 먼저라는 부분을 언급한다.

인류가 역사 이래로 한 번도 경험해보지 못한 엄청난 위기에 놓여

---

9 호프 자런, 『나는 풍요로웠고 지구는 달라졌다』(서울, 김영사, 2020), 120.
10 KBS 환경스페셜, "옷을 위한 지구는 없다," 2021.
11 KBS 환경스페셜, "먹다버릴 지구는 없다," 2022.

있지만, 여전히 교회는 이러한 극적인 변화를 인식하지 못할뿐더러 대부분 기존의 체제를 바꾸고 싶은 마음이 없다. 그러나 결국 기후 변화의 최대 희생자는 가난한 자들, 소외된 자들이 될 것이며, 더 나아가 수많은 피조 세계의 종들이 사라지게 될 것이다. 이렇게 심각한 상황이지만 인류는 근본적으로 장기적이며 거대한 재앙을 인식하지 못하는 인지 오류를 일으킨다는 것이다. 눈앞의 급한 위험은 바로 인식하지만 장기적인 위협은 회피하거나 애써 지나치려는 확증편향을 일으킨다는 것이다. 트럼프 행정부는 기후 과학에 대해서 객관적 사실이라기보다는 정치적 도구로 해석하면서—많은 크리스천 정치가들이 주도했다—기후 위기 자체를 부인하고자 했다.[12] 오병이어의 기적처럼 우리는 지금의 상황에 함께 아파하는 마음을 가져야 하며, 지금 가지고 있는 작은 것을 기꺼이 내어줌으로서 이 일에 동참할 때 비로소 기적을 체험할 수 있다.

이제는 인류가 이 욕심을 멈춰야 할 때이다. 내 돈으로 소비하는 모든 것은 정당하다고 말하는 논리는 잘못된 것이다. 지금의 자본주의는 우리에게 계속해서 소비하고 더 많은 것을 갖는 것이 미덕이라고 강요하고 있다. 그 결말에 대해서는 아무런 준비와 책임은 지지 못한 채 무한한 생산과 그에 따른 소비를 우리에게 강요하고 있다. 더 많은 돈을 벌어서 더 많은 옷을 사고, 더 좋은 집에서, 더 좋은 최신 기술의 물품을 갖고 사는 것이 마치 인생의 목적인 것처럼 우리에게 미디어를 포함한 다양한 경로를 통해 의식을 변화시키려 하고, 그러한 문화 속에서 모두가 그 흐름을 따르기를 폭력적으로 요구하고 있다.

---

12 짐 안탈, 『기후 교회, 왜&어떻게』 (서울: 생태문명연구소, 2019), 39-78.

III. 성경이 말하는 저항의 영성

1. 죄의 근원인 탐욕

결국 지금의 기술과 돈으로 충분히 모든 사람의 배고픔과 필요들을 해결할 수 있지만, 그렇지 못한 것은 바로 인간의 욕심, 탐욕 때문이다. 성경은 바로 이것을 죄라고 말하고 있다.[13]

> 여자가 그 나무를 본즉 먹음직도 하고 보암직도 하고 지혜롭게 할 만큼 탐스럽기도 한 나무인지라 여자가 그 열매를 따 먹고 자기와 함께 있는 남편에게도 주매 그도 먹은지라(창 3:6).

하나님이 이 세상을 창조하고 마지막으로 인류를 창조한 후에 그에게 선악과를 제외한 모든 것을 허락하셨다. 그러나 인간의 욕심과 탐욕은 끝이 없었다. 하나님은 자신이 가진 모든 것을 인간을 포함한 모든 피조 세계와 나누기를 원했다. 그러나 인간은 사유화하고 싶어 했다. 더 가지고 싶어 했다. 결국 하나님의 것마저도 빼앗으려고 한 것이다. 선악과를 보니 보기에도 좋고, 먹음직스럽게 생기기도 했고 또 저것을 가지면 나를 지혜롭게 해줄 것이라는 생각이 들 정도로 매력적이었다고 성경은 말하고 있다. 결국 인간은 하나님을 배신하고 그 선악과를 먹게 된다.

---

13 김근주, 『구약의 숲』 (서울: 대장간, 2014), 72.

2. 성경에 나타난 저항의 영성

이러한 인간의 욕심에 기반한 경제 구조, 사회 구조에 대해 성경은 우리에게 무엇을 말하고 있는가? 모세오경, 창세기, 출애굽기, 레위기, 민수기, 신명기에서는 하나님의 율법, 즉 명령이 총 613개가 등장한다. 이 모든 율법의 요약이 레위기에 잘 나타나 있다.

원수를 갚지 말며 동포를 원망하지 말며 네 이웃 사랑하기를 네 자신과 같이 사랑하라 나는 여호와이니라(레 19:18).

결국 성경에서, 구약에서 하나님이 인간에게 준 수많은 율법의 요약은 바로 하나님이 우리에게 맡겨주신 주변의 이웃, 형제, 자매를 나 자신처럼 사랑하라는 것이다. 즉, 복음은 공동체적이다. 하나님 나라, 하나님의 율법을 말할 때 '함께 함', '공명'을 빼놓고는 어떤 이야기도 성립될 수 없다.

마태복음 6장 24절에서 예수님은 명확히 사람은 하나님과 재물을 겸하여 섬길 수 없다고 말씀하신다. 우리는 언제나 "나의 물질적 축복을 통하여 다른 이들을 섬기고, 하나님 나라를 확장해 나갈 수 있다"는 달콤한 유혹에 넘어간다. 그리스도의 제자된 우리는 먼저 하나님 앞에서 돈이 아닌 하나님이 나의 참 하나님되심을 말과 삶으로 고백하는 훈련을 해야 한다.

대답하여 이르되 네 마음을 다하며 목숨을 다하며 힘을 다하며 뜻을 다하여 주 너의 하나님을 사랑하고 또한 네 이웃을 네 자신 같이 사랑하라 하였나이다

(눅 10:27).

성경은 이미 인간의 죄와 탐욕에 대해 잘 인지하고 그에 따른 대안을 우리에게 제시하고 있다. 인간에게 물질적 풍요가 생기면 결코 그것을 나누지 않을 것을 알기에 구약에서부터 신약에 이르기까지 하나님은 그토록 나 자신을 사랑하는 만큼 이웃을 사랑하고 특히나 이러한 권력 싸움에서 소외될 가난한 자들에 대한 특별한 혜택을 강제적으로 명령하신다. 하나님이 가난하고 소외된 자들만 사랑하시는 것이 아니다. 모든 사람과 이 모든 피조 세계를 사랑하시지만 바로 소외된 자들이 이 권리마저 박탈당하는 것을 보시며 안타까워하시고, 적극적으로 그들을 변호하고 계신 것이다.

인간은 인간 중심적으로 사고할 수밖에 없다. 그러나 성경은 하나님께서 인류의 하나님도 되시지만 모든 피조 세계의 하나님이 되신다고 선언하고 있다. 그러나 우리는 이 모든 우주를 지으신 창조주가 바로 하나님이심을 잊어버릴 때가 있다. 그래서 그 우주적 하나님을 나 자신만을 위한 하나님으로 축소할 때가 있다. 그러나 성경은 분명히 우리에게 말씀하신다. 우리가 잘 아는 "하나님이 세상을 이처럼 사랑하사 …"로 시작하는 요한복음 3:16의 말씀은 분명히 하나님이 이 모든 세계를 사랑하신다고 말씀하신 것이다.

성경을 통한 하나님 나라의 원리는 명확하다. 돈을 추구하지 말고, 자신의 욕심을 채우려고 이웃을 착취하거나 소외된 자들을 이용하지 말고, 오히려 그들을 섬김으로써 그들도 하나님의 은혜 자리에 올 수 있도록 도와야 한다. 이 원리는 인간 사회에만 적용되지 않는다. 인간의 탐욕으로 신음하고 있는 모든 피조 세계에도 동일하게 적용된다. 무절제하고 무제한적인 우리의 소비주의를 멈추고 "하나님이 보시기에 좋았더라"라고 말씀하신 이 자연 세계를 다시 회복해야 할 의무가 우리에게 있다.

3. 저항의 영성의 실천

다윗은 이러한 인간의 욕심에, 죄성에 대항하여 살았던 인물이었다. 그가 사울의 눈을 피해 블레셋 시글락 성읍에서 살던 때에 다윗이 잠시 성읍을 비운 사이 아말렉이 쳐들어와서 가족들과 백성들을 납치했다. 뒤늦게 이 사실을 안 다윗이 600명의 병사를 데리고 그들을 쫓아갔다. 그중 200명은 지쳐서 더 따라가지 못했고 400명만이 끝까지 추격해서 싸워 이겼다. 그래서 가족들과 빼앗긴 재물을 다시 찾아오게 된다. 그때 몇몇 사람들이 다윗에게 저 남은 200명에게는 가족만 돌려주고 재산을 돌려주지 말자고 주장한다. 왜냐하면 그들이 한 일이 아무것도 없기에 그들에게 다 돌려주는 것은 억울하다고 말하고 있다. 그때 다윗은 이렇게 대답하고 있다:

다윗이 이르되 나의 형제들아 여호와께서 우리를 보호하시고 우리를 치러 온 그 군대를 우리 손에 넘기셨은즉 그가 우리에게 주신 것을 너희가 이같이 못하리라 이 일에 누가 너희에게 듣겠느냐 전장에 내려갔던 자의 분깃이나 소유물 곁에 머물렀던 자의 분깃이 동일할지니 같이 분배할 것이니라 하고 (삼상 30:23-24).

다윗은 이 재산을 다시 찾아온 것은 전적인 하나님의 은혜로 받은 것이므로 모든 이들이 동일하게 나눠야 한다고 보았다. 누가 더 전쟁에 참여했고 덜 참여했는가로 능력으로 성과로 차등하여 나누지 않았다는 것이다. 다윗에게 있어서 정의는 모든 것은 하나님으로부터 온 것이기 때문에 물론 누군가가 조금 더 수고했을 수는 있지만 동일하게 나누는 것이 정의로운 일이라고 여겼던 것이다. 모든 것이 하나님으로부터 왔다는 믿음이 있었기 때문에 그는 정의롭게 모든 이들과 재산을 나눴다.

마태복음 20장에도 이러한 하나님 나라의 원칙이 보인다. 포도원 품꾼의 이야기이다. 예수님이 천국을 비유하면서 이렇게 이야기한다:

어느 날 포도원 주인이 사람들에게 일거리를 준다. 아침 일찍 온 사람에게 한 데나리온을 줄 것을 약속하며 일을 시킨다. 한 9시 즈음에 또 한 사람이 보여 일을 시킨다. 12시 즈음 되니 또 사람이 보여 일을 시킨다. 3시 즈음 되니 또 사람이 있어 일을 시킨다. 저녁 5시 즈음 되니 또 사람이 보여 일을 시킨다. 저녁 6시가 되어 일을 마치고 주인이 품삯을 준다. 그런데 주인이 모든 이들에게 똑같이 한 데나리온을 준다. 사람들의 원망이 크다. 왜 나는 더 일했는데 똑같이 주냐고 따진다. 그때 주인은 자신은 처음부터 일꾼에게 오늘 일당으로 한 데나리온을 준다고 약속했으며, 왜 그 이상을 요구하는지에 대해 반문하고 있다.

성경은 자본주의의 논리를 따르지 않는다. 성경은 도움이 필요하고 어려운 사람에게 더 많은 도움을 주려고 한다. 왜냐하면 우리 모두는 하나님으로부터 지음을 받은 동일한 사람들이기 때문이다.

초대교회 공동체는 서로의 물건을 나누고, 함께 음식을 나누는 공동체였다. 이것은 사실 쉬운 일이 아니다. 아무래도 더 많은 것을 가진 사람이 더 많은 것을 나누게 되어 있다. 그럼에도 불구하고 성경은 주의 자녀들 모두가 함께 이 은혜를 누릴 수 있도록 서로 헌신하고 수고할 것을 우리에게 말해주고 있다.

온 우주에서 자신의 욕심을 버리고, 탐욕을 따르지 않고 가장 비효율적으로 낭비하며 사는 분이 바로 하나님이시다. 자신이 지은 이 온 세계를 사람들에게 주시며 함께 나누기를 원하셨다. 다른 어떤 대가가 있지 않았다. 하나님은 성부, 성자, 성령, 삼위일체 하나님이셨다. 이 하나님은 우리를 자신들의 완벽한 관계처럼 자신의 형상대로 우리를 지으셨다. 바로 하나님의 관계처럼 우리도 하나님과 조화롭게 지내고 그분들과 함께 지내기를 원하셨다. 또 우리끼리도 하나님의 관계처럼 서로 조화롭고 사이좋게 지내기를 원하신 것이다. 바로 완벽한 하나님의 조화의 관계처럼 우리도 이웃과 그렇게 지내고, 이 생태계와도 조화롭게 지내기를 원하시는 것이다.

새 계명을 너희에게 주노니 서로 사랑하라 내가 너희를 사랑한 것 같이 서로 사랑하라 너희가 서로 사랑하면 이로써 모든 사람이 너희가 내 제자인 줄 알리라(요 13:34).

예수님은 이제 몇 시간 후면 죽음을 맞이하신다. 육신을 입고 오신 예수님의 마지막 시간이 가까워져 오고 있다. 그리고 예수님은 제자들에게 자신이 가장 하고 싶은 이야기를 꺼낸다. 그러나 그 예수님의 말은 제자들이 기대했던 이야기와는 너무도 다른 이야기들을 쏟아놓고 있다. "새 계명을 너희에게 주노니…", 헬라어로 '엔톨렌 카이넨'이라는 말은 그냥 새로운 것이 아닌 질적으로 전혀 다른 차원의 계명이라는 것을 의미한다. 즉, 이제 제자들에게 전혀 다른 새로운 계명을 주겠다고 말씀하시면서 서로 사랑할 것을 명령하신다. 요한복음 13:1은 "세상에 있는 자기 사람을 사랑하시되 끝까지 사랑하시니라"라고 말하고 있다. 예수님은 자신이 병자들을 고쳤다고 해서 혹은 심지어 죽은 자를 살리셨다고 해서 자랑하거나 교만하지 않으셨다. 그것을 자신의 권력 상승의 도구로 사용하지 않으셨다. 단지 자신이 사랑한 영혼을 끝까지 사랑하는 행동으로 하나님 나라의 복음을 전하신 것이다. 죽은 나사로를 보며 "눈물을 흘리셨다"고 성경은 기록하고 있다. 그냥 눈 가리고 아웅이 아닌 진심으로 사람을 사랑하셨고, 끝까지 사랑하신 것이다. 자신이 죽임을 당하는 그 순간까지 사람들을 사랑하신 것이다. 그리고 예수님은 하나님의 사랑의 울림이 우리에게도 전달되기를 원하신 것이다. 예수님은 "내가 너희를 사랑한 것같이 너희도 서로 사랑하라"라고 말씀하신다.

예수님은 또한 섬김의 사랑을 보여주셨다. 하나님의 아들인 예수님께서, 선생 되신 예수님께서, 주인 되신 예수님께서 먼저 무릎을 꿇고 발을 씻기고 계신다. 자신이 누릴 수 있는 지위와 권력을 다 내려놓고 진심으로 자신이 사랑하는 사람들을 섬기고 배려하고 사랑하고 계신다. 심지어 자신을 배반할 가룟 유다와 세 번 부인할 베드로를 아셨음에도 그들의 발을 씻기셨다. 예수님이 우리에게 차원이 다른 계명을 주시면서 "서로 사랑하라 내가 너희를 사랑한 것 같이"라는 말씀은 바로 '끝까지' 그리고 '섬김의' 사랑을 보여주셨다는 것이다. 그리고 그러한 사랑의 맞울림을 먼저 경험하고, 주변의 사람들과 함께 이 아름다운 노래가 계속해서 울려가기를 원하신다는 것이다.

IV. 순응에서 저항으로

1. 성장 패러다임에 익숙해진 한국교회

자본주의 출현은 칼뱅 이래로 기독교 내 개신교의 발전과 밀접한 관계가 있다. 외부적으로 기독교는 비세속적이고 영성을 추구하는 이미지도 있지만 동시에 이러한 자본주의 출현과 발전은 역설적이게도 기독교 프로테스탄티즘과 연관이 있다고 막스 베버는 지적한다.[14]

그중 한국의 상황은 더 극적이다. 해방 이후 한국전쟁을 거치며 대부분의 기반 시설이 파괴된 1950년대 중반부터 반세기 동안 한국은 그 누구도 경험해보지 못한 국가 주도의 자본주의가 뒷받침된 비약적 경제 성장을 이뤄낸다. 그리고 한국교회는 이 극단적 산업화, 도시화의 현상에 대체로 순응하며 경제와 더불어 고도의 양적 성장을 이루게 된다.

이학준은 그러나 한국교회가 한국전쟁 이후 종파주의의 패러다임 속에서 자본주의와 밀접한 관계를 맺으며 지나친 성장주의, 물량주의, 배금주의에 빠졌다고 비판한다.[15] 신광은은 특별히 무제한적으로 외형적 몸집이 커져 가는 한국교회의 대형화를 비판했고, 이를 '메가처치' 현상이라고 보았다. 과거보다 발전된 건축 기술과 음향 기술은 한 장소에 많은 사람을 모을 수 있는 물리적 공간을 제공했고, 도시화로 인한 도시 밀집 현상이라는 사회적 토양이 전제되어 있다는 것이다. 그리고

---

14 막스베버,『프로테스탄티즘의 윤리와 자본주의 정신』(서울: 문예출판사, 2010), 32-37.
15 이학준,『한국 교회: 패러다임을 바꿔야 산다』(서울: 새물결플러스, 2011).

이를 이용해서 교회가 교회의 본질이 아닌 외형적 성장에만 집착하는 것은 결국 인간의 탐욕과 직결된 것이라고 강한 어조로 논박하고 있다.[16]

교회가 이러한 자본주의의 논리를 따라가고 그 패러다임 안에 갇히면 결국 대형 교회가 이 경쟁 구조에서 살아남을 수밖에 없는 승자 독식 구조가 된다고 비판하였다.[17] 목회자 또한 바로 이 성장을 가능케 하는 사람들이 선호되고, 업적을 중시하게 된다고 보았다.[18] 그리고 이러한 교회 성장의 합리화를 위해 이를 옹호할 수 있는 교리가 발전하게 되는데 이를 '아르뱅주의'라고 명명하였다. 즉, 한국교회는 교회 성장을 위해 때로는 모순되는 교리마저도 혼합하여 성장을 위한 도구로 전락시켰다는 점을 강조한다.[19]

박영돈 또한 자신의 경험을 바탕으로 아무리 목사의 인격과 자질이 뛰어나고, 설교가 은혜로우며, 제도가 투명하고 민주적일지라도 성도들과의 교제가 인격적으로 일어날 수 없을 만큼 교회가 커지면 온전한 교회가 될 수 없음을 지적하였다.[20] 박영돈은 단순히 교회 성장주의를 비판하는 것은 의미가 없으며, 건강한 '성장'의 의미를 고민하고 연구해야 함을 역설하였다. 그는 '성장제일주의'와 '성장'은 엄연히 다른 것임을 말하고 있다. 지금까지 교회 성장의 기준은 수적 증가로 보았다는 것이다. 신학적인 통찰력은 상관없이 눈에 띄는 열매만을 강조하였다

---

16 신광은, 『메가처치논박』(서울: 정연, 2009), 17-25.

17 위의 책, 46-49.

18 위의 책, 177-186.

19 '아르뱅주의'는 아르메니우스주의와 칼뱅주의를 합친 필자의 신조어이다. 자세한 내용은 다음의 책을 참고하라. 신광은, 『천하무적 아르뱅주의』(서울: 포이에마, 2014), 223-245.

20 박영돈, 『일그러진 한국 교회의 얼굴』(서울: 포이에마, 2013), 18.

고 비판한다. 그는 이어서 초대 공동체의 '성장'은 숫자에 있지 않았고 공동체의 본질의 회복과 성령 충만한 공동체의 삶을 추구하였음을 강조하고 있다.[21]

안승오는 기존의 교회 성장의 비판의 내용에 대하여, 첫째로 교회 성장 이론은 결국 교회의 대형화에 집착하게 되며, 둘째로 교회 성장 자체가 교회의 목적이 되어 결국 수단이 목적화되고 잘못된 동기로부터 출발되며, 셋째로 성공 철학과 결부되어 성도의 숫자에 민감하게 되는 병폐를 낳았으며, 마지막으로 결국 이러한 현상은 교회가 사회에 무책임하게 될 수 있다고 요약적으로 서술하였다.[22] 그러나 그는 교회 성장 이론이 곧 '숫자의 증가'만을 의미하는 것이 아님을 분명히 한다. 건강한 교회는 성장 자체가 아닌 영혼 구원에 우선순위를 두어야 하며, 다른 요소보다도 '건강함'에 관심을 두고 교회가 질적 성장을 추구하며, 사회적 참여와 신뢰 회복을 하는 것 또한 교회 성장의 진정한 의미임을 역설하고 있다.[23]

한국일 또한 교회의 외적 성장에 따른 대형 교회에 대한 비판점을 제시한다.[24] 그는 대형 교회에 대한 여러 학자의 비판점을 열거한 후 몇 가지 공통적 원인을 진단하고 있는데, 먼저는 한국교회가 세상과 교회의 이원론적 유형론을 가지고 있으면서 동시에 세속적 가치에 있어서는 무분별하게 수용하는 모순을 보이고 있다고 지적한다. 이러

---

21 위의 책, 64-71.
22 안승오, 『건강한 교회성장을 위한 핵심원리 7가지』 (서울: 대한기독교서회, 2006), 20-24.
23 위의 책, 25-28.
24 한국일, "대형교회의 문제진단과 평가," 「선교신학」 39집 (2015): 359-389.

한 왜곡된 욕망의 결과가 곧 대형 교회로 나타난다는 것이다. 또한 담임 목회자 의존적 구조의 교회에서 목회자들이 권위적이고 경쟁적인 외형 성장에 최우선 순위를 두고 있다는 것이며, 이러한 경향은 성도들을 성장의 도구로 전락시키고 있다는 데에서도 나타난다고 지적하고 있다. 결국 이러한 소수의 교회 대형화는 다양한 교회들의 성장을 저해하고 획일화시킨다는 단점이 있음을 주장하고 있다.[25] 한국일은 1970, 80년대를 거쳐 오면서 한국교회는 한국의 고도성장과 그 궤를 같이해 오면서 과정보다는 결과 자체를 중요시하는 약점을 지니게 되었다고 지적한다.[26] 한국일은 또한 도날드 맥가브란(Donal A. McGavran)의 '동질문화이론'(homogenous unit principle)을 한국교회에 그대로 적용하여 최대의 성장을 위하여 사회계층을 나누는 전략을 선택하였으나 종국적으로는 교회 내 분열을 가져왔다고 비판하기도 한다.[27]

노치준은 한국교회는 '개교회주의'라는 특징 안에 세속주의와 더불어 경쟁, 상업주의, 정복주의 특성이 포괄적으로 드러나고 있다고 분석하였다. 개교회주의는 자신이 속해 있는 교회의 성장만을 최우선으로 하기 때문에 다른 교회와의 연합과 연대의 기회가 없는 것이다. 노치준의 말에 따르면, 일제 시대에는 한국교회가 외부적인 교회의 역할을 수행하는 데 제약이 많았으므로 자연스럽게 교회 내부로 모이는 신앙관이 발전했으며, 유교 문화의 영향을 받은 한국교회는 가족주의적 태도

---

25 위의 책, 372-380.

26 한국일, 『세계를 품는 교회』(서울: 장로회신학대학교 출판부, 2010), 360.

27 동일집단원리에 대하여 박보경은 이 원리 자체는 종교적 이유 외에 다른 사회적 상황으로 인하여 개종하는 데 어려움이 없도록 하기 위해서 고안된 개념이며 실제로는 매우 신축성 있게 적용할 수 있는 개념이라는 점에서 긍정적이라고 평가하기도 하였다. 박보경, "통전적 관점의 교회성장과 전도," 「선교신학」 7집 (2003), 136.

가 강해졌다는 것이다. 가족 내부의 구성원은 더 없는 환대와 소속감을 누리지만 상대적으로 외부에 있는 사람들에게는 거절감을 안겨주는 것이다. 또한 교황을 중심으로 중앙집권적인 가톨릭교회와는 달리 이러한 체제를 거부하며 개혁된 개신교의 태생적 한계로 인해 개교회주의의 특징을 가진다고 지적하기도 한다. 그리고 지난 반세기 동안 급속한 경제 발전을 이루면서 자연스럽게 생기게 된 도시화, 산업화 현상은 개교회 성장에 더욱 큰 밑거름이 되었다고 노치준은 분석하고 있다.[28]

2. 산업화 시대 속 저항의 영성

한국은 이제 산업화 시대를 지나 '4차 산업혁명',[29] '탈산업화'[30] 시대로 진입하였다. 최근에는 전 세계가 '코로나19' 사태와 같은 이전에는 경험해보지 못한 새로운 유형의 도전을 맞이하고 있다. 그러나 여전히 한국교회는 산업화 시대의 성장 패러다임에서 벗어나지 못한 듯하다.[31] 지금의 한국교회 정체 현상은 교회 내외적인 원인이 있으나 그중 '교회 성장주의'는 교인들, 특히 젊은 세대의 교회 이탈 현상과 대사회적 신뢰도에 악영향을 끼친 주요한 원인이다.[32] 이처럼 "지금 한국교회가 맞이한 위기를 어떻게 극복해야 할 것인가"에 대한 도전이 우리 앞에

---

28 노치준, "한국 교회의 개교회주의," 이원규 편저, 『한국 교회와 사회』 (서울: 나단, 1996), 40.

29 Klaus Schwab, 『제4차산업혁명』 (서울: 새로운현재, 2016), 44-45.

30 Daniel Bell, *The Coming of Post-Industrial Society*, 김원동 · 박형신 역, 『탈산업사회의 도래』 (서울: 아카넷, 2006), 305-315.

31 한국일, "선교적 교회론의 실천적 모델과 원리," 『선교적 교회론과 한국교회』 (서울: 대한기독교서회, 2015), 335-336.

32 한국기독교목회자협의회, 『한국기독교분석리포트』 (서울: URD, 2013), 174.

놓여 있다.

한국 기독교는 역사적으로 볼 때 두 가지 흐름으로 발전해 왔다. 해방 후 한국 기독교는 반공 사상에 입각한 정치권력에 가까이 서 있었고, 이에 따른 경제적 이익의 수혜자 입장이었다.[33] 산업화, 도시화 현상은 한국교회가 급성장할 수 있는 발판을 마련해 주었다.[34] 그러나 한편으로 한국 기독교는 초기부터 주로 선교사들을 통하여 현실의 어려움 속에서 고통당하는 사람들을 위하여 성육신적인 자세로 섬기며 함께 그들의 아픔을 공감하는 민중의 기독교로 자리매김하였다. 한국의 열악한 교육 환경과 계층, 성차별에 맞서며 기독교는 오히려 사회신분제 철폐와 여성 교육의 확장을 위해 노력해 왔다.[35]

산업화 시대에도 한국교회 대부분이 성장을 추구하는 동안 또 다른 교회의 운동이 있었다. 이 운동은 산업 선교, 도시 빈민 선교, 민중교회, 농어촌 선교와 같은 소위 주변부에 속한 교회들의 선교 운동이었다.[36] 그러나 안타깝게도 이 선교 활동은 한국교회의 대중적 관심을 받지 못했다. 그럼에도 이들의 선교 운동이야말로 산업화 시대가 제공하는 성장과 축복이라는 경제 논리에 함몰되지 않고, 교회의 본질을 회복하며 시대적 사명을 추구해 온 운동이었다.[37] 그리고 이 운동은 산업화 시대를 지나 탈산업화 시대에도 여전히 계승되어 진행되고 있다. 단순

---

33 한국기독교역사연구소, 『한국 기독교의 역사 III』(서울: 기독교문사, 2009), 32-44.

34 이광순, 『한국 교회의 성장과 저성장』(서울: 미션아카데미, 2005), 11-43.

35 자세한 내용은 한국기독교역사연구소, 『한국 기독교의 역사 II』(서울: 기독교문사, 1990) 참고.

36 황홍렬, 『한국 민중교회 선교역사(1983-1997)와 민중 선교론』(서울: 한들출판사, 2004); 39-55; 한경호, 『농촌선교이야기』(서울: 북원출판사, 1994).

37 황홍렬, "선교적 교회론에서 본 한국 민중교회,"『선교적 교회론과 한국교회』(서울: 대한기독교서회, 2015), 414-446.

히 그 운동성이 계승된 것뿐만 아니라 지금 한국교회가 맞이하고 있는 위기를 극복할 수 있는 중요한 운동으로 자리매김하고 있다. 그리고 세계 교회에 도전을 주는 경험도 제공하고 있다.

미국에서는 이와 비슷한 개념으로 '선교적 교회론'이 발전하였다. 선교적 교회론은 1980년대 북미에서 시작된 'GOCN'(The Gospel and Our Culture Network)의 운동에서 나온 개념이다.[38] 이 개념은 선교와 교회가 분리되었던 서구 사회에서 교회의 본질로서 선교를 이해하려는 시도였다.[39] 이와 비슷한 맥락으로 최근 영국성공회에서 시도되고 있는 '교회의 새로운 표현'(Fresh Expression) 운동도 영국 내에서 선교적 교회를 고민하고 현장에 적용하려는 운동이다.[40] '선교적 교회'나 '선교형 교회'가 강조하는 선교적 원리와 다양한 사례들을 비평적 분석을 통하여 한국적 상황에 맞게 재해석하는 것은 중요한 선교학적 작업이다. '선교적 교회' 이론은 한국에 이미 존재해 온 한국적 선교 운동에

---

[38] 선교적 교회론의 기원은 1962년 요하네스 블라우(Johannes Blauw)의 『교회의 선교적 본질』(*The Missionary Nature of the Church*)를 그 시작으로 보았고 이후 찰스 벤 엔겐(Charles Van Engen)의 『참된 교회의 성장』(*The Growth of the True Church*), 『하나님의 선교적 백성』(*God's Missionary People*)을 거쳐 대럴 구더(Darrell L. Guder)가 GOCN(Gospel and Our Culture Network)의 두 번째 연구결과물인 『선교적 교회』(*Missional Curch*)를 편집 출간하면서 그 정점을 맞게 되었다. 선교적 교회론과 관련하여 다음의 책을 참고하라. Johannes Blauw, *The Missionary Nature of the Church: A Survey of the Biblical Theology of Mission*(London: Lutterworth, 1962); Charles Van Engen, *The Growth of the True Church*(Amsterdam: Rodopi, 1981); Charles Van Engen, *God's Missionary People*, 임윤택 역, 『모이는 교회 흩어지는 교회』(서울: 두란노, 1994); Darrell L. Guder ed., *Missional Church: A Vision for the Sending of the Church in North America*, 정승현 역, 『선교적 교회』(인천: 주안대학원대학교출판부, 2013).

[39] 한국일, 『선교적 교회의 이론과 실제』(서울: 장로회신학대학교출판부, 2016), 37-50.

[40] 잉글랜드 성공회 선교회 사회문제위원회, *Mission-shaped Church*, 브랜든 선교 연구소 역, 『선교형 교회』(서울: 비아, 2016).

대한 실험 대조군이나 비평 장치 역할을 할 수 있다.

도시산업 선교(Urban Industrial Mission, UIM)는 한국에서 산업화가 본격화된 1950년대 말부터 이미 교회의 경계를 넘어서 지역성을 강조하며, 목회자 중심이 아닌 선교 운동이다. 이 운동은 어떤 관점에서 보는가에 따라 도시 빈민 선교, 산업 선교, 더 나아가 농어촌 선교까지도 포함하고 있다. 그리고 이 흐름 중 일부는 1980년대 들어서 민중교회로 계승·발전되었다. 즉, 산업화 시대의 교회 응답으로서의 도시산업 선교는 탈산업화 시대 속 위기의 한국교회에 중요한 선교학적 통찰을 제공하며, 선교 단체와 기관을 통해서 뿐만 아니라 지역 교회 선교를 통하여 그 정신과 실천이 지속되고 있다. 물론 도시산업 선교도 시대에 따른 선교 운동의 산물이라는 한계를 갖고 있다. 이 운동 중 일부는 사회과학 방법론을 적극적으로 적용하여 이데올로기화된 흐름도 있다. 그러나 도시산업 선교의 일부를 전체로 해석하여 도시산업 선교 자체를 단순히 이데올로기화된 노동 운동 혹은 급진적 사회선교 운동으로 보는 일반적 견해가 있다.[41]

도시산업 선교가 추구하고자 하였던 신학과 실천 방법론은 다양한 운동으로 분화되어 지금의 지역 교회 운동에도 여전히 영향을 주었으며, 그 정신을 계승·발전하고 있다. 지금 우리는 탈산업화 시대를 살고 있다. 경제 성장을 최우선으로 하였던 1960~70년대와는 상황이 많이 달라졌다. 경제적 상황뿐만 아니라 정치적 상황도 급변하였다. 지금도 여전히 많은 나라가 가난으로 고통당하며 '개발' 이슈가 중요한

---

[41] 이러한 흐름과 용공 조작에 대항하여 〈산업선교신학선언〉을 발표하기도 하였다. 한국기독교협의회 신학연구위원회, 『산업선교신학선언』(서울: 한국기독교협의회 신학연구위원회, 1978), 13-18.

주제인 나라들도 있으나 세계는 '지구화'와 맞물려 새로운 경제 체제의 도전을 받고 있다.[42] 이제 우리는 단순히 인간에 대한 정의 문제뿐만 아니라 인간을 포함한 피조 세계가 경험하고 있는 '생명 위기'의 시대에 살고 있다. 시대적 상황은 변하였다. 그러나 이 상황에 응답하는 선교 운동은 도시산업 선교를 거쳐 지금도 활동하는 연속선상에 있는 운동이다. 따라서 우리는 기독교 소수 운동이었던 도시산업 선교가 강조했던 선교적 의미를 발견하고 지금의 상황에 적용하여 그 선교적 운동성을 이어가야 할 것이다.

3. 왜 공동체인가?

우리는 이미 산업화 시대를 지나 탈성장의 시대에 진입하였다. AI를 기반으로 하는 4차 산업혁명 속에 살고 있으며 동시에 기후 위기의 시대를 살고 있다. 기존의 성장주의 패러다임이 붕괴되고 있다. 더 이상 새로운 현상과 도전에 대해 설명해 주지 못하고 있다. 앞서 살펴본 바와 같이 성장주의 패러다임을 벗어나 저항하며 이제는 작은 공동체를 중심으로 탈성장주의를 지향하며, 교회의 본질에 더 집중하고자 하는 고민과 실천, 실험이 이어지고 있다.

미국과 호주의 다양한 모델에 대해서 마이클 프로스트와 앨런 허쉬는 이미 1990년대부터 다양한 사례를 소개하고 있다.[43] 영국성공회의 경우 조금 더 조직적으로 교단 차원에서 이 새로운 현상에 대한 연구와

---

42 '신자유주의 체제'에 대한 교회의 반응은 다음의 책을 참고하라. 한국기독교교회협의회, 『경제세계화와 아가페(AGAPE)운동』 (서울: 흙과생기, 2007).
43 마이클 프로스트 & 앨런 허쉬, 『새로운 교회가 온다』 (서울: IVP, 2009).

과감한 실험을 진행해 오고 있다.[44]

한국의 경우도 앞에서 소개한 바와 같이 대형 교회 중심의 폭발적 성장과 더불어 급속한 도시화, 산업화로 인하여 발생된 소외 현상에 대한 관심을 가지고 다양한 운동이 전개되었으며, 이는 최근 '생태 정의'와 결합하여 재해석된 '마을목회'로 다시 꽃피우고 있다. 심성보는 근대 교육은 '돌봄'과 '교육'을 구분하려고 하였으나 실제 가정이나 작은 학교 운동에서는 돌봄과 교육의 통합 활동으로 접근하고 있으므로 이분법적 접근이 아닌 돌봄과 교육이 함께 가는 방향성에 대해 고민해야 한다고 주장한다.[45] 특별히 코로나로 인하여 제도로서의 돌봄 시스템의 약점이 노출되었다. 역설적으로 세계화, 지구화를 외치던 신자유주의의 한계는 '지역', '마을'을 통해서 해소될 수 있다고 말한다. 다시금 마을 공동체를 통한 교육과 돌봄이 강조되고 있다고 말한다.[46]

공석기와 임현진은 『마을에 해답이 있다』는 책에서 지금 한국 사회의 가장 큰 위기 중 하나로 인구 오너스(demographic onus)[47] 시대로 접어든 점을 지적한다. 고령화되는 것도 문제이지만 낮은 출산율이 더 큰 잠재적 위험성을 갖고 있다고 보는 것이다. 지금의 추세라면 2031년 5,296만 명을 정점으로 2100년에는 2,200만 명으로 인구가 급감할 것으로 예상하고 있으며, 이는 경제적, 사회적 붕괴의 위험성이 있다고 보는 것이다.

44 잉글랜드 성공회 선교와사회문제위원회, 『선교형 교회』 (서울: 비아, 2016).

45 심성보, 『코로나 시대, 마을교육 공동체 운동과 생태적 교육학』 (서울: 살림터, 2021), 33-49.

46 위의 책, 53-60.

47 https://news.einfomax.co.kr/news/articleView.html?idxno=207724.

한국은 산업화, 민주화를 동시에 이루는 과정 속에서 공동사회 (Gemeinschaft)에서 이익사회(Gesellschaft)로 전이되었다고 필자는 평가한다. 그리고 한국 사회의 위기를 극복하기 위해서는 다시금 공동 체성을 회복해야 하며, 이를 위해 지속 가능한 마을의 발견과 발전이 필수적인 조건임을 강조하는 것이다. 특정 집단의 이익을 위한 '주주 모델'에서 '이해관계자의 사회'(stakeholder society)로 전환되어야 하며, 급진적 사회 변혁이 아닌 중도우파에서 중도좌파를 아우를 수 있는 온건한 자본주의 내에서의 점진적 개혁이 바람직하다고 필자는 보고 있다. 그리고 이를 위한 미시적 차원에서의 시작점을 바로 마을, 공동체 의 출발점으로 보는 것이다.48

4. 저항하는 공동체를 꿈꾸며

이제 한국교회는 새로운 패러다임이 필요하다. 과거 경제 성장에 순응하며 때로는 앞장서서 성장 예찬론을 펼쳤다면, 이제는 인간의 탐욕과 욕심을 회개하며 이러한 성장주의로 인해 오히려 차별받고 소외된 자들을 돌보는 탐욕에 대한 저항의 영성이 필요할 때이다. 혼자 의 힘으로는 어렵다. 그리고 지금 이 사회는 그 어느 때보다 '공동체'의 돌봄과 안전함을 찾고 있다. '저항의 공동체'가 바로 한국교회가 고민하 고 찾아가야 할 새로운 패러다임의 방향이다.

패러다임의 전환은 한 번의 사건으로 일어나지 않는다. 패러다임의 전환은 일련의 발견과 연구 그리고 시행착오를 통해 새로운 시대를

---

48 공석기 · 임현진, 『마을에 해답이 있다』 (서울: 진인진, 2020), 9-18.

해석해내는 담론으로 자리 잡게 된다. 이미 이 새로운 시도는 다양한 분야에서 시도되고 있다. 앞에서 이미 언급한 바와 같이 북미의 상황과 영국의 사례를 다룬 연구가 활발히 진행되었다. 한국에서도 이러한 실험적 사례와 그에 따른 신학적 평가들이 쌓여가고 있다.[49]

마을교회 공동체로서 이미 오래전부터 지역 소외계층을 돌보고 문화 사역을 주도하면서 최근 들어 마을협동조합을 통해 새로운 대안 경제 체제를 만들어가는 부천의 새롬교회의 개척 시기부터 지금까지의 흐름을 심도 깊게 연구할 필요가 있다.[50] 지역 교회로서 40년 넘게 사역해오면서 새로운 건물 건립을 계기로 지역 사회, 특별히 아이들을 위한 문화 공간으로 자리 잡고, 아이들의 안전한 교육 환경을 만들고, 다양한 사회기관과 연대하는 은평구의 성암교회도 대표적인 예일 것이다.[51] 도시와 농촌 안에서 실제로 공동체 생활을 하며, 실제적인 마을을 이루며 살아가는 수유리와 홍천의 밝은누리공동체는 새로운 저항 공동체 운동의 선구자라고 할 수 있겠다.[52] 아산의 송악감리교회는 일찍이 농촌 목회의 비전을 가지고 낙향하여 마을의 농업을 유기농 농업을 전환하고 어린이집 운영, 지역아동센터 운영, 공립학교와의 밀접한

---

49 이 분야에 대해 한국일 교수는 20년 넘게 한국 내 다양한 선교적 교회 사례를 발굴하고 신학적으로 정리하는 작업을 진행하고 있다. 다양한 사례에 대해서는 다음의 책을 참고하라. 한국일, 『선교적 교회의 이론과 실제』(서울: 장로회신학대학교출판부, 2016) 특별히 도시선교형 개척사례의 경우는 다음의 책을 참고하라. 성석환, 『지역공동체와 함께하는 교회의 새로운 도전들』(서울: 총회한국교회연구원, 2018).

50 이원돈, 『코로나19 문명 전환기의 생명망 목회와 돌봄 마을』(서울: 나눔사, 2022).

51 조주희, "성암교회의 사회봉사 프로그램: 동네교회,"「선교와 신학」제30집 (2012): 161-196.

52 김도일, "마을목회, 마을학교에 관한 기독교교육적 고찰,"「기독교교육논총」제59집 (2019), 159.

연계 등을 통하여 마을 생태 교육을 지속해 오고 있다.[53] 청주 쌍샘자연
교회는 청주 도심지에서 목회하다 20여 년 전 생태 공동체의 비전을
가지고 교인들과 함께 산속 마을을 일구어 생태 마을을 만들고, 생태
도서관, 생태 책방, 마을 사랑방을 운영하는 저항의 공동체이다.[54] 동네
서점을 통해 젊은 세대와 소통하고 입시 위주의 교육에 대항하여 아이
들에게 그림책 및 인문학 모임과 어른들과도 다양한 모임을 통한 공동
체로 발전하고 있는 공명교회의 사례도 개척의 한 유형으로 눈여겨볼
만하다.[55]

이 외에도 이미 새로운 패러다임 안에서 인간의 탐욕에 대한 반성과
소박한 삶에 대한 깊은 이해 그리고 그에 따른 삶의 실천이 병행되는
다양한 사례들이 많이 생겨나고 있는 것은 고무적인 일이다. 또한 기존
성장만을 목표로 했던 교회들 내에서도 변화의 필요성을 느끼고 새로운
시도를 모색하는 교회들의 사례도 늘어가고 있다.

V. 나가는 말

'많이 소유하는 것'을 복으로 여기던 시대는 지나가고 있다. 오히려
'필요 이상의 것을 소유하고 가지고자 하는 것'은 축복이 아닌 바로
인간의 탐욕에서 기인한 죄이다. 앞으로 계속 과학 기술은 발전하고

---

53 이종명, "송악교회와 송악지역의 마을 만들기 : 지역 사회와 함께 하는 선교사업," 「선교와
   신학」 제30집 (2012): 147-160.
54 백영기, "영성, 자연, 문화의 삶을 일구는 쌍샘자연교회," 「선교와 신학」 제44집 (2018):
   109-134.
55 고성휘 외 10인, 『전 세대와 소통하는 선교적 교회 교육』 (서울: 동연, 2022), 207-236.

지금의 사회보다 더 체계적인 경제 구조로 발전할 것이다. 그러나 이러한 복잡한 체계들은 결국 인간의 탐욕을 합리화해 주는 도구로 전락할 수도 있다.

성경은 인간의 죄는 결국 '탐욕'으로 시작했으며, 성경에서 등장하는 인간의 죄의 역사 또한 인간의 욕심과 맥락을 같이한다고 보았다. 그러나 성경은 동시에 하나님 나라의 공동체는 이러한 욕심에서 벗어나 모든 사람과 세계가 동등하게 하나님의 선물을 나누고 누릴 것을 강조한다. 그래서 성경은 오히려 더 혜택을 받지 못하는 소외된 자들에게 관심을 갖는 '차별적 평등'에 관심이 많다.

한국교회 또한 독립과 전쟁 이후 급속도로 발전하는 한국의 경제 성장과 맞물려 '외형적 성장'을 우선순위에 두고 달려 왔다. 그러나 이제는 새로운 패러다임으로의 전환이 시급하다. 불평등이 심화되어 가고 있고, 자연 세계의 심각한 이상 징후가 더 늘어 가고 있기 때문이다.

이 패러다임의 변화는 혼자서는 할 수 없다. 공동체가 함께 힘을 모아 먼저 이 문제를 인식하고, 하나님 나라의 원리를 다시 발견하여 인간의 탐욕에 저항하고, 삶 속에서 구체적인 실천을 이어가야 한다. 한국교회는 지금 패러다임 전환기이다. 여전히 기존의 패러다임 속에서 자신을 정당화하는 교회들을 보며 절망하지만 동시에 새로운 패러다임으로 전환하고자 노력하는 많은 신앙 공동체를 보며 희망을 느끼게 된다.

이 세상을 사랑하시며 동시에 그래서 이 세상을 하나님 나라의 원리로 회복시키고자 하는 하나님의 마음, 하나님의 선교에 동참하는 한국교회가 되기를 소망한다.

2부

현장의 시각에서 본
교회의 실천적 변화

뷰카(VUCA)와 팬데믹 시대에서의
한국교회의 제자 훈련*
― 수원성교회 사례

이명석

아신대 국제교육원 원목 겸 조교수

I. 들어가는 말

한국은 급속도로 세계에서 가장 빨리 저출산, 고령화 사회에 접어들었다. 그로. 인해 이전 세대에 통용되었던 목회 방식은 이제 시간이 갈수록 앞으로의 한국교회를 보장할 수 없게 되었다. 이전과는 다른 새로운 가치와 시각을 요구받는 세대 속에 우리는 살고 있기 때문이다.

디지털화와 기후 변화와 같은 메가트렌드 외에 2020년 2월부터 전 세계적으로 확산된 코로나바이러스로 인한 팬데믹의 후폭풍 중에 살고 있는 지금 우리의 현실을 잘 반영해 주는 네 가지 단어가 있다면

---

* 이 글은 한국선교신학회지「선교신학」제69집에 기고한 저자의 글을 수정 보완한 것임을 밝힌다.

'변동성'(Volatility), '불확실성'(Uncertainty), '복잡성'(Complexity), '모호성'(Ambiguity)일 것이다. 이 네 단어의 앞 글자를 따서 조합한 신조어가 바로 '뷰카'(VUCA)이며 도리스 메르틴(Doris Märtin)의 표현을 빌리자면, "21세기의 일사분기를 요약"하는 단어이기도 하다.[1] 이 네 단어는 변화무쌍하고 즉각적인 상황판단이 어려운 전장의 상황을 묘사하는 데 쓰이던 군사용어였는데, 지금은 복잡하고 불확실한 상황과 위험이 공존하는 시대에 발 빠른 대응 수단을 필요로 하는 상황을 표현하는 데 더 많이 쓰이고 있다.

지금 현대인이 처한 VUCA와 팬데믹의 시대는 이스라엘의 역사학자 유발 노아 하라리(Yuval Noah Harari)가 그의 저서 *Sapience*에서 지적한 것과 같이 "우리는 카누에서 갤리선 그리고 증기선과 스페이스 셔틀로 발전했지만, 누구도 우리가 어디로 가고 있는지는 모른다"[2]는 표현이 적실할 것이다. 우리는 불확실하고 예측하기 어려운 현실과 변화하는 세상 속에서 오히려 그것을 해결할 수 있는 시간과 자원은 더 부족한 현실 속에 살고 있다. 아마도 이러한 변화의 격랑 속에서 한국교회가 갈 바를 알지 못하는 이유 중 하나는 메르틴이 지적한 바와 같이, 우리는 이 시대가 "낯선 것에 적응하는 열린 사고"를 요구하는데도 새로운 것에 도전하기보다 현재 우리가 타조처럼 머리를 숨기고 현실을 피하고 있기 때문이 아닌가 한다.[3]

지금 우리 한국교회 앞에 놓인 변화된 현실은 결코 녹록지 않다.

---

1 도리스 메르틴/배명자 역, 『엑설런스』 (서울: 다산북스, 2021), 37.

2 Yuval Noah Harari, *Sapiens: A Brief History of Humankind* (New York: Harper, 2015), 415.

3 메르틴, 『엑설런스』, 111.

1970년대부터 2000년대 이전까지 베이비부머 세대로 태어나서 한국교회를 이끌던 신앙의 선배들이 살았던 시대와는 전혀 다른 현실 속에 한국교회는 지금 놓여 있다. 이전 세대에 통용되었던 목회 방식은 한국교회의 미래를 보장할 수 없다.

이런 시대 변화의 흐름 속에 놓인 한국교회는 새로운 변화의 현실 속에서 여러 가지 당면한 문제들을 스스로 헤쳐 나갈 변혁의 의지가 있는지 진지하게 성찰해야 할 때이다. 필자는 이 글에서 한국 사회에서 개신교가 타 종교보다 사회봉사 활동을 더 적극적으로 전개하고 있는 현실임에도 불구하고 개신교에 대한 사회적 신뢰도가 바닥에 떨어진 원인이 어디에 기인하는지 살펴보고자 한다. 특히 수원성교회의 제자 훈련 사례를 분석하여 한국교회가 VUCA와 팬데믹 시대에 새롭게 변화하는 길은 어디에 있는지에 대해 성찰하고, 하나님 나라 관점에서의 제자 훈련을 그 대안으로 제시하고자 한다.

II. '제자'의 의미와 활용

게르하르트 키텔(Gerhard Kittel)이 편찬한 신학 사전 *Theological Dictionary of the New Testament*에 따르면 '제자'라는 단어는 '배우는 자'(learner) 또는 '따르는 자'(follower)로 정의하고 있다. 이는 스승에게 배우고자 하는 사람이 삶의 전 영역을 통해 개인적으로 스승과 밀착하여 따르는 것을 의미한다.[4] 이제 '제자'라는 말이 어떤 정황에서 발전이

---

[4] Gerhard Kittel, ed., Geoffrey W. Bromiley, tr., *Theological Dictionary of the New Testament* Vol. 4 (Grand Rapids: Wm. B. Eerdmans, 1967), 441.

되어왔으며, 무슨 의미로 그 시대에 적용되어왔는지 살펴보고자 한다.

1. 신·구약성경 안에서의 '제자'

신약성경 복음서에서 마태는 예수 그리스도를 따르고 그와 함께하는 무리를 가리켜 '제자'라고 부른 것(마 10:1)에 반해, 누가는 그의 복음서에서 동일 대상들을 '사도'로도 지칭하고 있다(눅 6:13). 이는 1세기초대교회 공동체 안에서 '제자'와 '사도'라는 두 용어가 상당 기간 혼용되었음을 암시한다. '사도'(apostolos)라는 용어는 히브리어 '살리아크'(שְׁלִיחַ)에서 온 것으로, 본래는 예루살렘에서 로마제국 안에 흩어져 사는유대인 공동체에 특정 임무를 띠고 파송한 사람을 의미했다. 로버트존스톤(Robert M. Johnston)에 의하면, 이들 유대교 사도들은 대체로예루살렘성전에서 마련된 기금으로 그들의 활동을 지원받았으며, 주로 유대교 네트워크를 통해 활동했다.[5] 단적인 예로 사도행전 9장 2절에 나오는 다소 출신의 사울은 바로 이런 유대교 사도의 역할을 감당하다가 주의 제자로 부름을 받았다.

초대교회 공동체의 '사도'의 용어의 발전에 대한 이해를 도울 수있는 자료는 니코메디아(Nicomedia)의 추기경이었던 필로테오스 브레니오스(Philotheos Bryennios)가 1873년에 콘스탄티노플의 예루살렘수도원에서 발견한 수기체 헬라어로 된 120장의 디다케(The Didache)에서 찾을 수 있다. 조지 캔트렐 알렌(George Cantrell Allen)은 *The Didache or The Teaching of the Twelve Apostles*에서 '사도'는 원래

---

5 Robert M. Johnston, "Leadership in the Early Church During Its First Hundred Years," *Journal of the Adventist Theological Society* 17/2 (2006), 2.

예수 그리스도의 공생애 기간에 개인적인 관계를 맺은 12명의 사도에게만 국한되어서 사용되었던 것(행 1:21)이 나중에 바울에 의해서 디모데와 실라에까지 확장되어 사용되었다고 주장한다(살전 1:1; 2:6). 또한 부활 전의 그리스도와의 관계가 중시됨으로 인해 최초 사도들에게만 제한적으로 사용되던 '사도'라는 용어가 시간이 지남에 따라 '보냄을 받은 자'(missionaries)를 의미하는 것으로 중첩되어 사용되었다고 주장한다.6 이는 디다케가 쓰인 시기 즈음에 교회가 그리스도와의 개인적인 관계보다는 거짓 선교사들과 자신을 사도로 지칭하는 자들로부터 진정한 사도를 분별하는 것에 집중했음을 의미하는 것이기도 하다.7 존스톤은 '사도'라는 용어가 주로 어떤 권위에 의해서 '보냄을 받은 자'이며, 자신을 보낸 자들을 대리하여 임무를 수행하는 것에 강조점이 있음에 반하여, '제자'라는 용어는 예수 그리스도와 함께 있었음("to be with him")을 강조하는 용어였다고 말한다.8

　신·구약성경에서 '제자'라는 용어는 따로 정의되지 않고 쓰인다. 다만 '제자'로 불리는 무리로 신·구약성경에 나타난다. 구체적으로 구약성경에는 이사야 8:169에 לִמֻּד(리무드)로 단 한 차례 나오는데, 리무드는 히브리어 לָמַד(라마드), '경험하다'란 뜻을 가지고 있다. 나머지 '제자'란 용어의 사용례는 신약성경의 주로 사복음서와 사도행전에 260여 차례 등장한다. 영어 흠정역(KJV)에서는 단수인 'disciple'이라

---

6 George Cantrell Allen, *The Didache or The Teaching of the Twelve Apostles* (London: The Astolat Press, 1903), 21.

7 Allen, *The Didache*, 21.

8 Johnston, "Leadership in the Early Church During Its First Hundred Years," 5.

9 이사야 8:16: "Bind up the testimony, seal the law among my disciples."

는 단어로 29번이 나오고, 복수형인 'disciples'로는 243번이 쓰였으며, 소유격인 'disciples'로 한 번 쓰였다. 여기서 특이한 점은 제자를 뜻하는 말이 단수형보다는 제자들의 무리를 의미하는 복수형으로 주로 사용되었음을 알 수 있다. 신·구약성경에서 제자라는 용어가 사용될 때는 대체로 공동체적인 정황에서 쓰였음을 짐작케 한다.

사도 바울이 쓴 서신서들은 초대교회 공동체 안에서 제자가 어떤 부류의 사람이었는지 알려주는 단서를 제공한다. 바울은 고린도교회에 보낸 첫 번째 서신에서 "내가 그리스도를 본받는 자가 된 것 같이 너희는 나를 본받는 자(Μιμηται μου)가 되라"(고전 11:1)고 권면하고 있다. 이는 바울이 이 서신을 썼던 당시 고린도교회가 여러 가지 문제 가운데 놓여 있는 것을 인지하고 그 해결책을 제시하는 정황에서 나온 것이다. 바울이 여기서 말하는 '나를 본받는 자'(Μιμηται μου)는 마치 자식들이 아버지를 본받는 것과 같은 이미지를 연상케 한다(고전 4:16).[10] 즉, 바울이 의미하는 제자란 바울이 전해준 가르침에 지적인 차원으로 응답하는 수준이 아니라 바울의 인격과 삶을 그대로 닮아가려고 하고, 그의 행동까지 적극적으로 모방하는 수준임을 알 수 있다.

바울이 의도했던 참된 그리스도 제자의 유형은 스승의 전 인격을 닮으려 하고, 그의 모든 행동까지 따라서 사는 모습에 강조점이 있었던 것이다. 이는 역으로 제자들이 전적으로 모방하여 살고 싶을 만큼 모범적이며 윤리적인 삶의 책무가 스승에게서 기대된다는 것을 의미하는 것이다. 그런 의미에서 바울은 그의 제자들을 복음으로 낳았다고 표현하고 있다.[11] 생물학적인 부모를 자녀들이 자연스럽게 닮고 그 부모가

---

10 "그러므로 내가 너희에게 권하노니 너희는 나를 본받는 자가 되라"(고전 4:16).

하는 행동을 따라하듯이 영적인 자녀인 제자들도 그에 상응하는 삶의 방식으로 살아야 하는 것을 의미한다. 이와 같은 선상에서 예수 그리스도의 형제인 야고보는 그의 서신에서 "너희는 말씀을 행하는 자가 되고 듣기만 하여 자신을 속이는 자가 되지 말라"(약 1:22)고 권면한다. 이는 지적인 만족으로 그치지 않고 삶으로 연결하며 실천하는 차원이 더욱 강조되고 있는 것이다.

초대교회는 이러한 연유로 사랑의 실천이 주의 제자로서의 중요한 덕목이 되었다. 초대교인들에게 있어서 제자됨은 지적인 앎이 주된 것이 아니라 자신의 것을 나누어 가난한 사람과 공유하는 것이었으며, 구제에 참여하여 구체적인 행동을 실천하는 것으로 연상되었다. 그런 의미에서 구스타브 브래디(Gustave Brady)는 그의 책 *The Church at the End of the First Century*에서 당시 초대교회 공동체 그리스도인의 삶은 "구제의 삶이었다"라고 표현한다.[12] 이는 거대 로마제국의 소수자로서 살아온 초대교회 공동체 안에서 실천되지 않은 그리스도의 제자로서의 삶과 사랑의 표현은 헛되이 내지르는 공허한 외침에 불과하다는 것을 공유하고 있었음을 알 수 있다.

2. 초대교회와 로마제국 시대의 '제자'

사랑과 구제가 구체적이며 행동으로 드러나는 그리스도의 제자

---

[11] "그리스도 안에서 일만 스승이 있으되 아버지는 많지 아니하니 그리스도 예수 안에서 내가 복음으로써 너희를 낳았음이라"(고전 4:15).

[12] Gustave Brady, P. W. Singleton, tr., *The Church at the End of the First Century* (London: Sands, 1938), 68.

된 삶이 되도록 하는 데 있어 어떤 훈련과 연단이 있었는지에 대해서 알아볼 필요가 있다. 로마 시대 문화권에서 '제자'란 말은 일차적으로 위대한 스승 밑에서 수학하는 학생이나 배우는 사람을 의미하는 뜻으로 쓰였다. 그것에 대한 일례가 바로 서기 1세기 터키 지역에서 살았던 로마제국 시대 철학자이자 역사가였던 디오 크리소스톰(Dio Chrysostom: 40~120 A.D.)의 글에서 발견할 수 있다. 크리소스톰은 그의 55번째 강론(Discourse)에서 "어찌하여 사람들은 소크라테스(Socrates)가 아르켈라우스의 제자가 아니라 호메르(Homer)의 진정한 제자라고 하는가?"에 대해서 다음과 같이 질문한다:

> 호메르 때에 어떤 사람이 살았다고 가정해 보자. 그는 호메르의 시에 대해서 들어본 적도 없고, 혹여 그가 그의 시에 대해서 들었을지라도 아무런 관심도 갖지 않았다면 그의 제자라고 할 수 있겠는가? 대신에 호메르를 살아생전 본 적이 없는 사람일지라도 그의 시에 대해서 이해하고 그의 모든 사상에 대해 아주 친숙한 사람이 호메르의 제자라고 불리는 것이 이상해 보이는가?[13]

크리소스톰은 한 시대를 같이 살지 않았다고 할지라도 진정으로 스승의 삶을 따르고자 하고 스승의 가르침에 전적으로 부합되는 삶을 살아가는 사람을 제자라고 칭해야 한다고 말하고 있다. 이러한 크리소스톰의 제자에 대한 이해는 당시 1세기 기독교의 확장 시대에 있어서 통용되었던 제자에 대한 성경 외의 반증이라고 할 수 있다.

2세기 교부였던 저스틴 마터(Justin Martyr, 100~165 A.D.)는 주일예

---

[13] Dio Chrysostom, H. Lamar Corsby, tr., *Dio Chrysostom* Vol 5. (Cambridge, MA: Harvard University Press, 1932), 383.

배로 모였던 초대교회 교인들이 어떤 면에서 주의를 기울였는지 다음과
같이 밝히고 있다:

> 일요일(Sunday)이라고 불리는 날에는 도시나 시골에 사는 사람들이 한곳
> 에 모여 시간이 허락하는 한 사도들의 회고록이나 선지자들의 글을 낭독한
> 다. 낭독자의 낭독이 끝나면 회장이 [우리]에게 그 고귀한 것들을 모방하도록
> (to the imitation of those noble things) 촉구하고 권면한다.[14]

저스틴 마터의 글에서 "그 고귀한 것들을 모방하도록"하는 것은
바로 초대교회 내에서 스승이 전해준 영적 진리를 지적 만족으로 그치
는 것이 아니라 사도들과 선지서의 글에 따라 그 위대한 스승들의 일거
수일투족까지도 따라 사는 것으로 이해했음을 알 수 있다. 이는 사도
바울이 세웠던 교회들에게 자신이 그리스도를 본받는 것과 같이 그들도
그리스도의 제자된 삶을 살아내도록 권면한 것과 같은 경우이다(행
20:35; 갈 4:12; 고전 11:1; 빌 3:17-21).

이와 같이 그리스도의 제자된 삶을 살아낸 예가 3세기에 아프리카
북부에 위치한 카르타고(Carthago)의 주교였던 키프리안(Cyprian)이
다. 그는 대규모 역병과 박해의 악조건에서 절체절명의 위기 가운데
있었던 초대교회 공동체에게 제자의 삶을 사는 것에 대한 진일보한
시도를 하였다. 그는 기독교교육이 지적 훈련으로만 되는 것이 아니라
행동을 수반해서 습관화하였을 때에야 비로소 제대로 기능을 할 수
있음을 역설했다. 그는 새로운 신자들을 훈련하기 위해서 그들에게

---

[14] Cyril C. Richardson, *Early Christian Fathers* (Grand Rapids, MI: Christian Classics
Ethereal Library, 1953), 287.

기본적인 교리를 가르칠 수 있는 카테키즘(Catechism)을 개발하였다. 또한 이들이 이방인이 절대다수인 세상에서 영적으로 구별된 생활을 꾸준히 살아갈 수 있도록 하는 '거룩한 습관'이 들도록 하였다. 키프리안은 자신의 제자(Catechist) 중의 하나였던 퀴리누스(Quirinus) 장로에게 보낸 서한 "To Quirinus 3"에서 체계적인 성경 암송을 할 수 있는 성경 구절을 제시하고, 그 말씀을 실제적인 삶에 적용하도록 권고하고 있다. 이 서한에서 키프리안은 퀴리누스에게 성경에서 엄선한 120개의 성구에 간략한 주석을 달아 교인들이 뜻을 이해하고 암송하도록 교훈하고 있다. 또한 교인들이 암송하는 과정에서 성경 구절이 실천적 행동으로 전환되도록 하는 훈련을 자세히 설명한다.[15]

키프리안이 제시한 제자 훈련 방법은 복음의 세대 간 확장성을 넓혀주었다. 또한 평신도를 지도자로 양육함으로 인해서 복음이 공간과 계층 간의 간격도 뛰어넘어 지속적으로 기능할 수 있도록 했다. 콘스탄틴 대제의 기독교 공인이 로마제국 안에서 실시되기 전인 4세기 이전의 초대교회 공동체에서는 평신도를 통한 복음의 확장에 그 무게 중심이 달려있었다고 보는 것이 정당한 시각일 것이다.

III. 한국교회 제자 훈련의 사례 분석
— 수원성교회(통합)의 사례를 중심으로

한국교회 안에서 '제자 훈련'이라는 새로운 목회 패러다임은 일반적

---

15 Cyprian, "To Quirinus 3," https://www.newadvent.org/fathers/050712c.htm 2022년 11월 4일 접속.

으로 1970년대 사랑의교회 옥한흠 목사의 제자 훈련에서부터 시작되었다고 본다.

옥한흠 목사는 미국 칼빈신학교 유학 시절 접한 한스 큉(Hans Küng)의 교회론에서 평신도의 사도성에 대해서 크게 감명을 받았다.[16] 또한 한국대학생선교회와 한국네비게이토선교회와 같은 선교 단체들의 훈련 자료들을 연구하면서 기존 한국교회가 일상적으로 하던 교리 중심의 접근방식에 대해 문제점을 의식하였다. 지도자 중심이 아닌 구성원과 소그룹 중심의 제자 훈련을 도입한 것이 주효했다. 그가 쓴 『평신도를 깨운다』는 10개 언어로 번역되어 보급되었으며, 옥 목사는 제자 훈련 지도자 세미나를 총 85회 인도하였고, 1만 8,500명의 목회자에게 제자 훈련을 전수하였다.[17] "지금 생각해 보면 옥 목사는 1970년도부터 1989년 10월에 병이 나 쓰러지기까지 19년 이상을 제자 훈련에 완전히 미친 사람이었습니다. 지금도 여전히 미쳐 있지만 말입니다." 이 말은 옥한흠 목사의 아내 김영순 사모가 한 말이다.[18] 이처럼 미친 듯이 제자 훈련에 혼신의 힘을 쏟아 내어 심각한 병을 얻을 정도였던 옥한흠 목사의 제자 훈련은 한 시대의 한국교회를 이끄는 방향타 역할을 하였다. 이러한 제자 훈련이 한국교회에 가져다준 파급력에 대해서 박응규는 이렇게 평한다:

---

16 박응규, "은보(恩步) 옥한흠 목사의 선교적 교회론과 제자훈련목회," 「선교와 신학」 65 (2013), 127.

17 김민정, "옥한흠 목사가 '제자 훈련'과 '사랑의교회' 통해 남긴 것," 「뉴스미션」 2010. 9. 8. https://usaamen.net/bbs/board.php?bo_table=john&wr_id=91&sca=정보&page=11. 2022년 11월 4일 접속.

18 옥한흠, 『제자 훈련 열정 40년』 (서울: 국제제자훈련원, 2012), 124-128.

옥한흠의 공헌 중 하나는 바로 평신도나 성직자 구분 없이 성도는 모두 사도성을 계승한 자들이며, 교회를 통해 전해 오는 복음을 전파하고 모든 족속으로 제자 삼는 사역에 부름 받았다는 사실을 한국교회에 효과적으로 각인시켰다는 사실이다.[19]

이처럼 옥한흠 목사가 시작한 제자 훈련은 '평신도의 사도성'에 대한 성찰에 그 핵심이 들어 있다. 제자 훈련은 해묵은 한국교회의 구조적인 정체에 신선한 바람을 일으켰으며, 1980년대 후반기 한국교회의 성장을 주도한 새로운 패러다임이었음에 이견이 없다. 경기도 수원시 장안구에 위치한 수원성교회도 이러한 제자 훈련의 새로운 패러다임을 교회 지도자가 일찍 받아들여 그 교회에 상황에 맞게 적용하고 실천하였다.

1. 수원성교회 제자 훈련의 시작

이 글에서는 수원성교회의 제자 훈련이 전개된 과정과 주요한 스펙트럼을 간략하게 분석하여 지금의 변화된 사회 안에서 다시 한국교회의 생동력을 불어넣을 수 있는 요소가 무엇인지에 대해서 성찰해보고자 한다. 수원성교회 안광수 목사가 제자 훈련을 하게 된 때는 교회 창립 5년 차가 되어가던 때인 1987년 6월 9일부터 7월 10일까지 5주간, 주 2회씩 총 10회에 걸쳐서 진행된 초급반 1기 과정에서였다.[20] 안광수

---

19 박응규, "은보(恩步) 옥한흠 목사의 선교적 교회론과 제자훈련목회," 127.
20 수원성교회 주보, 1987년 6월 7일; 1987년 11월 15일.

목사는 제자 훈련을 시작하게 된 동기에 대해서 다음과 같이 기억한다:

> 내가 교회를 다녀 보니까 목사님들이 처음 믿는 사람을 잘 믿는 사람 취급을 해 가지고 잘 알아듣지도 못하는 설교를 하시는 겁니다. 주일에 설교를 다 듣고 나서 하도 이해가 안 돼 가지고 목사님한테 찾아갔어요. "목사님, 오늘 설교의 핵심 내용이 뭡니까? 오늘 설교 듣고도 핵심 내용이 뭔지 모르겠어요" 하고 물었어요. 대략 그 설교 내용이 뭐였는가 하면 "예수님은 창조 전에 계셨다" 그런 내용이었어요. 그때 생각해 보면 '예수님이 창조 전에 계시든 후에 계시든 그게 나하고 무슨 상관이 있나?' 하는 생각이 드는 겁니다. 그 목사님은 나랑 아무 상관도 없는 내용을 한 시간 내내 땀을 뻘뻘 흘리면서 설교하시는 겁니다. 내가 교회를 개척하고 나서 '이거는 나만의 문제가 아닐 거다. 다른 교회도 비슷할 거다'라는 생각을 한 겁니다. 초신자를 위한 가이드 입문서가 필요하다고 생각하게 된 겁니다. 그래서 만든 게 제자 훈련 초급반 입니다.[21]

안광수 목사는 본인이 청년 시절 처음 예수를 믿고 교회를 다니게 되었을 때 초신자가 궁금해하는 기본적인 것을 가르쳐 주지 않고 설교하는 목회자에게 답답함을 느꼈다고 한다. 그 답답함은 본인이 교회를 개척해서 목회할 때 새로운 접근방식으로 교인들의 심정을 헤아리는 자세를 갖추게 했다. 안 목사는 초신자들이 쉽게 복음을 이해할 수 있도록 제자 훈련 교재를 만들기 위해 여인숙에 들어가서 몇 날 며칠을 고심하고 기도하며 그 내용의 얼개를 썼다고 한다. 다음은 안 목사가

---

[21] 필자와 안광수 목사와의 인터뷰. 수원성교회 담임목사실. 2021년 11월 26일.

쓴 초급반 교재의 구성 내용에 대해서 그가 직접 설명한 것이다:

"제자 훈련 초급반 교재 1과가 뭐냐면 '하나님은 과연 계신가?'부터 시작합니다. 처음 교회 온 사람들에게 '하나님은 살아 계시다는 증거가 이거다!' 이거부터 시작해서 왜 우리가 구원을 받아야 되고 구원받는 구체적 방법이 뭔지 알려주는 겁니다. 다른 교회에서는 성도들이 '예수 믿는 게 뭐냐?'고 물었을 때는 구체적으로 대답을 안 해주고 '무조건 믿으라!'고만 하는 겁니다. 그러니까 내가 '예수 믿는 거는 내가 죄인임을 깨닫고 예수가 하나님의 아들이심을 믿고 그분이 나를 위해서 피 흘려 죽었다는 사실을 믿어야 합니다. 그분을 내 마음속에 주인으로 모셔 들일 때 그게 예수 믿는 겁니다.' 내가 이렇게 확실하게 알려 주니까 평신도들이 시원해하는 겁니다. 아주 기초서부터 '하나님이 계신가?', '구원이란 무엇인가?', '어떻게 구원 받는가?', '구원받은 사람에게는 어떤 증거가 있는가?', '구원받은 사람은 어떻게 살아야 하는가?' 등등을 차근차근히 가르친 게 제자 훈련 초급반이에요."[22]

안광수 목사는 본인 스스로가 하나님에 대한 궁금증을 해소하며 겪었던 경험을 토대로 초신자에게도 쉽고 누구라도 이해하기 편한 교재를 만들었다. 그의 삶에서 겪은 질문들이 녹아져서 제자 훈련의 초급반 교재로 생성된 것이다. 그는 제자 훈련 초급반을 통해서 초신자들이 겪는 신앙의 기초 부분에 대해서 확고한 신념을 심어줄 수가 있었다. 안 목사는 여기서 그치지 않고 초급반을 통해서 얻은 통찰과 경험을 그의 설교에도 그대로 적용하였다. 안광수 목사의 설교에 나타나는

---

22 필자와 안광수 목사와의 인터뷰, 수원성교회 담임목사실, 2021년 11월 26일.

두드러진 특징은 주기적으로 복음적인 메시지를 선포하는 것이다. 그의 설교에는 초신자들도 쉽게 이해할 수 있는 복음의 핵심적인 메시지가 한 달에 한 번 이상은 꼭 등장한다. 이는 아마도 그가 청년 시절에 예수 그리스도를 제대로 알고자 하는 영적 호기심과 열정이 강해서였을 것이다. 그래서 그의 설교는 단순하고 명료하다.

2. 다종교 사회에서의 제자 훈련의 효과

안 목사는 다종교 사회에 속한 한국의 특성을 잘 살려서 하나님의 존재에 대한 신념으로부터 가르치기 시작하기 때문에 다른 여타의 교리 중심으로 가르치던 교재나 선교 훈련기관에서 전개하는 방식과는 차별되는 방식으로 제자 훈련의 독특성을 살려낼 수 있었다. 다음은 그가 초급반을 하면서 얻은 교회적인 효과에 대한 설명이다:

"초급반을 하면서 그게 우리 교회의 아주 반석과 같은 기초가 된 거예요. 거기서 하나님 계시다는 걸 확신하고 구원받았다는 확신을 가지고 신앙 생활 하니까 신앙 생활이 완전히 달라지는 거예요. 교회 나오란 소리를 안 해도 열심히 교회를 나오는 거예요. 구역장이 구역원들을 구역예배에 나오게 하려면 그렇게 힘 드는데 초급반만 마치면 구역예배에 먼저 와 있다는 겁니다. 그러니까 구역장들이 자기 돈 내 가지고 자기 구역에 새로 온 사람들을 초급 반 교육을 받게 한 겁니다. 초급반 교육을 받으면 구역장인 자기가 편하니까 그게 여태까지 끊임없이 지속해 온 거죠. 그게 우리 교회의 가장 큰 자산이고 우리 교회만의 특징이고 힘이고 우리 교회의 모든 것이라고 볼 수가 있죠."[23]

그가 실시한 제자 훈련 초급반 교육의 핵심은 평신도로 하여금 자신들의 역할을 재발견하게 하는 구심점이 되게 하는 점이었다. 평신도가 스스로의 역할을 찾아 나서도록 하는 것이 제자 훈련의 가장 중요한 원리가 되었다. 하지만 1990년대 후반까지 수원성교회의 제자 훈련도 교회 내의 신실한 주의 일꾼을 길러내는 차원에서 크게 벗어나지 않은 상태였다. 하지만 제자 훈련이 가져다준 변화는 2000년대에 들어서면서 새로운 차원으로 발전하기 시작했다.

3. 한 영혼을 천하보다 귀하게 여김

1980~90년도는 한국 사회가 격변의 시기를 지나 1950~60년대 태어난 베이비 부머들이 교회 성장에 주요한 역할을 하며 두각을 나타내는 시기였다. 이와 더불어 당시 한국 사회의 여러 가지 정치적, 경제적 긍정 요인으로 인해 한국교회가 한창 부흥하던 시기였다. 수원성교회의 제자 훈련은 사랑의 교회 경우와 마찬가지로 제자된 교인들이 교회 안에서 제 기능을 하고 신실한 일꾼이 되는 데 초점이 맞춰져 있었다. 안광수 목사는 수원성교회가 다른 교회와 같이 교회 부흥 성장의 일환으로서 제자 훈련에 대한 인식을 가진 것이 아니라, 새로운 차원에서 임하게 된 결정적인 동기에 대해서 다음과 같이 말하고 있다:

"제자 훈련 초급반을 모집했는데 저녁 시간에 두 사람이 지원을 한 거예요. 두 사람을 놓고 담임목사가 저녁 시간에 3개월을 한다는 게 사실은 쉽지

---

23 필자와 안광수 목사와의 인터뷰, 수원성교회 담임목사실, 2021년 11월 26일.

않아요. 그때는 나 혼자 주일 낮, 설교 밤 설교, 금요 기도회, 심방 전도하느라 너무 피곤할 때인데 두 사람을 놓고 초급반을 하는 게 사실은 힘든 거예요. 그것도 두 사람이 지원했다가 중간에 한 사람이 그만두니까 제가 갈등이 오더라고요. '이거 한 사람 놓고 저녁에 고단한 데 계속해야 되나?' 하고 생각하다가 다음날 새벽기도 때 '하나님! 한 사람 남았는데 이거 계속할까요. 다음에 하라 그럴까요?' 하고 기도를 했어요. 저는 장로교 목사라 하나님이 음성을 들려준다 그런 거 거의 믿지도 않았어요. 그런데 제 마음속에 진짜 음성이 들려온 거예요. 제 마음속에 '한 사람이 변하면 세계가 바뀐다' 하는 음성이 딱 들리는 거예요. 그래서 제가 '알겠습니다. 제가 한 사람이라도 열심히 하겠습니다'라고 대답하고는 그 한 사람을 놓고 열심히 했어요. 마지막 수업이 다 끝나서 '수고했어요.' 그랬더니 이 사람이 제 기억으로는 무릎을 꿇더니 '목사님, 저의 일생을 하나님께 드리겠습니다.' 이러는 거예요."[24]

1987년 가을 이 청년이 초급반을 끝내자마자 세례를 받고 신학을 공부해서 목사가 되었고, 2002년 12월에 수원성교회에서 파송을 받아 총회 파송 선교사로 아프리카에서 그 후 20여 년을 선교사로 섬겼다.[25] 이 경우가 바로 안광수 목사의 제자 훈련이 다른 교회의 제자 훈련과 달랐던 점이다. 그는 제자 훈련을 교회 성장의 방편으로 삼지 않았다. "한 영혼이 천하보다 귀하다"는 하나님이 주신 명령에 순종하였던 것이다. 그런 이유로 안광수 목사는 35년 동안 초급반을 가르치면서 2,800

---

24 필자와 안광수 목사와의 인터뷰, 수원성교회 담임 목사실, 2021년 11월 26일.
25 이 청년에 관한 이야기는 다음의 두 책에서 언급되었다. 김도일, 『더불어 건강하고 행복한 생태계를 만들어 가는 가정·교회·마을 교육공동체』 (서울:동연, 2018), 296-303; 한국일, 『선교적 교회의 이론과 실제』 (서울:장로회신학대학교 출판부, 2019), 279.

명을 졸업시켰다. 이러한 수원성교회의 지속적인 제자 훈련은 20여 년이 지나서 훈련받은 제자들이 세계 선교를 품고 선교사로 나가 사역하면서 새로운 차원의 보다 확장된 제자도를 직접 실현하게 된 것이다.

대체적으로 교회가 성장하면 부교역자들에게 일임하고 다른 것에 눈을 돌일 수도 있겠지만 그는 제자 훈련 초급반의 중요성을 그 누구보다도 절감하고 있었고, 그 필요성을 잘 알고 있는 목사였다. 그래서 그는 평생 초급반 교육에 헌신할 수 있었던 것이다. 그런 안 목사의 초급반에 대한 열정은 교회 내의 일꾼만이 아니라 세계를 품는 제자를 배출하는 토양이 되었다. 이러한 안 목사의 목회자적 태도에 대해 한국일 교수는 '진실한 열정', '진정성의 리더십'이라고 했다. 목회자의 이런 진실한 태도가 바로 사회적으로 신뢰를 잃어가는 교회에 대해서 일반 시민들이 찾고 있는 바로 그러한 생수와도 같은 것이며, 한국일 교수의 표현대로 선교적 교회의 근간이 되는 '선교적 인프라'이자 '사회적 자본'이라고 말할 수 있다.[26]

4. 우는 자들과 함께함(롬 12:5)

안광수 목사의 제자 훈련 스펙트럼에 가장 큰 변화를 가져다준 사건이 하나 더 있다. 그것은 바로 2014년 4월 16일 세월호 사건이다. 안산 단원고 학생들이 세월호를 타고 인천에서 출발하여 제주도로 수학여행을 떠났다가 진도 인근 해상에서 침몰하여 승객 304명이 수장된 사건이다. 수원성교회의 사회선교사였던 남기업 집사의 제언으로

---

26 한국일, 『선교적 교회의 이론과 실제』, 380.

세월호 유가족들을 방문하고 그들을 초청하여 위로회를 하고 직접 찾아가기도 했다.[27] 일부 보수적인 교인들 중에는 이러한 안 목사의 행보가 정치 이슈에 참여하는 행위로 비춰져 교회를 떠나려고도 했다. 하지만 그런 교인들에게도 꾸준히 행사의 취지를 설명하고 대화하고 복음의 말씀을 순종하는 차원에서 이해시켜 교회의 새로운 사명에 눈을 뜨게 하였다. 세월호 유가족과 함께 우는 것은 교회 안에서 머물던 수원성교회의 제자도를 교회 밖에서 자식을 바닷물에 잃고 눈물을 흘리는 부모들의 눈물을 닦아주기 시작하면서 생겨난 결과였다.

수원성교회는 "우는 자들과 함께 울라"(롬12:5)는 말씀에 순종하고 자 자식을 잃고 우는 자들의 눈물을 닦아주고, 그들의 이야기를 경청하는 것에서 시작하였다. 그동안 한국교회는 사회를 향하여 주로 말을 하려고 했지만 진정으로 교회 밖에 있던 사람들의 말을 경청하여 듣는 것에는 소홀했다. 바로 이런 태도가 사회의 신뢰를 상실했던 여러 요인 중의 하나였다. 알란 록스버그(Alan J. Roxburgh)가 그의 책 *The Missional Leader: Equipping Your Church to Reach a Changing World*에서 언급한 것과 같이 목회자가 카리스마를 가지고 선도적으로 인도하는 리더십이 아니라 이 세상 가운데를 살아가는 교인들의 이야기를 차분히 경청

---

27 2000년 들어서면서 부동산 투기가 사회적인 문제가 되었을 때 수원성교회는 2002년부터 사회선교위원회를 조직하여 사회문제에 대응하는 교회 차원의 세미나와 열린 강좌 등을 개최하였다. 2008년 11월에는 사회선교위원회에서 현대사회의 이주민, 여성인권, 탈북자 처우개선과 같은 제반 사회문제를 교회가 직접 다룰 수 없어서 전문성을 갖춘 '사회선교사 양성 사업'을 당회에 제안하였다. 수원성교회는 2009년 3월에 사회선교사를 공고하여 선발하여 시민단체의 활동가들을 교회가 지원하는 사회선교사로 후원하는 제도를 한국교회 최초로 도입하였다. 이후 광교산울교회와 높은뜻덕소교회와 같은 교회도 이 제도를 운영하고 있다. "사회도 선교대상," 「한국기독공보」 2009년 4월 28일; "수원성교회 시민단체 활동 지원하는 이유," 「뉴스앤조이」, 2017년 5월 27일.

하며 행하는 제자도를 잘 표현해 주고 있다.[28]

이제 코로나 이후 시대에 한국교회가 나아가야 할 새로운 목회적 제자도의 모습은 목회자가 희망찬 목회 비전을 교인들에게 제시하고, 열정적인 에너지를 목회에 쏟아부으며, 교인들을 진두지휘하며 끌고 나가는 모습이 아니다. 우리 사회의 그늘진 뒤편에서 눈물을 흘리며 우는 자와 가슴 아파하는 자의 사연을 듣고 공감하는 자세가 이 시대에 더 절실한 제자도이다. 베다니의 병자들과 베데스다의 연못을 평생 벗어나지 못했던 이들을 만나셨던 예수 그리스도의 자세가 더 필요한 바로 그 전환점에 놓여 있다.

IV. 제언: 하나님 나라 관점에서의 제자 훈련

기존의 한국교회의 제자 훈련은 하나님 나라의 관점이 아니라 다소 협소한 교회론에 치중된 시각으로 세상을 바라보았다. 그간의 한국교회의 제자 훈련은 세상에 주님의 제자를 파송하기보다는 세상에 있는 사람들을 교회로 모으는 일에 우선 주력했었다. 그 결과 교회는 놀라운 부흥의 역사를 기록할 수 있었지만 상대적으로 주님께서 교회에 맡기신 세상을 향한 빛과 소금의 역할은 그 농도가 엷어질 수밖에 없었다. 또한 교회에 초점이 맞춰진 제자 훈련이다 보니 보다 커다란 안목에서의 하나님 나라는 우선순위에서 항상 밀려나 있었다. 그동안 교회는 세상을 향해 귀를 닫았고, 봐야 할 것을 제대로 살피지 못하는 우를

---

28 Alan J. Roxburgh, *The Missional Leader: Equipping Your Church to Reach a Changing World* (San Francisco: Jessy-Bass, 2006), 144.

범하게 되었다. 그 결과 서두에서 언급한 것과 같이 교회가 사회적으로 얻은 신뢰도는 형편없이 되어 버렸다.

필자는 다음의 몇 가지 제안을 통해서 한국교회가 사회적으로 신뢰를 회복하기 위한 새로운 제자 훈련의 전기를 마련하고자 한다.

1. '오직 성경으로'(Sola Scriptura)와 '오직 성경만으로'(Solo Scriptura)

한국교회의 제자 훈련은 성경 말씀을 공부하는 것으로 대위될 정도로 성경공부에 치중한 면이 없지 않다. 이와 같은 한국교회의 하나님 말씀에 대한 경향은 '오직 성경으로'(Sola Scriptura)에 기초한 개혁교회의 전통을 이어받아 하나님의 말씀을 절대 권위에 두고 그리스도인의 행동 규범으로 삼았기 때문이다. 물론 우리는 교회 역사적으로 성경 해석이 어느 한 곳의 권위에 의존하거나 집중되었을 때 발생하는 손실을 과거 역사를 통해서 잘 기억하고 있다.

일례로 4세기에 제롬이 히브리어 성서에서 라틴어 벌게이트역으로 번역했을 때 70인역 헬라어 성경을 권위적인 것으로 받아들였던 교부들로부터 교회를 위험에 빠뜨리는 인물이라고 공격을 받았다. 하지만 이 성경은 1546년 토렌트공의회에 의해서 공적인 성경으로 인정받았다. 이와 마찬가지로 동일 언어의 성경 번역본이지만 읽는 주체가 달라졌다거나 그들의 경험이나 환경이나 맥락에 변화가 왔을 때 성경을 보는 눈과 본문 해석에 변화가 오게 마련이다.

케빈 밴후저(Kevin J. Vanhoozer)는 그의 책 *Hearers and Doers: A Pastor's Guide to Making Disciples Through Scripture and Doctrine*

에서 성경주의의 문제점을 강조하면서 '오직 성경으로'(Sola)와 '오직 성경만으로'(Solo)를 혼동하는 것의 위험성을 지적한다. 오직 '성경만으로'의 성경 해석 접근은 교회나 전통에서 고립되거나 성도와의 교제 속에서 성경 읽는 것의 중요성을 간과하기 때문이다.[29]

그런 의미에서 스탠리 하우어와스(Stanley Hauerwas)는 그의 책 *Unleashing the Scripture*에서 북미의 기독교인들은 스스로가 "영적인 도덕적 변화 없이도" 성경을 스스로 해득할 수 있다고 생각하도록 훈련받았기 때문에 이들의 손에서 "성경을 빼앗는 일보다 교회가 해야 할 더 중요한 일은 없다"고 다소 과격한 주장을 한다. 하우어와스는 같은 책의 다른 곳에서 "나는 확실히 하나님이 교회를 충실하게 유지하기 위해 성경을 사용하신다는 것을 믿지만, 교회의 현재 상황에서 교회의 모든 사람이 성경을 해석할 권리를 부여받았다고는 믿지 않습니다"라고 지적한다.[30] 하우어와스의 주장은 성경의 해석을 개인이 사사로이 행할 것이 아니라 교회가 공동체적으로 해석의 주체가 되어야 함을 강조한 것으로 이해된다.

같은 선상에서 한국교회의 제자 훈련은 개인들이 단순히 성경을 읽고 이해하는 지적 유희의 차원에서 벗어나야 한다.

아프리카 감비아 출신의 신학자이자 예일대학의 교수인 라민사네(Lamin Sanneh)가 쓴 책 *Whose Religion Is Christianity*에서 기독교는 "유일하게 창시자의 언어와 문화에 일치하지 않은 채 전달된 세계 종교이다"라고 했다.[31] 여기서 사네는 기독교의 '번역 가능성'(translatability)

---

[29] Kevin J. Vanhoozer, *Hearers and Doers: A Pastor's Guide to Making Disciples Through Scripture and Doctrine* (Bellingham: Lexham Press, 2019), 178.

[30] Stanley Hauerwas, *Unleashing the Scripture* (Nashville: Abingdon Press, 1993), 16.

을 강조한다. 또한 사네는 성경의 순수한 언어적 '번역 가능성'만을 언급한 것이 아니라 성서가 다중언어로 번역되거나 해석됨으로 인해 발생했던 기존 교회의 권력의 누수 현상과 힘의 논리 변화까지 의미한 것이다.[32] 사네가 의도하는 기독교의 번역 가능성 속에는 아프리카 교회의 독특한 정서가 함께 묻어나온다. 오랜 세월 서구의 식민지 피지배 경험 속에서 자신들의 문화와 언어와 종교가 서구의 것에 비해 저급한 것으로 여겨져 자신들의 정체성 회복에 대해서 심각한 고민과 깊은 성찰에서 나온 것이기 때문이다. 특히 사람이 가진 정체성의 중추인 자신들의 언어가 유럽의 언어로만이 아니라 자신들의 언어로도 성서의 깊은 뜻을 담지할 수 있다는 의미에서 사네가 말하는 번역 가능성이 주는 뉘앙스는 사뭇 다르다. 사네는 서구 유럽의 언어로 번역된 기독교가 아프리카에 전달되면서 겪었던 자신들의 고유문화의 침탈과 훼손을 새롭게 각성하는 의미에서 아프리카 언어로 번역된 성경의 중요성을 강조하고 있는 것이다. 사네의 주장을 한국교회의 제자 훈련의 관점에서 보면 성경 해석이 전달자 중심이 아닌 수용자의 관점에서 이해해야 하는 당위성을 말하고 있는 셈이다.

이는 마치 생전 처음 가보는 깊은 산 속에서 사람이 감각에만 의지해서 길을 찾으려고 했을 때 갔던 자리를 다시 맴도는 현상을 우리는 산악 조난 사고에서 종종 듣게 된다. 성경 말씀을 대할 때도 이와 비슷한 현상이 발생한다. 교회가 영적 조난을 막기 위해 공동체적으로 성경 읽기를 장려하고, 서로 간에 건강한 실천을 격려할 수 있어야 한다.

---

31 Lamin Sanneh, *Whose Religion Is Christianity* (Grand Rapids: William B. Eerdmans Publishing Company, 2003), 98.

32 Sanneh, *Whose Religion Is Christianity*, 98.

공동체적 성경 읽기의 중요한 유익은 참여자들의 다양한 관점이다. 교회가 건강한 성경적 해석을 가져오기 위해서 섹트화(광신화)되지 말아야 하는 이유가 여기에 있다. 또한 성경은 다양한 경험을 가진 이들이 함께 읽을 때 의미가 있고, 다양한 언어와 문화적인 체험을 한 공동체가 함께 성경을 읽어나갈 때 새로운 의미와 숨겨진 함의를 발견할 수 있는 영적인 중요한 체험이자 삶에의 동참이기 때문이다.[33] 여기에 한국교회가 가야 할 제자 훈련의 새로운 방향성이 존재한다.

2. 거룩성의 회복: 구별된 삶

코로나를 겪은 이후 지금의 사회는 디지털 미디어에 대한 지나친 의존성으로 인해 첨예한 문제들이 발생하고 있다. 디지털 미디어에 의한 종속으로 인해 사람들이 시간에 쫓겨 쉼과 안식을 누릴 여유가 없이 살고 있는 여러 가지 징후가 드러나고 있다. 조은아는 이런 사회적 현상을 두고 "젊은이들은 분주하여 자신을 추스를 시간이 없고, 통합할 겨를이 없이, 그저 분해된 삶"을 살고 있다고 지적한다. 그러므로 젊은 이들이 시간의 가뭄에 쫓겨 살다가 종국에는 "자신이 원하는 자신"의 진정한 모습을 자신 안에서 스스로 찾지 못하고 결국 우울감에 빠져있다고 지적한다.[34]

이에 대한 극복을 우리는 바로 거룩성의 회복에서 찾아야 한다.

---

33 브라이언 라이트(Brian J. Wright)/박규태 역, 『1세기 그리스도인의 공동 읽기』(서울: IVP, 2017), 29-84.

34 조은아, "VUCA세계 속 선교적 책무," 제44회 ACTS 선교대회 선교포럼 (양평: 아신대학교 세계지역연구소, 2022. 10. 27), 23-25.

거룩성의 회복은 세상과 구별된 삶을 요청한다. 하지만 구별된 삶을 사는 그리스도인은 세상과 분리되어서는 안 되고 오히려 세상 안에 들어가 그리스도인의 고유한 역할을 수행해야 한다. 그런 의미에서 19세기 미국의 역사학자 헨리 쉘던(Henry Sheldon)도 성별된 무리가 가져다주는 중요성을 간파하고 초대교회 기독교인들이 미덕으로 삼았던 '절제'(abstinent)를 다음과 같이 강조한다:

"가장 외적인 존경심으로 시작하여, 그리스도인들은 이웃하는 이교도들의 마음을 사로잡는 쾌락과 오락을 절제함으로써 자신들을 구별했습니다. 실제로 터툴리안은 마치 당시의 특정 부류의 오락에 참여하기를 갈망했던 그 시대의 그리스도인들이 있었던 것처럼 말합니다. 그러나 교회는 일반적으로 그러한 방종을 교회를 오염시키는 것으로 여겼습니다."[35]

하지만 교회의 거룩성을 지키기 위한 노력은 역사적으로 교회의 사회적 배타성과 특정 그룹이나 신앙 체제에 속한 이들에 대한 배제로 해석되어 오용되기도 했다. 거룩성의 회복이 배제를 넘어 포용의 차원에서 실행되어야 할 필요성이 여기에 있다. 미로슬라브 보프(Miroslav Volf)의 책 *Exclusion and Embrace: A Theological Exploration of Identity, Otherness, and Reconciliation*에서 하나님의 포용을 받은 우리가 "우리 안에 다른 이들을 위한 공간을 마련하고 그들을 초대해 들여야 한다"[36]고 주장한다. 그러므로 교회는 거룩성 회복을 위한 노력

---

35 Henry C. Sheldon, *History of The Christian Church, vol 1, The Early Church* (New York: Thomas Y. Crowell & Co, 1894), 295.

36 Miroslav Volf, *Exclusion and Embrace: A Theological Exploration of Identity,*

을 꾸준히 견지해 가면서도 하나님의 무한하신 포용을 체험한 무리들로서 끊임없이 우리의 이웃과 청지기로 세워주신 창조 세계의 전반을 사랑으로 품는 시도를 그치지 않아야 한다. 이것이 코로나를 겪으면서 우리가 얻은 귀중한 교훈 중에 하나다.

3. 윤리 의식의 회복

그리스도인이 사회에서 구별성을 가지고 자신의 고유한 역할을 하면서도 동시에 이 사회에 주어진 사명을 다하기 위해서는 사회에 대한 참여성을 잊어서는 안 된다. 이를 위해 윤리 의식의 회복이 중요한 과제이다. 교회 안에서만 통용되는 윤리 의식이 아니라 사회 전체가 공감할 수 있는 윤리 의식이 전개되어야 하고, 실천되어야 한다. 교회는 이제 세상이 이해할 수 있는 언어를 구사해서 다가서야 하는 책임이 있다. 이는 교회 안에서만 통용되는 언어와 표현에서 벗어나는 것이기도 하다. 또한 교회 밖의 사람들이 교회의 진정한 의도를 알 수 있도록 선한 행동으로 나타내면서 살아가야 하는 책임도 있다.

수원성교회의 사회선교사 제도와 우는 자들과 함께하는 자세는 이런 의미에서 새로운 차원의 제자를 양성하는 기초가 될 것이다. 그런 뜻에서 박영호가 "평화의 교회로 가는 길"에서 언급했던 점과 공명이 된다:

"이제 기독교 세계 이전의(pre-Christendom), 역사적 예수의 생경한 메시

Otherness, and Reconciliation (Nashville: Abingdon Press, 1996), 153.

지까지를 그대로 품는 신학적 준비가 필요하다. ⋯ 이제 무력하고 대책 없는 그리스도, 외로웠던 소수자(minority) 예수의 모습을 중심에 새겨야 할 시대를 앞두고 있다. ⋯ 기독교가 오랫동안 누려오던 문화적 주류의 위치에서 내려와야 하는 도전은, 그리스도의 샬롬의 본래적 자리로 우리를 인도하는 은총의 기회가 될 수도 있다."[37]

박영호의 제안은 메노나이트 교도이자 초대교회사 전문가인 알란 크라이더(Alan Kreider)가 지적한 것과 같이 21세기를 사는 우리가 ―기독교인이 사회적 소수자였던― 기독교 세계 이전(pre-Christendom)으로 다시 돌아갈 수는 없다. 하지만 우리는 초대교회 공동체가 그들이 속했던 사회에서 역할을 감당했던 바로 참 그리스도의 제자된 기능으로 돌아가는 것을 진지하게 성찰해야 한다.[38] 이것이 바로 교회가 사회에 제사장적 역할을 감당하는 것이고, 선교적 교회의 기능을 하는 것이다.

4. 공공성의 회복

한국 사회는 양극화와 더불어 보수와 극우 진보와 극좌 진영 간의 첨예한 대립이 사회를 병들게 하고 있다. 사회가 분열되고 공공성은 취약해지면서 사회적 약자들은 고통을 받고 있다. 그동안 한국교회는 너무도 교회 내적이고 사적인 영역에 머물러 안주하고 있었다. 한국

---

37 박영호. "평화의 교회로 가는 길." 「신약논단」 22, no. 4 (2015), 33.
38 Alan Kreider, "Patience in the Missional Thought and Practice of the Early Church: The Case of Cyprian of Carthage." *International Bulletin of Mission Research*, Vol. 39, no. 4 (September 17, 2015), 224.

사회의 오랜 사회적 기조인 네 편, 내 편의 편 가름에서 교회도 자유롭지 못하였다. 정치적인 진영의 논리가 교회 안에도 곳곳에 스며들어 강단의 선포를 어지럽히는가 하면 물질적인 보상을 위해 권세 있는 자를 두둔하고 약한 자의 눈물을 자못 외면하기도 하였다. 김태창은 "정부나 국가 혹은 힘이 있는 누군가가 개인에게 강요하는 것이 아니라, 우리들이 '더불어', '함께', '서로서로' 살아가는 것이 공공철학의 기본 가치이다"라고 하면서 "지금까지 최대의 문제는 '공'이라는 명분을 앞세워 거대하고 강력한 하나의 '사'가 다른 모든 '사'를 탄압, 말소, 부정하고", 모두를 위한다는 명분은 "'권력자'의 일방적인 생각"에 지나지 않는다고 주장한다.39 김태창의 주장을 교회의 관점에서 환원하여 보면 교회가 공공성을 잃었을 때 교회에 거는 사회의 기대가 무너지게 된다. 결국 교회의 공공성 회복은 한국교회의 잃었던 대사회적 신뢰를 회복하는 중요한 요소 중의 하나이자 개혁의 과제이다.

5. 환대의 회복

하버드대 로버트 퍼트남(Robert D. Putnam) 교수와 같은 사회학자들은 미국 사회는 이미 20세기의 하반기부터 아무런 경고도 없이 사회가 분해되는 것을 경험하고 있다고 경고하고 있다.40 이에 대한 대응으

---

39 김태창(구술)·이케모토 케이코(기록)/조성환 역, 『일본에서 일본인들과 나눈 공공철학 대화』 (서울: 모시는사람들, 2017), 75. 필자가 인용한 김태창의 글은 아신대학교 선교포럼 패널토의에서 발표한 박영호의 글 "'좋은 삶'을 위한 목회와 성경적 신학"에서 영감을 받았음을 밝힌다.

40 Robert D. Putnam, *Bowling Alone: The Collapse and Revival of American Community* (New York: Simon & Schuster Paperbacks, 2000), 15-25.

로 퍼트남은 미국의 교인들이 다른 교인 아닌 이들보다 더 많은 사회봉사와 자선사업 등을 통한 사회적 신뢰 형성을 행함으로 사회적 자본(social capital)인 사회적 신뢰를 높이는 역할을 해왔다고 말한다.[41]

같은 선상에서 사네는 그의 책 *Disciples of All Nations*에서 베드로의 사도적인 사명은 종족적이고 국가적인 경계 의식을 무너뜨렸을 때 시작되었다고 주장한다. 베드로가 고넬료의 집으로 초대받았을 때 그가 꺼냈던 말은 유대인이 다른 나라 사람과 상종을 하지 못하는 분명한 이유를 제시한다.[42] 이는 베드로를 대변하는 유대인이나 초기 기독교인의 이해 속에서 한 종족이나 집단의 종교가 그들의 문화적인 관습과 밀접한 연관성을 가졌다는 사실을 밝힌다. 사네는 베드로가 고넬료의 집에서 취한 행동은 진정한 종교는 결코 단순히 제도적인 것에 국한되어서는 안 되고 "하나님께서는 편애가 없고 별다른 경계가 없으신 진리 자체"임을 과격하게 드러내야 하는 사명이 있음을 말하고 있다.[43]

이제 한국 사회는 진리에서 벗어난 정치적인 분열과 사회적인 해체에 동조하기보다는 복음에 근거하여 하나님의 포용과 환대를 다시 생각해 볼 시기가 되었다. 하나님의 포용과 용서를 받은 우리가 다른

---

41 퍼트남은 '사회자본'(social capital)이라는 용어가 20세기에 최소한 여섯 군데의 독립적인 요인으로 생성되었다고 한다. 그는 이 용어가 사람들이 사회적인 끈에 서로 연결되었을 때 더욱 생산적일 수 있다는데 창안하고 있다고 한다. Putnam, *Bowling Alone*, 19; 정병오 편, 2020년 한국교회의 사회적 신뢰도 여론조사 결과 발표 세미나 (서울: 기독교윤리실천운동, 2020), 85.

42 "You yourselves know how unlawful it is for a Jew to associate with or to visit any one of another nation; but God has shown me that I should not call any man common or unclean. So when I was sent for, I came without objection."

43 Lamin Sanneh, *Disciples of All Nations* (Oxford: Oxford University Press, 2008), 4.

이들을 위한 공간과 마음을 내어주기 위해서 몸으로 읽혀야 하는 것이 있다. 이는 자신을 내려서 불확실성을 끌어안는 것과 자기를 부인하는 것과 수레의 두 바퀴처럼 동시에 진행되어야 한다. 그것을 초대교회에서는 말이 아닌 몸으로 실천하여 보여주는 사랑을 가르쳐 왔다. 하지만 현실에서 금방 알 수 있듯이 생각으로는 할 수 있을 것 같지만 몸으로 체득되지 않으면 꼭 필요한 순간에 몸이 반응하지 않는 불상사를 우리는 경험했다. 교회도 마찬가지로 지적으로 아는 것에 의존했을 때, 몸으로 체득되지 않은 것이 필요한 순간에 기능을 하지 못한다. 이것을 초대교회 키프리안은 "몸으로 체득된 습관"이 되도록 성도들을 훈련하도록 권면했다. 이것을 "Patience", 인내하는 것이라고 표현했다.[44] 고린도전서 13장에 나오는 '오래 참는' 사랑은 한국교회가 제자 훈련에서 새겨야 할 그리스도인으로서의 삶의 표현이 되어야 할 것이다.

6. 공감성의 회복

한국교회의 가장 큰 도전은 교회가 속한 사회와 공감력이 떨어진다는 것이다. 갈수록 교회에 나오는 교인보다 공중에 떠 있는 것과 같은 부양된(floating) 교인들이 생겨나는 이유도 교회가 메시지와 관심이 사회가 직면하고 있는 것을 대변해 주지 못하고, 공감하지 못하는 데서 발생하는 괴리현상이다.

서론에서도 밝혔듯이 한국교회는 뷰카로 대변되는 현 사회에 적절한 대응이 부족하다. 조은아는 이러한 VUCA 세대에 사회를 이끌어

---

[44] Kreider, "Patience in the Missional Thought and Practice of the Early Church: The Case of Cyprian of Carthage," 224.

가야 할 리더들에게 그 원인이 있음을 상기한다. 리더들이 이전의 행하던 관성에 젖어서 새로운 세대의 변화에 기민하게 대응하거나 본인 스스로가 그 변화를 파악하려 노력하기보다는 "이미 알고 있는 해결책을 가지고 기술적으로만 문제를 풀려고" 하는 데 원인이 있다고 상기한다. 리더들이 그러한 태도를 취하는 이유는 무엇일까? 조은아는 그것이 "불확실성과 모호성을 끌어안을 수 있는 여유"[45]가 부족하기 때문이라고 진단한다.

하버드 비즈니스 스쿨의 빌 조지 교수는 "뷰카 시대에는 뷰카로 대응하는 것이 최선이다"라고 말한다. 그가 제시한 또 다른 뷰카는 비전(Vision), 이해(Understanding), 용기(Courage), 적응력(Adaptability)이다.[46] 메르틴이 지적한 바와 같이 뷰카 시대에는 "감성지수가 높아야 성공한다"라는 뜻은 교회가 사회적 공감력을 크게 가져야 뷰카 세대를 살아갈 수 있음을 의미하는 것으로 해석할 수 있다. 교회는 사회에 대한 공감력을 넓히고 또한 교회는 감성지수가 높은 사회가 되도록 기여해야 한다.

V. 나가는 말

2020년부터 전 세계적인 코로나 팬데믹을 겪으면서 한국교회가 한 가지 절실하게 깨달은 것이 있다. 교회는 결코 세상과 동떨어져서

---

45 조은아, "VUCA 세계 속의 선교적 책무," 22.
46 메르틴, 『엑설런스』, 43.

살 수 없다는 사실이다. 교회가 세상과 불가분리의 관계, 세상에서 분리될 수 없는 사이라면 세상을 향한 귀와 눈을 막고 사는 것이 아니라 교회는 교회가 놓인 사회와 그 현실을 직시하고 참여해야 한다. 그러려 면 메르틴의 말처럼 기존의 방법에 매달리는 지도자가 아니라 "새로움 에 적응하려 애쓰는 사람"만이 새로운 약속의 땅으로 갈 수 있다.[47]

1980~90년대 한국교회의 성장 동력을 발휘한 제자 훈련은 21세기 에도 여전히 새로운 차원에서 한국교회에 새 활력을 줄 수 있다고 기대 한다. 뷰카 시대와 코로나 팬데믹 이후 시대의 한국교회의 제자 훈련 은 영적 지도자들의 이런 새로움에 대한 도전에서 다시 출발해야 할 것이다.

---

47 메르틴, 『엑설런스』, 167.

교회의 일터 목회
― 맑은물가온교회와 신반포중앙교회 사례

이 효 재

일터 목회자

I. 들어가는 말

오늘의 선교 현장 중 세상을 하나님의 사랑으로 충만케 하라는 교회의 소명이 제대로 이뤄지지 않는 가장 심각한 곳이 성도들의 일터다. 일터는 세상을 만들고 이끌어가는 세상의 엔진룸 같은 곳이다. 교회는 이 일터에 복음의 선한 영향력을 끼쳐 변화를 이뤄내야 한다.

교회는 성도들이 매일 출근해서 일하는 일터를 간접적으로 목회할 수 있고 또 목회해야 한다. 교회는 창조 신학과 제자도 신학에 근거해 하나님이 창조하신 세상의 구원을 위해 일터에 관심을 기울이고 성도들과 함께 일터의 변혁을 추구해야 한다. 교회는 설교, 양육, 위로 사역을 통해 부단히 일터 성도들에게 하나님의 마음을 전달하고, 그들을 통해 일터에 복음의 메시지를 전해야 한다. 교회는 성도들을 통해 세상의 일터에 생명의 번영을 위해 일할 것, 불의에 저항하고 진실하게 일할 것, 돈보다 사람을 위해 일할 것을 가르쳐야 한다. 성도들은 자신의 노동이 하나님이 주신 소명임을 깨닫고 일과 신앙이 하나 되는 삶을 살아가기 위해 교회의 목회를 받아야 한다. 현재 일부 교회에서 일터 목회가 조금씩 일어나고 있지만, 체계적이고 전체적인 일터 목회의 개발이 시급하다.

교회는 성도들의 일터를 목회 대상으로 삼아 세상의 변화를 일으켜야 한다. 일터는 성도들이 하루 종일 일하는 곳이지만 현재 대부분의 교회와 목회자에게 목회 사각지대로 남아 있다. 교회 목회자들은 성도들이 일터에서 어떤 어려움을 겪고 있고, 신앙이 어떤 도전을 받고 있으며, 거꾸로 이러한 일터가 성도들을 어떻게 파괴하고 있는지 모르고 있다.

많은 성도가 일터에서 스트레스에 시달리고 있으며, 신앙과 삶이 일치되지 않고 분리되는 무의미성 속에서 허무하게 살아가고 있다. 대부분의 성도는 불신자들과 마찬가지로 일터에서 생계를 위해 피곤한 하루 일상을 보내고 있다.

성도들의 직장 생활이 이러함에도 불구하고 교회에서는 직장인 성도들을 위한 별도의 목회적 돌봄을 제공하는 사역이 활성화되지 않고 있다. 대부분의 성도는 교회로부터 일터에서 필요한 신앙 교육이나 돌봄과 같은 목회를 받지 못하고 있다. 최근에는 관심을 가지는 교회가 꾸준하게 늘어나고 있지만, 일터에서 고생하고 있는 성인 성도들을 위한 프로그램이나 성경공부는 여전히 부족한 것이 사실이다. 이러한 배경에는 교회의 양육 프로그램들이 성도의 구체적인 삶을 반영하기보다는 목회자의 판단과 결정에 의해 이뤄진다는 현실이 있다.

선교학자 한국일은 한국교회의 교육 프로그램들이 대부분 교회 성장을 지향하고 있다고 지적한다. 이 때문에 평신도들은 "자신의 진정한 소명에 근거한 사역을 알지 못하기 때문에 그의 열심과 노력 대부분이 종교적 범주에 머물고 있으며 세속적 관점에서 무의식적으로 길들여져 있다"고 비판한다.[1]

교회는 그동안 오로지 교회를 위한 프로그램과 목회에 치중해왔다. 일터와 같은 공적 세계를 목회 대상으로 삼아서 적극적으로 개입하려는 시도를 하지 못했다. 교회는 그동안 개인의 영적 구원에 목회를 집중하는 영혼 구원을 위한 '보수적' 목회에 치우치거나 사회 구원의 관점에서 정치적 사안에 목소리를 내며 시민사회 운동에 참여하는 '진보적' 목회 방식에 집중해왔다. '보수적' 목회는 성도와 교회가 처한 사회의 거시적인 관점을 결여하고, '진보적' 목회는 사람들의 영적 종교적 필요성에 민감하게 반응하지 못했다. 양쪽 모두 복음의 전인성을 제대로 구현하지 못한 것이 사실이다.

이제 교회는 양쪽의 목회 방식을 통합하고, 더불어 일상과 일터를 살아가는 성도들의 삶에 주목하고, 그곳에서 복음의 실제적 변화를 일으켜 복음의 능력을 증언하고 궁극적으로 세상의 변화를 이끌도록 적극 개입해야 한다. 일터는 성도들과 불신자들의 삶이 매일 전쟁 치르듯 일어나고 있는 곳으로 목회 대상으로서 충분한 가치를 가지고 있기 때문이다. 종교개혁자 루터가 성도들의 노동을 하나님의 소명으로 가르쳤지만, 교회는 성도들이 일터에서 어떻게 소명으로 일해야 하는

---

[1] 한국일, 『세계를 품는 교회: 통전적 선교신학』 (서울: 장로회신학대학교 출판부, 2015), 129.

지 등에 대해서는 전반적으로 무관심했다.

이제는 교회가 일터를 적극적인 목회 대상으로 삼아야 한다. 일상 세계가 의미 있게 변화되려면 일터를 변화시켜야 하기 때문이다. 교회는 일터의 변화를 목회의 목표 가운데 하나로 설정해야 한다. 이는 결코 쉽지 않다. 그러나 교회에서 충분한 양육과 돌봄을 받지 못해서 일터에서 방황하고 애쓰며 살아가는 성도들을 위해 일터 목회를 전개해야 한다. 박종석이 지적한 것처럼, 교회는 타락한 세상에서 힘들게 살아가고 있는 성도들의 삶에서 일어나는 실제적 이슈들과 질문들을 중심으로 '성인 교육'(Andragogy)을 펼칠 때가 되었다.[2]

II. 교회는 왜 일터에 관심을 가져야 하는가?

일터는 하나님이 창조하신 일반 은총의 세계를 유지·보수하고 발전시키는 엔진룸과 같은 곳이다. 영리 활동을 목적으로 하는 기업체나 공적 역할을 감당하는 정부, 지방자치단체, 비영리 기관 등이 모두 일터의 범주에 들어간다. 16세기 종교개혁 시기를 제외하고 교회는— 로마가톨릭교회 혹은 개신교회를 막론하고— 교회 안에서 선포되고 이뤄지는 영혼 구원의 특별 은총 사역에 집중하였지만, 교회 밖에 있는 일반 은총의 세계, 즉 일상의 삶에는 충분한 관심을 두지 않았다. 그러기에 교회는 당연히 성도들에게 필요한 사역을 적극적으로 개발하지 않았다.

---

2 박종석, "건강한 교회성장을 위한 SMG 양육 체계: 기독교대한성결교회를 중심으로," 「신학과 선교」 35: 6-7.

그러나 20세기 초부터 두 차례의 세계대전을 치르면서 유럽 교회들은 성도들의 일터에 관심을 두기 시작했다. 교회는 두 번의 전쟁을 신앙의 실패로 반성하고, 전쟁을 막고 평화로운 세상을 건설하기 위해 성도들이 일하는 현장에 교회가 개입하고, 신앙과 일을 통합해야 한다는 목소리를 내기 시작했다.

세계교회협의회(WCC)는 1925년 스웨덴 스톡홀름에서 열린 "삶과 일 컨퍼런스"(Life and Work Conference)에서 성도들의 신앙과 노동의 관계에 대해 논의했다. 1960년대부터 회자되기 시작한 평신도 운동의 영향은 로마가톨릭교회의 2차 바티칸공의회에서 일과 신앙의 통합을 강조하는 문서로 이어졌다. 복음주의 교회도 1974년 로잔언약에서 사회적 책임을 성도들의 신앙 생활의 주요 의제로 채택한 뒤, 일터에 대한 관심을 꾸준하게 키워 2004년 일터 신학과 사역에 대한 과제 보고서를 채택했다.[3] 이후 영어권 신학교를 중심으로 일터 신학에 대한 관심과 연구가 확대되고, 한국에서도 관련 주제의 책들이 번역·소개되면서 교회의 관심을 끌었다. 최근에는 사랑의교회(담임목사 오정현) 등 한국의 대형 교회들을 중심으로 일터에서 일하는 성도들을 대상으로 일터 신학 혹은 일터 신앙 프로그램들이 제공되고 있으며, 다양한 기관들이 직장 사역을 펼치는 등 일터를 향한 교회와 성도들의 관심이 늘어나고 있다. 그러나 아직 일터는 여전히 대다수 목회자에게 어렵고 생소한 영역이다.

모든 일터는 하나님이 창조하신 곳이다. 일터는 하나님의 모든 피조물이 먹고, 살아가고, 번영하는 삶을 누리기 위해 반드시 필요한 곳이다.

---

3 이효재, "일터신학이란 무엇인가?", 「목회와 신학」 399 (2022): 132-133.

일터는 모든 인간의 생명에 깊은 영향을 미치는 장소다. 그러나 우리가 현실에서 경험하는 일터는 흔히 부정적으로 비춰진다. 스트레스가 많고, 갈등이 끊이지 않고, 일찍 은퇴하고 싶은 세상을 대표하는 단어가 바로 일터다. 게다가 우리가 경험하는 세상의 위기는 상당수 일터에서 발생하고 있다. 우리가 간과해서 안 될 문제는 이러한 일터에서 성도들의 신앙도 부정적인 영향을 받고 있다는 점이다. 이러한 영향 때문에 교회도 어쩔 수 없이 직·간접적으로 세상 일터의 영향에서 자유로울 수 없다.

일찍이 독일의 조직신학자 프리드리히 고가르텐(Friedrich Gogarten)은 교회를 떠난 세상은 위험에 처할 것이라고 예측했다. 고가르텐에 의하면, 교회를 떠난 세상은 이 세상을 하나님이 맡기신 유산이 아니라 자신의 소유로 생각하게 될 것이다. 교회의 영향력을 벗어난 세상의 욕망을 제어할 수 있는 실질적 힘이 없어져 인간의 참 자유는 상실될 것이다. 그리고 문제가 많은 세상은 자기 스스로를 구원하려고 하지만 결국 통일성과 의미를 상실하고 혼돈과 무의미에 빠지게 된다.[4]

고가르텐의 예측대로 지금 세상 속 일터는 교회를 떠나 인간의 독자적인 영역으로 독립했다. 하지만 일터는 어떤 상담사의 표현대로 '정신병원'[5]과 같은 온갖 스트레스와 비인간적 현상들과 싸워야 하는 혼란스러운 곳이 되었다. 성도들은 이러한 일터에서 신앙을 잃어버리기도 하고 신앙을 지키기 위해 악전고투하고 있다. 성도들은 교회가 일터에 개입하기를 기다리고 있다. 일터가 구원받기를 바라고 있다.

---

4 김균진, 『현대신학 사상』 (서울: 새물결플러스, 2014), 323-325.

5 Martin Wehrle, *Ich arbeite in einem Irrenhaus*, 장혜원 역, 『나는 정신병원으로 출근한다』 (서울: 라이프맵, 2012).

일터의 구원 없이 하나님의 세계 구원은 불가능하다. 하나님의 구원은 일터의 구원을 통해 세상의 구원으로 완성된다. 성도들의 일터는 하나님의 구원 대상이며, 성도들은 하나님 나라를 위해 일터를 적극적으로 변화시키는 일에 참여해야 한다는 소명 의식을 교회가 심어주어야 한다. 교회는 세상과 다른 방식으로 존재하는 곳이다. 세상의 일터가 죄악으로 문제가 많다면, 교회는 일터에 교회의 존재 방식을 보여주며 구원의 길을 제시해야 한다.

교회는 일터를 목회 대상으로 삼아야 한다. 교회는 궁극적으로 세상의 구원을 위해 하나님께서 그리스도 위에 세우신 기관으로서 세상 구원을 위한 수단으로서 일터 구원을 적극적으로 추구해야 한다. 교회는 그리스도의 복음으로 구원받은 성도들을 통해 일반 은총의 세계인 일터가 그리스도의 사랑을 배우고 실천함으로써 생명으로 충만해지도록 도와야 할 책임이 있다. 이것이 바로 세상을 충만케 하라는 교회의 소명이다.

III. 일터 목회의 신학적 토대

모든 신학이 일터 목회를 위해 필요하지만, 특별히 창조 신학과 제자도 신학이 강조될 필요가 있다. 일터는 하나님의 창조 세계를 다루는 곳이기 때문에 일터가 하나님의 창조 목적에 부합한 역할을 충실히 해야 한다. 일과 일터는 하나님의 창조와 함께 인간에게 주어졌다. 인간이 창조되기 전에 창조되었던 세상은 인간에게 일터가 되었다. 인간은 이러한 세상에서 일하도록 소명을 받았다. 물론 인간이 노예처럼 일만 하기 위해 창조된 것은 아니다. 그리스도의 제자는 교회를 위한 제자를 뛰어넘어 세상을 위한 제자로 살아가는 '세속적 신앙 생활 방식'을 배우고 찾아내야 한다. 그리스도께서 가르쳐주신 사랑의 가치관을 구체적으로 적용할 수 있는 지혜를 발견해야 한다. 새로운 관점에서 세상을 발견하고 세상을 살아가는 방식을 신학적으로 제시, 전인적 구원보다 영혼 구원에 치중하고 교회의 사역 대상을 교회 안으로만 축소하려는 신학적 불균형을 시정할 필요가 있다.[6]

1. 창조 신학

하나님이 세상을 창조하신 이야기를 담고 있는 창세기 1-3장의 창조 기사는 세상이 어떻게 시작되었고, 어떻게 고통스러운 곳이 되었는지를 설명하는 목적만으로 우리에게 주어진 것이 아니다. 창조 기사는 성경 어느 곳보다 뚜렷하게 사람의 존재 목적에 대해 말하고 있다. 문화 명령으로 알려진 창세기 1:26-28은 사람이 다른 피조물들과 달리 하나님의 특별한 뜻을 위해 창조되었음을 선포한다.

하나님은 사람을 '하나님의 형상'으로 창조하셨다(창 1:26, 28). '하나님의 형상'에 대해 많은 해석이 제시되었지만 최근 고대 중·근동 지역의 고고학적 발굴 성과에 힘입어 하나님과 사람 사이의 관계에 대한 함의가 크다는 해석이 제기되었다. 이에 따르면, 사람은 하나님의 대리인으

---

6 부산 경남 지역을 중심으로 일상생활 사역을 펼치고 있는 지성근 목사는 교회가 영육이원론에 근거한 영혼 구원 중심의 전통적 목회 방식에서 벗어나 일상에서 벌어지는 일들과 이 일을 하며 살아가는 성도들에게 신학적 비전을 심어주고 섬기는 일상 신학을 발전시켜야 한다고 제안했다. 지성근, 『새로운 일상신학이 온다』 (파주: 비전북, 2022).

로서 세상에서 하나님 대신 세상을 관리하는 역할을 하는 주체로서 창조되었다.[7]

하나님은 사람을 창조하신 뒤에 이렇게 명령하셨다: "생육하고 번성하여 땅에 충만하라. 땅을 정복하라. 바다의 물고기와 하늘의 새와 땅에 움직이는 모든 생물을 다스리라"(창 1:28). 하나님은 창조된 사람에게 할 일을 주셨다. 생육하고, 번성하고, 충만하고, 정복하고, 다스리는 일이다. 이 다섯 가지 동사의 주어와 목적어는 모두 하나님이 부여하신 생명을 가진 살아있는 피조물들이다. 하나님이 사람을 창조하신 목적은 생명이 땅 위에서 번성하도록 돕는 것이다. 사람은 하나님이 창조하신 모든 생명이 번성하도록 다스리는 역할을 하라는 명령을 하나님께 받았다. 여기에서 번성하라는 소명은 수적인 증가 외에도 수적인 증가가 가능한 환경을 조성하는 것까지 포함한다.

오랜 세월 동안 기독교는 이 명령을 근거로 사람에게는 자연을 마음대로 지배하고 사용할 수 있는 권한을 주셨다고 오해하여 자연 세계를 대상화했다. 또한 사람을 계층과 계급으로 구분하고 차별 대우하는 사회 질서를 신적 의지로 믿었다. 그러나 민주주의의 발전과 환경 오염, 기후 위기라는 새로운 역사적 상황에서 신학자들은 이 명령을 사람에게 부여된 타자에 대한 우월적 지배 권한이 아니라 타자의 생명을 겸손하게 섬기기 위해 위임받았다는 생명 신학 혹은 생태 신학적 관점의 권한으로 재해석하기 시작했다.

대표적으로 마카엘 벨커(Michael Welker)는 '다스리라'는 동사를 억압적으로 지배하는(dominate) 것이 아니라 연약한 생명을 돌보라는

---

7 John H. Walton, *Genesis 1 as Ancient Cosmology*, 강성열 역, 『창세기 1장과 고대 근동 우주론』 (서울: 새물결플러스, 2017), 308-312.

(care) 하나님의 뜻으로 이해했다. 그는 하나님께서 사람에게 "모든 피조물이 서로의 관계 속에서 상대를 존재하게 함으로써 생명이 번성하고 유지될 수 있도록 돕는" 소명을 주셨다고 말한다.[8] 하나님은 창조 세계를 직접 관할하는 통치 방식을 사용하지 않으시고, 하나님의 대리인인 사람을 내세워 세계를 통치할 전권을 위임하셨다. 이렇게 사람은 하나님의 뜻에 따라 세계를 관리하고 발전시켜야 할 책임을 하나님으로부터 부여받았다.

우리가 지금 일터에서 하는 모든 일은 첫 사람인 아담과 하와에게 주신 일로부터 기원한다. 아담과 하와는 하나님으로부터 창조 세계라는 일터에서 생명 번영을 위해 일하는 소명을 받았다. 우리가 하는 일은 창조 질서의 중심을 차지한다고 해도 과언이 아니다. 크리스토퍼 라이트(Christopher Wright)는 인간의 노동 의미를 이렇게 해설한다: "창조 질서의 일부분으로서 우리 인간은 하나님을 찬양하고 영화롭게 하기 위해 존재하고 있을 뿐만 아니라 나머지 창조 세계도 그렇게 하도록 도와야 한다."[9] 우리가 하나님을 찬양하고 영화롭게 하기 위해서는 주일에 교회에 나가 예배를 드리거나 개인 경건의 시간을 갖는 것만으로는 충분하지 않다. 주중에 일터에서 하나님의 대리인, 즉 제사장으로 하나님의 뜻에 따라 일해야 한다.

창조 이야기는 아담과 하와의 순종으로 끝나지 않고 곧바로 불순종으로 이어진다. 이들은 에덴동산에서 땅을 경작하고 지키라는 하나님

---

8 Michael Welker, *Creation and Reality* (Minneapolis: Fortress Press, 1999), 13; 이효재, "일하는 그리스도인들의 일상을 담아내는 교회교육 프로그램 제안," 「기독교교육정보」 vol. 54 (2017), 288에서 재인용.

9 Christopher Wright, *Old Testament Ethics for the People of God*, 김재영 역, 『현대를 위한 구약 윤리』 (서울: IVP, 2006), 158.

의 명령(창 2:15)에도 불구하고 에덴동산을 사탄에게 내주고 말았다. 그들의 타락으로 인해 세상에는 악이 들어오고, 사람들 사이의 관계가 지배와 복종의 관계가 되고, 자연과 사람의 관계는 대결과 저항의 관계로 뒤틀렸다. 이 때문에 사람은 이마에 땀 흘리고 수고해야 먹고 살아가는 존재로 지위가 타락했다. 마치 스트레스 많은 우리 시대 일터 현실을 바라보는 듯하다.

그러나 창조 이야기는 하나님께서 사람에게 주신 노동의 소명을 취소하지 않았다는 사실을 알려준다: "여호와 하나님이 에덴동산에서 그를 내보내어 그의 근원이 된 땅을 갈게 하시니라"(창 3:23). 사람의 타락으로 노동은 기쁨에서 고통으로 변질되었지만 하나님은 사람의 생명이 지속될 수 있도록 에덴의 동쪽에서도 땅을 갈아서 먹고 살아가라는 노동 소명을 다시 주셨다. 죄로 인해 살기 힘들어진 세계에서도 사람은 생명이 번성하고 충만해지며 번영하는 삶을 살아야 할 노동 책임을 하나님이 부여하셨다.

교회는 창조 이야기를 성도들에게 전하면서 그들이 타락한 일터에서 갈등과 피곤과 스트레스 속에서 살아갈지라도 자신과 타인의 생명을 보존하고 번영하도록 일해야 하는 소명을 하나님께서 주셨음을 말해주어야 한다. 창조 이야기는 창조와 함께 죄로 얼룩진 세상에서 우리가 무엇을 위해 일하며 살아야 하는지를 깨우쳐 준다.

2. 제자도 신학

우리가 매일 살아가고 있는 경쟁 사회에서 나뿐만 아니라 타인의 생명의 번영을 위해 일하라는 하나님의 노동 소명에 순종하는 일은 결코 쉽지 않다. 타락한 우리 내면의 본성은 타인보다 내가 먼저 안전하고 풍요로운 삶을 살아야 한다고 충동한다. 일터는 이러한 충동이 매일같이 서로 부딪히고 갈등하는 곳이다. 다른 사람들보다 더 많은 돈과 힘을 얻기 원하는 일터에서 불의와 불법이 교묘하게 진행되고 있다. 그리스도인들은 이러한 일터에서 어떻게 '하나님의 형상'으로서 세상을 위한 하나님의 제사장 역할을 감당할 수 있을까?

그리스도의 십자가는 죄 아래 살아가던 우리를 새로운 피조물로 변화시키는 능력을 가지고 있다(고후 5:17). 십자가는 우리의 죄로 심판받을 수밖에 없는 영혼을 구원함으로써 타락한 세상을 구원하는 하나님의 지혜다. 십자가는 우리의 죄를 위한 그리스도의 희생과 사랑이다. 십자가에서 우리는 죄를 고백하고 용서를 받으며 죄 아래 살던 삶을 청산하고 의롭게 살아갈 것을 다짐한다. 신학자 김세윤이 지적한 것처럼, 십자가에서 선포된 칭의는 성화와 분리되는 사건이 아니라 항상 성화를 동반한다.[10]

그러므로 모든 그리스도인은 십자가 복음 안에서 그리스도의 제자로 부르심을 받는다. 십자가 복음을 믿고 받아들이는 사람은 "나를 따르라"는 그리스도의 요청을 거부할 수 없다. 그리스도인은 어디에 있든지 누구를 만나든지 그리스도의 제자로 존재한다. 그리스도의 십자가 사건은 죄 용서를 통해 우리를 윤리적 삶으로 소환한다. 그리스도인은 그리스도의 마음을 품고(빌 2:5) 그리스도를 따라 일터로 출근한다. 십자가 복음 안에서 그리스도인은 자유롭게 죄를 짓는 자연인의 신분에서 벗어나 하나님을 기쁘시게 하는 의로운 삶을 욕망하고 일터에

---

10 김세윤, 『칭의와 성화』 (서울: 두란노, 2014), 177-193.

서도 의롭게 일하려는 소망을 가지게 된다.

디트리히 본회퍼(Dietrich Bonhoeffer)는 그리스도의 제자로 살아가는 그리스도인은 일상적인 삶에서 이웃을 위해 자신을 포기하고, 타인을 위해 기도하고, 하나님의 이름으로 서로 죄를 용서하는 윤리적 행위 가운데 살아간다.[11] 그리스도의 제자는 자신의 목숨을 위해 타인을 희생하는 삶이 아니라 타인을 위해 자신의 희생을 감수하는 그리스도의 사랑을 삶의 원리로 삼는다. 그리스도 안에서 인간은 타자를 섬기는 성례전적 존재로 거듭 태어나기 때문이다. 교회 안에서뿐만 아니라 일터와 같은 교회 밖 일상 세계에서도 그리스도를 본받아 자기를 희생하는 사랑을 실천하는 존재로 자신의 정체성을 인식한다.

그리스도의 십자가를 삶의 중심으로 여기는 그리스도인은 배타적이면서 동시에 보편적인 생활 양식을 가지게 된다. "그리스도인의 삶은 세상 사람과 구별된 공동체 안에서 형성되고 실천된다는 의미에서 배타적이다. 동시에 그리스도인들의 일상적 삶은 인류 공동체 전체를 향한 하나님의 뜻을 확산시켜야 한다는 의미에서 보편적이다."[12] 배타적이면서 동시에 보편적인 그리스도인의 삶은 "서로 사랑하라"는 그리스도의 계명(요 13:34, 35; 15:12; 요일 4:10, 11) 안에서 수렴된다.

그리스도께서 말씀하신 사랑은 자신의 목숨을 죄인들의 구원을 위해 십자가에서 바치신 희생적 사랑을 본받는 아가페 사랑이다. 이 사랑은 교회 안에서 선포되는 십자가 복음에서 만날 수 있기에 교회의 배타적 사랑임에 틀림없다. 그러나 이 사랑은 교회 안에만 머물지 않고

---

11 Dietrich Bonhoeffer, *Ethik*, 손규태 · 이신건 · 오성현 역, 『윤리학』 (서울: 대한기독서회, 2010), 164.

12 이효재, "일하는 그리스도인들의 일상을 담아내는 교회교육 프로그램 제안," 291.

온 세상으로 확산되어 왔고, 계속 확산될 것이기에 보편적이다. 정부에서도 가정에서도, 일터에서도, 교회에서도 그리스도의 사랑은 삶의 목표이자 기준이 된다.

하나님께서 사람을 창조하면서 주셨던 노동의 소명은 그리스도의 사랑 안에서 재확인된다. 그리스도의 제자는 일터에서 자신의 성공이나 명예를 위해 일하지 않고 그리스도의 사랑으로 직장 동료들과 소비자들을 섬기도록 부르심을 받는다. 성공과 명예는 그 자체가 나쁜 것은 아니지만 노동의 우선적 목적이나 이유가 될 수 없다. 다만 그리스도가 보여주신 사랑으로 섬기기는 과정에서 하나님께서 주변 사람들을 통해서 주시는 보상, 즉 선물이다. 아무도 선물을 먼저 요구할 수 없듯이 그리스도인들도 선물을 위해 섬기는 척 일해서는 안 된다.

사람들 사이에서 사랑은 단순하지 않고 상대방에 따라 매우 복잡하고 신중하게 표현되어야 하는 것처럼, 그리스도의 사랑은 일터에서 무엇보다 합리적이고 현실적인 방법으로 전달되어야 한다. 그리스도의 사랑을 일터에서 실천하는 방식으로 정의, 공의, 자비 등 세 가지를 들 수 있다. 이 세 가지 미덕은 하나님이 세상에 사랑을 표현하시는 방식이자 하나님의 성품으로 자주 언급되고 있다.[13]

정의는 상대방이 마땅히 받아야 할 대접을 해주는 것이다. 사회나 직장에서 정의는 힘을 가지고 있는 사람에 의해 쉽게 훼손될 수 있다. 약한 자는 정의 실현을 요구하고, 강한 자는 정의를 무시하려는 유혹에 휘둘린다. 정의가 무너지면 가장 약한 사람이 가장 먼저 손해를 받는다. 정의 실현은 힘 있는 자가 약한 이웃을 사랑하는 가장 중요한 방식이다.[14]

---

13 일터에서 사랑을 실천하는 방법에 대해서는 필자의 졸저 『일터신앙』 (서울: TOBIA, 2018) 제2장 "사랑하라"를 참조하라.

공의는 옳지 않은 길을 걸어가는 사람이 옳은 길을 걸어가도록 지시하고 도와주며 함께 하는 사랑이다. 불의한 일을 비판하고 정죄하는 것보다는 불의한 일을 도모하는 사람에게 그 부당성을 설득하고 정의롭게 일할 수 있도록 함께 하고 도와주며 인도하는 사람이 진정한 리더다. 쉽게 일을 처리하려는 충동을 억제하고 사람을 중시하는 사랑의 마음은 공의로 표현된다. 능력이 부족한 사람을 해고하기보다는 능력을 키워주고, 재능을 발휘할 수 있도록 인내하고 조력을 제공하는 것 또한 공의로운 사랑이다.[15]

자비는 생존할 능력이 부족한 사람이 생존할 수 있도록 도와주는 사랑이다. 모든 사람에게는 이웃이 인간으로서 보편적인 가치를 보장받을 수 있도록 자신이 가진 것을 나눠야 할 의무가 있다. 경쟁과 능력이 강조되는 일터에서도 사고나 질병 등으로 인해 일할 수 있는 능력을 손상당한 사람들에게 자비를 베풀어 생존이 가능하도록 도와주어야 한다. 일터의 근본 목적이 생명의 번영이라는 점을 생각하면 능력이 떨어졌다고 조직에서 배제하는 것은 그리스도의 사랑을 무시하는 행위다.[16]

그리스도인은 정의와 공의와 자비를 일터에서 실천할 수 있는 지혜와 능력을 위해 기도해야 한다. 그리스도의 제자는 일터에서 그리스도께서 우리에게 주신 사랑을 동료들과 소비자들에게 비종교적인 표현 방식으로 어떻게 전달할 수 있는지 고민하고 구해야 한다. 그리스도의 사랑은 일터에서 하나님께서 우리에게 주신 노동 소명을 성취할 수 있는 길이다.

---

14 이효재, 『일터신앙』, 102-106.
15 위의 책, 107-111.
16 위의 책, 111-115.

Ⅳ. 일터 목회 사역

일터 목회는 특수 프로그램이 아니라 목회 일반으로 접근해야 한다. 즉, 목회자들과 평신도 지도자들은 다양한 일터에서 일하는 성도들에게는 일터 목회 방법을 사용해야 한다. 이 목회는 특수 목회이면서 동시에 보편적 목회이기도 하다. 일터라는 특수한 환경에 있는 성도들을 대상으로 한다는 측면에서 특수한 접근 방법이 필요하지만, 이들에게는 일반적인 목회자의 마음과 자세가 필요하다. 일터 목회는 단기간의 세미나 혹은 성경공부나 특강 등의 프로그램을 통해 단기적 효과를 기대할 수 없고, 측정할 수도 없다.

일터란 프로그램으로 변화시킬 수 있는 곳이 아니다. 일터에서 일하는 사람들의 의식과 감정과 의지가 변화되어야 조금씩 실제적 변화가 일어날 수 있다. 일터 목회에서는 장기적으로 성도들이 일터를 대하는 마음가짐과 태도에 변화를 가져오는 느린 흐름을 지속적으로 유지하고 관리할 수 있도록 도와주는 역할이 중요하다. 일터 목회는 '설교, 양육, 위로', 이 세 가지 수단을 동시에 사용해서 장기적인 안목으로 진행해야 한다.

1. 설교 사역

성도들의 삶에 가장 큰 영향을 미치는 목회 활동은 설교다. 설교자는 성도들이 일터에서 매일 경험하는 일들을 주제로 하는 설교를 통해 일터 성도들이 설교에서 자신의 삶을 재해석하고 일과 신앙을 일치시킬 수 있는 동기를 주어야 한다. 설교에서 다룰 수 있는 주제는 많지만 대략 열 가지 정도(일의 의미, 일터 현실과 소명, 일과 사랑, 일터 윤리, 소명 분별, 일터 영성, 일과 예배, 돈의 유혹, 인간관계, 일의 한계)를 다룰 수 있다. 이 주제들은 성도들이 일터에서 부딪히는 문제들을 다룬다.

목회자는 무엇보다 일터는 성도가 하나님으로부터 보냄 받은 소명의 현장임을 의식할 수 있도록 노동 소명을 주제로 반복적으로 설교하는 것이 우선이다. 일터 신학을 다루는 거의 모든 책이 노동 소명론을 중심으로 펼쳐진다. 일터 경험이 없거나 부족한 설교자들은 관련 서적들을 읽고 성도들과 대화하면서 그들의 피곤하고 힘겨운 일터 현실을 공감하는 능력을 키워야 설교가 이론에 그치지 않고 설득력을 가질 수 있다. 모든 설교가 그렇지만 특히 일터 성도들을 위한 설교는 그들의 삶에 대한 깊은 공감만으로도 위로가 된다.

노동 소명론만을 강조하면 현실에서 힘겹게 살아가는 성도들에게 죄책감과 부담감만을 주고 외면당할 수 있다. 인간의 죄악으로 타락한 일터 현실을 인정하고 그 안에서 하나님의 소명을 생각하고 실천하려는 열망을 심어주는 설교가 필요하다. 설교자는 신학적인 원리만 나열해서는 안 된다.

소명으로 일하는 그리스도인이 실제로 자신의 일터에 적용할 수 있는 신앙적 원칙이나 원리를 제시하는 것도 중요하다. 설교자는 성도들에게 그리스도의 제자로 그리스도의 새 계명에 따라 일터에서 사랑을 실천하는 삶을 살아갈 수 있도록 가르쳐야 한다. 일터에서 사랑을 어떻게 실천할 수 있는가? 정의와 공의와 자비를 자신의 업무에서 실천할 수 있는 창의적 방법을 스스로 찾아낼 수 있도록 설교는 도울 수 있다.

설교자는 또한 성도들이 일터에서 거의 매일 씨름해야 하는 윤리 문제가 무엇인지 이해하고 일터에서 책임 있는 신앙인으로 살아가는 윤리적 성찰을 믿음으로 할 수 있는 이론적 근거를 제시할 때 설교가 성도들의 삶을 구체적으로 담아낼 수 있다.

또한 설교는 성도들이 직장을 선택하고 이직하는 과정에서 무엇이 하나님의 뜻에 따른 결정인지 분별할 수 있는 가이드 라인을 제시할 때 성도들이 직업과 직장 선택에서 혼란을 피하고 확신을 가질 수 있다. 이직은 코로나19 이후 직장인들의 핵심 키워드가 되었다. 성도들 가운데 이직을 고민하는 분들이 있을 수 있다. 이직 과정에 교회가 함께한다는 인상을 줄 때 성도들은 교회에 더 깊은 신뢰를 가지게 된다.

일터에서 필요한 영성에 대해서도 설교자는 언급해야 한다. 실제로 매일 분주하고 피곤한 일터에서 믿음으로 살아가는 것 자체가 힘겨운 영적 싸움이다. 일터에서 올바른 결정을 하고, 사랑을 실천하고, 하나님의 뜻에 따르기 위해 어떻게 기도해야 하고, 어떻게 좋은 조언을 받을 수 있는지에 대해 친절하게 언급한다면 설교는 성도들의 삶을 풍성하게 만들어주는 훌륭한 은혜의 도구가 될 수 있다.

설교자는 교회가 일터와 분리되어 있지 않고 일터를 하나님의 나라로 확장하는 선교 기관임을 인식하고 성도들에게 교회와 일터의 관계에 대해 설교해야 한다. 이러한 설교가 선포되는 주일예배를 성도들은 사랑하고 소중히 여길 것이다.

이 밖에도 설교는 성도들이 일터에서 매일 도전 받는 돈의 유혹과 인간관계 문제, 워라밸 등의 현실적 주제들도 언급하면서 성도들의 삶 속으로 파고들 때 성도들은 설교를 자신의 삶에 적용하는 시도를 하게 된다. 성도들은 설교를 통해 일상의 세계를 통치하시는 하나님의 지혜를 어렵지 않게 배울 수 있다. 일터 신앙을 주제로 한 설교는 신학적인 근거와 본문에 대한 주석 외에도 일터와 일에 관한 최근의 동향을 반영한 통계나 사건 사고를 통한 현실 이해, 인문학적인 분석을 동반할 때 설득력이 있고 공감대를 형성하게 된다.

2. 양육 사역

일터 목회의 목표는 성도들이 각자의 일터에서 하나님이 주신 소명 의식을 가지고 일하도록 옆에서 버팀목 역할을 해주는 것이다. 일터 목회는 설교를 통해 하나님의 소명을 선포하는 것에서 시작해서 그 소명을 실천하도록 돕는 양육 과정을 반드시 동반해야 한다. 성도들이 일터에서 소명의 삶을 살아내는 것은 설교를 듣는 것만으로 충분하지 않다. 성도들이 일터에서도 그리스도의 제자로 일하는 구체적이고 현실적인 원리들을 가르치고 끊임없이 동기를 부여해야 한다. 소명의 삶은 오랜 훈련 과정이 필요하다.

일터 성도들의 양육을 위해서는 다양한 방법들이 활용될 수 있다. 일정 기간 정해놓고 신청자를 받아서 진행하는 세미나 혹은 성경공부 등의 프로그램이 많은 도움을 줄 수 있다. 그러나 일터 목회의 양육은 공부만으로 충분하지 않다. 성도들이 자신이 배운 신학적 성서적인 가르침을 자신의 삶에서 직접 적용하고 경험한 것들을 함께 나누는 공동체적 양육 프로그램이 필요하다. 공동체적 양육 프로그램은 소그룹으로 참여하는 성도들이 최소 1년 이상 만나 함께 공부하고, 서로의 경험을 나누고, 피드백을 주고받는 친교 과정을 중시한다.

성도들은 일터라는 환경을 서로 이해해줄 수 있는 분위기에서 서로 신뢰하며 자신의 실패와 좌절 경험을 나눌 수 있다. 목회자는 이러한 공동체적 프로그램에 깊숙이 개입하는 것보다는 공동체를 조직하고 모임이 안정적으로 지속될 수 있도록 기반을 마련해주면 된다. 이후 성도들이 자발적으로 프로그램을 만들고 지속할 수 있도록 뒤에서 지원하는 간접 개입의 자세를 취하는 것이 바람직하다. 성도들은 목회자들에게 자신의 치부와 실패와 고민을 공개하고 싶지 않을 수도 있다. 이 일은 성숙한 평신도 리더들에게 맡기고 목회자는 관심은 있지만 개입하지 않는 자세를 유지하는 것이 좋다.

아직 직장 생활을 시작하지 않은 청년들을 위해 각자의 직업과 직장 소명을 분별하는 프로그램이 필요하다. 결혼을 준비하는 청년 커플들을 위해 결혼 예비 학교를 운영하듯, 청년들이 하나님의 뜻에 따라 자신의 직업과 직장을 선택하는 기준을 신앙적 관점에서 제시해줘야 한다. 어느 정도 규모가 있는 교회는 청년들이 취업을 준비하는 과정에 필요한 것들(예를 들어 자소서 쓰기, 이력서 쓰기, 취업 관련 정보 구하기 등)을 개인별로 맞춤형으로 도움을 주는 취업 준비 프로그램을 운영하면 좋겠다. 청년들이 직장을 준비하는 과정에서부터 직장 생활을 시작하는 과정까지 소명 의식을 가진다면 어느 직장에서나 구별된 직장인으로 살아갈 수 있다. 일터 경험이 풍부한 교회의 장년 선배들은 청년들의 소명 분별과 취업 준비를 위한 좋은 자원들이다. 청년들이 직장에서 경험하게 될 문제들과 어려움들을 미리 알려주고 신앙으로 어떻게 극복하고 싸워나가야 하는지를 가르쳐준다면 불필요한 이직을 줄이고 의미 있고 행복한 직장 생활을 하는 데 많은 도움을 줄 수 있다.

일터 목회는 개인 가게나 중소기업 혹은 큰 사업체를 운영하는 고용인과 이들에게 고용돼 월급 받고 일하는 피고용인의 관점이 다르다는 점을 세심하게 고려해야 한다. 이들이 한 모임에서 양육을 받을 때 자칫 이익이 충돌되는 지점에서 갈등을 빚을 수 있다. 그렇다고 이들을 따로 분리해서 양육하는 것도 지혜롭지 못하다. 오히려 양측의 의견을 충분히 듣고 하나님의 소명 관점에서 서로의 고충과 책임을 이해할 수 있도록 각자의 입장을 존중하도록 분위기를 이끌어가야 한다. 목회자는 고용인 성도와 피고용인 성도들이 각자 다른 입장에 대한 이해를 강요하거나 합의를 유도하려 하지 말고 서로 의견을 나누고 경청하며 서로를 인정하려는 자세로 접근해야 한다.

양육은 단일한 결과만을 목표로 삼지 않는다. 오히려 성도들이 각자 자신의 입장에서 하나님의 뜻을 이해하고 실천하는 신앙적 노력을 기울일 수 있도록 돕는 것이 일터 목회의 목표다. 일터 목회의 양육 프로그램은 성도들이 일터에서 각자 하나님께 받은 소명을 자신의 스토리로 만들어 내는 것을 지원한다는 한계를 지켜야 한다.

3. 위로 사역

성도들은 일터에서 매일 스트레스에 시달리고 있다. 항상 신앙을 유지하기도 어렵다. 실수와 실패가 반복된다. 일터에서 성도들은 영적 정서적 상처를 많이 받는다. 일터 목회에서 성도 개인에게 가장 큰 영향을 미치고 도움을 주는 것은 정서적인 공감과 위로 그리고 따뜻한 격려의 말이다. 직장인들은 누군가로부터 인정받고 지지와 위로를 받고 싶어 한다. 설령 비난받을만한 일을 했다 하더라도 자신을 신뢰하고 공감해줄 수 있는 사람의 따뜻한 위로를 받았을 때 자신의 잘못을 솔직하게 인정하고 시정할 수 있는 용기를 얻는다. 위로 목회는 성도들을 연약하게 하는 것이 아니라 오히려 성도들을 강하게 세운다.

성도들은 흔히 일터에서 잘못한 일의 책임을 져야 할 경우 교회에 알려지지 않기를 원한다. 하나님 앞에 회개하기보다는 감추고 싶은 것이 죄인들의 인지상정이다. 자신이 소명을 감당하지 못했다는 죄책감을 단순한 윤리적 책임으로 바꾸려 한다. 목회자가 알 경우 자신의 잘못을 정죄할 것이라는 두려움이 앞서기 때문이다. 목회자는 성도가 일터에서 잘못한 일에 대해 정죄하기보다는 먼저 이해하고 위로하려는 자세를 보여야 한다.

목회자는 성도가 일터에서 하는 일에 대해 관심을 가지고 어려움은 없는지 물어보고, 의미를 부여하고 격려하는 긍정적 자세로 접근해야 한다. 이런 과정에서 성도와 목회자 사이에 신뢰 관계가 형성되고, 성도는 목회자에게 자신의 일을 더 많이 공유하고, 목회자는 성도의 일에 더 깊은 영향을 미칠 수 있다. 성도들은 일터에서 윤리적인 문제에 부딪힐 때 목회자의 말을 기억하고, 목회자에게 기도를 요청하는 등 영적인 도움을 받을 수 있다. 일터 성도들은 특별히 목회자로부터 자신이 직장에서 매일 하고 있는 일이 하나님의 대리인 혹은 제사장으로서 세상을 섬기는 일이라는 사실을 인정받을 때 신앙으로 일하고 싶은 강렬한 의지를 갖게 된다.

일터 성도들을 위로하는 사역으로 일터 심방은 상당히 효과적이다. 목회자들은 성도들의 일터를 주기적으로 심방하고 일터 주변에서 함께 점심 식사 혹은 저녁 식사를 하거나 차를 마시면서 자연스럽게 일터 이야기를 들어주는 기회를 가지길 바란다. 요즘 직장은 보안 문제로 외부인의 출입이 엄격하게 통제되지만, 가능하다면 잠시라도 성도가 일하는 사무실이나 영업장 혹은 공장 등을 방문해서 분위기를 파악할 필요가 있다. 성도들이 일하는 장소와 스쳐 지나가듯 만나는 동료들을 보면서 성도들이 어떤 상황에서 일하고 있는지 구체적으로 이해하고 분위기를 느낄 수 있다.

물론 목회자의 일터 심방을 부담스러워하는 성도들이 있을 수 있다. 이럴 경우 구태여 일터 안으로 들어가기보다는 주변에서 만나는 것으로 충분하다. 일터 심방은 가정 심방과 달리 말씀을 나누고 기도해주는 종교적 형식을 갖추기 어렵다. 목회자는 일터 심방에서 이런 부담감을 가질 필요 없이 성도와 자유로운 형식으로 만나면서 성도들의 이야기를 들어주기만 해도 된다. 일터 심방의 목적은 성도들에게 교회가 그들의 일터와 일에 관심을 가지고 있으며, 일터 성도들을 보호하고 위로하며 영향 미치기 원한다는 사실을 전달하는 것이다. 교회 안에서도 지속적으로 이런 메시지를 전달하지만 교회가 직접 일터 현장에 가까이 있다는 점을 상기시켜주면 메시지 전달이 더욱 힘을 받게 된다.

V. 교회가 일터에 전하는 메시지

교회는 일터 목회를 통해서 일터라는 세상에 메시지를 전달한다. 일터는 사적 공간이 아니라 공적 공간이다. 현대 사회에서 모든 일과 일터는 복잡한 네트워크로 연결돼 있어 서로 영향을 주고받는 공공성을 가지고 있다. 일터에서 만들어 내는 모든 서비스와 재화는 그것을 사용하는 사람들에게 직접적인 영향을 미치기 때문에 모든 직장인은 공적 존재다. 그 안에서 일하는 사람 또한 공적 인간이다. 그러므로 교회는 일터 성도들을 세상에서 공적 역할을 감당하는 사명자로 인식하고 그들을 통해 세상에 끊임없이 메시지를 전달하는 사명을 감당해야 한다. 교회는 설교와 양육과 위로 사역을 통하여 일터에 하나님의 뜻을 전달하는 사명을 게을리하지 않아야 한다.

교회가 전하는 메시지는 크게 세 가지다. 첫째, 생명의 번영을 위해 일하라는 것이다. 미로슬라프 볼프가 말한 것처럼 "번영은 생물체가 맞춤한 환경에서 번성하는 이미지"를 떠올리게 한다.[17] 번영은 하나님이 세상을 창조하실 때부터 의도하셨던 창조의 목적이다. 번영하는 피조물들은 창조주 하나님께 감사하며 찬양을 드린다. 하나님은 창조 세계가 번영할 수 있도록 조건을 만들어주셨고, 이 조건을 사용하는 방법을 율법으로 정해주셨다. 하나님의 율법은 생명의 번영을 이끄는 하나님의 지혜다.

하나님이 인정하시는 일터에서 생산되는 모든 결과물은 이 결과물을 사용하는 모든 사람의 생명이 번영하는 데 도움이 되어야 한다. 생명을 해치거나 부정적인 영향을 미치는 결과물을 생산하는 일은 거부해야 한다. 일터의 모든 생산 과정에서부터 생명의 번영이 전제되어야 한다. 이윤을 추구하는 영리 사업체는 자신이 시장에 공급하는 서비스와 재화가 소비자들의 생명에 긍정적인 영향을 끼칠 수 있도록 모든 생산 과정을 면밀하게 관리 감독해야 한다. 모든 일은 사람들이 안전하고 건강하고 행복하게 살아가도록 협력해야 한다. 이윤을 위해 타인의 생명을 손상시키는 일터와 일은 하나님의 뜻에 반하는 비신앙적, 비인간적, 비윤리적 도덕적 타락의 증거다.

둘째, 교회는 성도들을 통해 일터에서 불의한 일을 하지 말라는 윤리적 메시지를 던져야 한다. 복음은 진리 안에서 생명의 구원을 받는 은혜의 도구다. 그리스도의 복음 안에서 그리스도인은 하나님의 의인

---

17 Miroslav Volf, *Flourishing*, 양혜원 역 『인간의 번영』 (서울: IVP, 2017), 17.

으로 인정받았다. 그리스도인은 이제 죄의 종으로 살지 않고 의의 종으로 살아야 한다: "그가 우리를 대신하여 자신을 주심은 모든 불법에서 우리를 속량하시고 우리를 깨끗하게 하사 선한 일을 열심히 하는 자기 백성이 되게 하려 하심이라"(딛 2:14).

존 스토트 목사가 지적한 것처럼, 복음으로 구원받은 성도들은 "일을 하나님이 주신 선물로 경축하고 불의하고 억압적인 관행들이 있으면 그에 저항하며, 종종 타협이 이루어지는 일의 세계에서 사람들에게 진실하게 일하라고 요청하는 법을 배워야 한다."[18] 성도들은 일터에서 일어나는 부정부패에 저항해야 한다. 부정부패는 타인의 생명에 부정적인 영향을 미친다는 사실을 성도들은 잊지 않아야 한다. 교회는 성도들에게 일터에서 은밀하게 일어나는 불의에 동참하지 말 것을 요청해야 한다. 여기에서 한 걸음 더 나아가 끝내 불의를 저지르는 사람들을 고발함으로써 사회적 참사를 막아내는 일을 성도들은 두려워하지 않아야 한다. 이 일을 위해 성도들은 희생당할 각오를 하는 제자도 정신으로 무장해야 한다.

교회가 일터에 던져야 하는 세 번째 메시지는 돈보다 사람을 중시하라는 경고다. 특별히 이윤을 추구하는 영리 기업은 돈을 벌기 위해 사람을 희생하는 경우가 적지 않다. 신자본주의는 고용유연화 정책으로 직원 해고를 임의로 할 수 있게 했다. 또한 회사는 직원을 정규직과 비정규직으로 차별적으로 고용하고 위험한 일을 근무 조건이 열악한 비정규직에게 떠넘겨 끊임없는 산업재해의 위험으로 몰아넣고 있다. 많은 기업체에서는 사람이 돈을 벌기 위한 수단으로 전락했다.

---

[18] John Stott, *Issues Facing Christians Today*, 정옥배 역, 『현대사회 문제와 그리스도인의 책임』(서울: IVP, 2011), 247.

이윤을 내야 지속적으로 생존할 수 있는 기업에게도 돈은 수단이지 목표가 아니다. 우리에게 생명을 주기 위해 오신 그리스도(요 3:16)를 믿는 그리스도인은 돈을 맘몬으로 삼아서는 안 된다(마 6:24). 돈은 노동에 대한 보상으로 하나님께서 주시는 선물임을 교회는 가르쳐야 한다. 기업에서는 돈에 대한 유혹과 강조가 크기 때문에 더 많은 돈을 벌기 위한 무한 경쟁이 벌어지기 일쑤다. 청년들이 직장을 선택할 때에도 소명 의식보다 돈을 목표로 하는 경우가 많다. 그러나 돈은 아무리 많이 벌어도 만족을 주지 않고 갈증과 불화만 심화시킨다. 돈을 위해 사람을 희생하는 주객전도 현상이 기업에서는 비일비재하다. 교회는 이러한 현상에 제동을 걸고 모든 일터 종사자들이 소명 의식으로 일할 것을 촉구해야 한다. 그리스도인에게 돈의 세계는 은혜의 세계와 항상 대립한다. 자끄 엘륄이 요구하는 것처럼, 은혜의 세계에 속하는 그리스도인은 돈의 세계에 은혜를 관통시키기 위해 "나는 돈을 사랑하지 않는다"는 믿음을 분명하게 외부로 표현해야 한다.[19]

VI. 일터 목회 사례

1. 맑은물가온교회 ― 설교와 성경공부, 일터 심방 및 성도들의 반응

필자가 2017년 3월부터 2022년 10월까지 사역했던 맑은물가온교회(서울시 종로구 혜화동)는 일터 목회의 영향을 깊이 받았다. 필자가

---

[19] Jacques Ellul, *L'homme et l'argent*, 양명수 역, 『그리스도인의 선택: 두 주인, 하나님이냐 돈이냐』(대전: 대장간, 2010), 119.

이 교회의 담임목사로 청빙 받았던 이유도 교회 성도들이 일터 신학을 배우고 일상과 일터에서 그리스도인으로 살아가기를 소망했기 때문이다. 교회의 장로님은 필자에게 일터 신학을 일 년 동안 배운 경험이 있어 필자에게 담임목사 사역을 제안했다.

필자가 가장 역점을 둔 사역은 설교였다. 창조 신학과 십자가와 제자도 신학을 중심축으로 모든 설교를 준비했다. 특별히 설교에서는 신학적 전문 용어를 최대한 자제하고 평신도들이 일상과 일터에서 사용하는 비종교적 언어를 사용해 일상의 삶을 복음으로 해석하고 살아갈 수 있도록 말씀을 선포했다. 5년 반 동안 필자가 했던 설교의 키워드는 '십자가, 생명, 창조 세계, 삶, 가정, 소명, 일터' 등이었다. 성도들이 설교를 듣고 교회 생활뿐 아니라 가정과 일터와 시민사회의 일원으로서 하나님의 '왕 같은 제사장'으로서의 자기 정체성을 인식하고 살아갈 수 있도록 설교를 준비했다.

심방은 가정과 일터 양쪽을 병행했다. 코로나 기간에는 심방이 중단되기도 했지만 주중에 출근하는 성도들의 일터를 점심시간을 이용해 방문해 인근 식당에서 함께 식사하고 차를 마시면서 직장에 대해 대화를 나누고 기도를 해드렸다. 한 성도는 "직장 생활 20년 만에 직장을 방문해주신 목사님은 처음"이라면서 매우 반가워했다. 모든 성도가 일터 심방을 원한 것은 아니었지만 특별히 반대하지 않으면 성도들이 일하는 현장을 방문하고, 그들이 하는 일을 지지하고, 수고를 치하했다.

매년 일터 신앙을 주제로 4~6주 코스로 성경공부와 세미나를 열었다. 필자의 책『일터신앙』을 매주 함께 읽으며 토론하고, 자신의 직장 생활에 적용했다. 돈, 예배, 인간관계 등 현실적으로 성도들이 일터에서 겪고 있는 실제적인 문제들을 주제로 강의하고 토론했다. 양육 과정에서는 새로운 지식 습득 차원을 넘어 자신의 일터에 적용하고 일터의 삶을 어떻게 개선할 수 있는지에 역점을 두었다. 성도들은 마침내 자신의 일터 소명을 인지하고 구체적인 실천 지침을 스스로 마련할 수 있게 되었다. 필자는 성도들에게 자신의 일터에서 구체적으로 어떻게 소명을 정리하고 실천할 것인지를 자신의 문장으로 작성하도록 했다.

필자는 설교와 심방과 양육을 통해 성도들의 삶의 변화되는 것을 느낄 수 있었다. 건설업계에서 일하는 성도는 비리와 불법이 관행이 되어 버린 업계 현실에서 그리스도의 제자로 부끄러움 없이 살기 위해 불의에 타협하지 않으려고 애를 쓰게 되었다고 고백했다.

나이가 제법 많은 치과 의사 성도는 환자들에게 더 나은 치료 서비스를 제공하기 위해 주말을 이용해 3년 동안 세미나를 참석하는 등 최선의 노력을 했다. 해운회사 간부급 직원인 성도는 후배 직원들을 그들의 입장에서 이해하고 그들을 보호하기 위해 상사들에게 바른말을 아끼지 않는 용기 있는 선배의 역할을 항상 자청했다. 통신회사 간부인 성도는 사내 신우회장으로 섬기며 능력이 부족한 직원들을 돕고 배려하기 위해 야근과 철야 근무를 밥 먹듯 하는 자기희생의 직장 생활을 모범적으로 하고 있다.

이 밖에도 우체국 공무원, 지방자치단체 공무원, 학원 운영자, 보건소 간호사 등으로 일하는 성도들은 각자 맡은 자리에서 자신의 책임을 다하고, 탁월하게 일할 수 있도록 능력을 키우는 등 일터에서 그리스도인의 정체성을 잊지 않고 최선의 노력으로 섬기며 일하고 있다. 물론 최선을 다하지만 인정받지 못할 때도 있다. 인간관계로 힘들 때도 있다. 성도들은 일터에서 겪는 어려운 일들을 자유롭게 교회 안에서 서로 나누고 기도를 부탁할 정도로 교회와 일터는 분리돼 있지 않고 서로 소통하는 관계를 맺기 때문에 대부분 자신의 직업에 대해 자부심을 가지고 의미를 실현하기 위해 노력하고 있다.

2. 신반포중앙교회 '일하라' 공동체 ─ 성도들의 자발적 일터 목회 운동

서울시 서초구 잠원동 신반포중앙교회 장년 성도 여섯 명은 2021년 여름 '일터와 하나님 나라'(약칭 '일하라') 공동체를 구성하고, 교회 안에서 일하는 성도들을 섬기는 사역을 시작했다. 이철규 장로를 필두로 한 '일하라' 공동체 구성원은 기업체 임원, 변호사, 의사, CEO, 은행 임원 등 20~30년 이상 직장 생활을 해온 성도들이다. 이 공동체는 평소 일터에 하나님 나라를 심는 일에 관심이 많았던 이 장로가 일과 신앙이 일치되는 전인적 직장 생활을 소망하는 성도들과 함께 만들었다.

이들은 외부 강사 초청 세미나를 하는 등의 단발성 프로그램에 의지하기보다는 자신들의 힘으로 직장 현실 문제를 함께 고민하고, 공부하고, 기도하며 삶을 나누는 공동체 성격을 지닌 모임으로 진행하기로 했다. 이들은 일터 신앙을 다루는 책을 선정해 함께 읽고 공부하고, 자신들의 일터에 적용하며, 서로의 어려움을 위해 기도하는 신앙의 우정을 쌓아가고 있다. 일터에서 일어나는 일들을 신앙의 관점으로 성찰하고 서로를 격려함으로써 서로가 서로에게 선한 영향을 주고받는 다고 한다. 한 회원은 "회사에서 어려운 인사 문제가 발생했을 때 공동체에서 함께 공부한 내용을 실제적으로 적용해 신앙적으로 해결했다"고 말했다. 예전에는 회사와 조직을 우선 고려했던 직장 문화에서 벗어나 사람을 먼저 생각하니 해결책이 달라졌다고 한다.

이들은 주중에 매주 한 번씩 온라인 오프라인 병행 공부 모임으로 모이고, 한 달에 한 번은 오프라인으로 토요일 조찬 모임으로 만나 공동체 사역에 대해 논의하고 서로의 삶을 나눈다. 이 모임은 김지훈 담임목사의 적극적인 지지와 후원이 있어 가능했다. 일터에서 매일 살아가는 성도들이 성숙한 성도들의 도움을 받고 신앙으로 분투하도록 지원하는 것이 현실적인 목회가 될 수 있다는 김 목사의 배려가 있었다.

이 공동체 회원들은 4~8주짜리 세 개의 세미나 프로그램(기초반, 중급반, 고급반)을 마련해 공부하는 모임을 정기적으로 갖고 있다. 공동체는 자신들의 공부와 나눔을 교회에 확산하기 위해 노력하고 있다. 이들은 자신의 필요를 채움 받는 차원에서 끝나지 않고 직장에서 일하는 모든 성도와 청년들을 가르치고 섬기는 사역을 펼치는 성도 중심 일터 목회를 목표로 하고 있다. '일하라' 공동체는 당회에 사역을 보고하고 지원을 받아 프로그램들을 진행한다.

공동체는 2022년 여름에 청년부를 대상으로 4주 코스의 기초반 세미나를 진행했다. 공동체 회원들이 청년부 후배들을 직접 가르치고 자신들의 경험을 바탕으로 취업을 준비하고 있거나 직장에 갓 입사한 청년들의 어려움과 질문에 대해 대답하는 등 멘토 역할을 했다. 한 교회 안에서 직장 선배가 후배의 고충을 들어주고, 위로하고, 지혜를 나누는 훈훈한 모습이었다. 청년 참가자들은 이구동성으로 신앙인으로서 소명으로 일한다는 의미와 방법에 대해 깨닫게 되었다고 고백했다. 이들은 교회 안에서 일터와 일상의 문제를 진지하게 논의하고 도움을 받을 수 있었다는 사실에 무척 감사하고 지속적인 모임을 요구했다.

VII. 나가는 말

도시 지역의 교회는 도시 곳곳으로 흩어져 일하며 살아가는 성도들의 일터 현장을 목회지로 삼되 직접적으로 개입하는 목회가 아니라 간접적으로 개입하는 목회를 해야 한다. 교회는 주일에 교회로 돌아오는 성도들의 주중 일터의 삶에 귀를 기울이고, 그들이 그리스도의 제자로 살아갈 수 있도록 실제적이고 실천적인 방식을 제시하고 양육해야 한다. 일터는 성도들의 소명 현장임을 일깨우고 일터에서 영적인 삶을 살면서 불의한 일터를 하나님의 나라에 가까운 곳으로 변화시키는 역할을 하도록 끊임없이 가르치고 격려하고 위로해야 한다.

교회가 성도들의 일터에 지속적인 관심을 기울일 때, 일터는 교회의 영향을 조금씩 받게 될 것이다. 일터가 바뀌어야 세상이 바뀐다. 교회는 자기중심적이고 이기적인 경쟁에 시달리고 있는 일터 사람들에게 하나님 나라의 가치관인 사랑을 보여줌으로써 함께 번영하는 공동체적 관점을 심어주어야 한다. 현재 세계가 겪고 있는 위기들(환경, 기후, 전쟁, 가난 등)은 일터의 가치관 변화가 있어야 해결될 수 있다. 이 일의 중심에 교회가 나서야 한다.

교회는 각 교회의 현실과 성도들의 상황에 맞게 일터 목회를 개발해야 한다. 교회는 일터에서 힘겹게 살아가는 성도들의 삶에 귀를 기울이고, 그들을 위로하고, 세상 풍조에 따르지 않고 하나님의 소명으로 일하도록 가르칠 때, 세상을 충만케 하라는 교회의 소명에 충성할 수 있다.

문명 전환기의 지역 사회에서
마을목회가 나아갈 길
― 부천 새롬교회 사례

이원돈

부천 새롬교회 담임목사

이 글에서 코로나 문명 전환기 이후 마을목회와 선교가 한국교회의
목회와 선교의 대안이 될 수 있는가를 살펴보길 원한다. 이를 위해
코로나 문명 전환의 핵심 내용을 산업 물질문명에서 생명, 생태 문명으
로의 전환임을 규정해 보았다.

산업 물질문명의 출발점은 농민들을 토지에서 쫓아내고, 그들을
빈민화하여 원시적 자본을 축적하고, 이를 기초로 한 무한 생산, 소비,
폐기의 자본 운동이었다. 이 산업 물질 운동이 지난 200년간 지구촌의
자원을 약탈하였기에 이제 지구촌 문명이 산업 물질문명에 더 이상
견딜 수 없어 발생한 것이 바로 코로나 문명 전환기이다. 코로나 이후의
이러한 산업 물질문명에서 생태 문명으로의 전환의 핵심적 대안과
공간을 바로 인간과 자연과 사회가 상생 공존할 수 있는 마을이라고

보았다. 그리하여 마을목회의 핵심적 과제를 바로 마을 안에서의 창의적 공공 지대를 발견하고, 그곳을 돌봄의 생명망으로 묶는 '탈성장 시대'의 대안을 세우는 것을 새로운 문명 전환기의 교회와 목회와 선교의 출발점으로 본 것이다. 따라서 새로운 생명·생태 문명기의 마을목회의 핵심적 과제는 물질의 풍요가 아니라 관계와 돌봄과 생명을 풍요롭게 하는 마을 선교와 목회로 정의하며, 마을 생명 목회의 출발점을 "돌봄과 생명이 풍요로운 교회와 마을"로 삼았다. 그리고 탈성장, 탈종교 시대에 마을목회의 새로운 가능성을 추적하기 위해 "예수님의 갈릴리 공유지 치유 돌봄 사역"과 한국 마을목회에서의 "창의적 공유지에서의 돌봄 사역의 사례"를 제시하고, 최종적으로는 "마을목회 원탁회의"(2022. 9. 26.)때 발표한 "2022 마을목회 선언문"으로 "문명 전환기 지역 사회 마을목회가 나갈 길"을 요약하여 보았다.

I. 코로나 이후 마을목회와 선교가 코로나 이후 목회의 대안이다

코로나 이후 교계 뉴스를 살펴보자: "코로나 이후 마을목회와 선교가 코로나 이후 목회의 대안이 될 뿐만 아니라 '선교적 교회' 신학을 넘어 독자적 세계 신학으로 성장할 가능성이 있다"(노영상 교수).[1] "마을목회가 한국교회 추락한 이미지를 바꿔 놓고 있다"(정재영 교수).[2] "예전

---

[1] "마을목회, '교회와 사회 잇는 다리 될 것'," 「가스펠투데이」 2022년 1월 1일.
[2] 목회데이터연구소·실천신대, "마을목회, 한국교회 이미지 회복시킬 돌파구 될지도," 「기독일보」 2022년 7월 19일.

엔 교회와 기독교의 이름이 긍정적으로 작용했는데 이젠 교회나 기독교란 이름만 들어도 부정적으로 반응한다. 코로나로 인해 많이 어려워진 이 시기에 마을목회는 거의 유일한 돌파구라는 생각이 든다"(조성돈 교수). 우리는 이런 기사들을 심심치 않게 볼 수 있다. 목회데이터연구소가 19일 발표한 주간리포트 「넘버즈 제153호」는 실천신학대학원대학교 21세기교회연구소(소장 정재영 교수)가 지난 3월 24일부터 30일까지 목회자(목사, 강도사, 전도사) 507명을 대상으로 실시했던 "마을목회 인식조사" 결과를 소개했는데, 그 내용은 지역 사회를 섬기는 마을목회가 교회에 대한 부정적 인식을 바꿔 놓고 있고, 추락하고 있는 교회 이미지가 복음 전파의 길까지 막고 있는 요즘, 마을목회가 위기를 타개할 돌파구가 될 수 있을지 주목된다는 것이었다.[3]

II. 탈성장, 탈교회라는 문명 전환기의 도전과 생명 교회와 목회의 길

코로나 재난은 낡은 산업 물질문명 이후의 새로운 문명에 대한 상상력을 우리에게 요청하고 있다. 코로나 재난 이후 새롭게 등장하는 하나님 나라의 생명, 생태 문명은 근대 이성의 자아와 자기중심의 '소아'적 세계관이 인간을 물질의 노예로 만들어 코로나19 이후 자신과 타인뿐만 아니라 자연과 함께 지구촌 전체의 붕괴 위기를 가져오고 있다는 진단에서 시작되고 있다. 그러므로 코로나19 이후 우리 인간이 나가야

---

3 이원돈, 『코로나19 문명 전환기의 생명망 목회와 돌봄 마을』 (서울: 나눔사, 2022), 15.

할 길은 우리 인간이 개인과 자아 중심의 '소아'가 아니라 인간과 지역과 마을 그리고 자연계 모두가 어울리는 생태적 '대아' 중심으로 재편되어 개인과 이웃과 자연이 모두 상생 공존할 수 있는 생명·생태적 대안적 세계관으로의 전환을 요청하고 있다. 오늘에 있어 이 문명적 전환기에 산업 물질문명의 '소아'를 넘어서 생명·생태 문명이라는 '대아'로 넘어 가는 그 길을 배울 수 있는 좋은 장이 되는 곳이 바로 마을 공동체이다. 그러기에 다시 마을목회와 선교로서의 문명 전환기의 새로운 가능성을 찾아 나설 수밖에 없는 상황에서 우리는 코로나19 재난기에 자연과 인간 그리고 인간들 사이에 새로운 생태계로서 생명과 돌봄 마을을 강조하지 않을 수 없는 것이다.[4]

이처럼 오늘 코로나 재난으로 인해 생태 생명의 안전 체계에 대한 갈망이 높다. 『작아질수록 풍요롭다』라는 책은 우리에게 지구촌을 죽음으로 몰고 가는 산업 물질문명을 넘어 생명 공동체로 가기 위한 생명의 길을 제시한다. 이 책이 말하는 것은 우리가 함께 이 생명의 길을 가려면 우선 죽음의 길에 대해 분명히 깨달아야 한다는 것이다. 산업 물질문명의 출발점은 인클로저운동이고, 이 이행 과정에서 식민주의가 탄생하고, 그 결과로 기후 위기와 코로나 재난이 오고 있다는 것이다. 그러면 지구의 이러한 위기를 가져오고 있는 산업 물질문명의 출발점이 된 인클로저운동이란 무엇인가?

역사적으로 볼 때 봉건제 아래에서 영주와 귀족에 맞서 일어난 농민 봉기로 인하여 농민들은 상당히 자유농민화되었다고 할 수 있다. 이처럼 봉건제에서 농민 봉기로 코너에 몰린 영주와 귀족은 그 반격으로

---

4 황홍렬·이원돈 외, 『선교적 목회 길잡이』 (서울: 동연. 2022), 134.

300년에 걸쳐 농민을 땅에서 몰아내기 시작하는데, 우리는 그것을 '인클로저'운동이라고 부른다. 이러한 인클로저 상황으로 광대한 땅에 울타리가 쳐지고 농민들이 땅에서 쫓겨나면서 빈민과 유랑자가 양산된다. 이처럼 땅에서 쫓겨나 도시 빈민과 부랑자가 된 농민들은 산업혁명 시기에 공장주들을 위한 값싼 노동력이 되고, 이러한 소농의 붕괴와 빈민화는 산업혁명이라는 자본 운동의 원시적 축적이 된다.

또한 근대 서구의 베이컨과 데카르트 등의 사상가들은 이성과 과학의 이름으로 공유지와 공동체에서 농민들을 분리해 원자화하는 것을 합리화하기 시작한다. 근대 사상가 베이컨은 공유지와 공동체에서 농민을 분리시킨 것처럼, 자연도 마음껏 착취와 실험을 해도 되는 대상으로 전락시키는 사상을 전파한다. 이러한 사상으로 근대 서구 열강은 식민지를 개척하면서 그곳의 자연과 원주민들도 마음껏 수탈하고 학살할 수 있었다.[5] 이처럼 산업 물질문명은 사람과 자연을 공동체로부터 분리, 원자화하여 마음껏 수탈하며 무한 생산, 무한 소비, 무한 폐기의 대량생산 체제를 만들었고, 이 체제가 200년 이상 지속되자 이러한 수탈 체제에 더 이상 자연과 인간이 견디지 못하게 되었다. 이제 우리는 모두 30년 후에 올 기후 위기와 식량 위기 그리고 돌봄의 위기로 지구의 멸망까지 두려워하는 지경에 이른 것이다.

이처럼 근대 산업문명 운동의 출발은 반생명적인 인클로저와 식민주의다. 이러한 무자비한 약탈 공식은 바로 공유지의 붕괴와 식민화를 통한 무한 생산과 팽창 지속, 즉 물질 성장에 기반을 두고 있다. 물질 성장주의는 멈춤 없이 무한 복제되는 암세포 같아 오늘날 지구촌 붕괴

---

5 제이슨 히켈, 『적을수록 풍요롭다』 (서울: 창비, 2021).

의 주범이라는 것이다. 이제 우리가 자본의 역학 외에 주목해야 할 것은 정부의 역할이고, 그 핵심에 경제활동을 돈으로 환산한 GDP가 있다. 이 GDP는 경제활동이 유용한 지 혹은 파괴적인 지를 따지지 않는다. 숲을 망가뜨려도, 산재로 입원해도 GDP는 올라간다. 그러나 돌봄 노동인 텃밭 가꾸기, 집 청소, 노부모 봉양은 GDP의 수치로 계산되지 않는다.[6] 공동체를 세우기 위한 공동체 돌봄은 그림자처럼 무시하고 정부가 오직 시장과 기업의 무한 물질 생산만을 '숫자화'하고 찬양하는 것은 결국 맘몬의 논리이다.

이제 우리는 "탈성장의 상상력"이라는 주제로 "예언자의 상상력"을 발휘해야 한다. 구약성경에 등장하는 이집트제국이나 신약성경의 로마제국은 모두 성장 이데올로기에 중독된 제국이라 할 수 있다. 그리고 구약의 '야훼 운동'과 신약의 '예수 운동'은 모두 이 성장 이데올로기에서 탈출하는 '출애굽'과 '탈로마' 운동이었다. 그것은 바로 출애굽과 안식일에의 초대였다.

인류의 모든 문제가 바로 잉여물에서 나온다. 누군가는 이 잉여물 생산을 위해 강제 노동에 동원되고, 누군가는 그 남은 생산물을 저장해 놓고 독점하면서 쌓아둔 식량이 썩기 시작하듯 사회적 부패는 시작된다. 그리고 당연히 사회 구성원의 갈등이 자연스레 시작되는데, 왕-귀족-노예 같은 계급 갈등이 시작된 것이다.

구약성경 출애굽기에서 하나님은 광야에서 만나를 내리면서 하루 양식 이상을 저장하지 못하게 명령하셨다. 그 가장 중요한 이유는 하나님의 음식을 애굽의 바로 왕 소유의 대형 저장 창고에 쌓는 잉여 농산물

---

6 임종업. "칙칙한 16세기 도그마에서 벗어나자." 「한겨레신문」 2021년 10월 1일.

같이 저장하지 못하게 하려는 것이다. 하나님은 만나를 하루가 지나면 다 썩게 만들고, 안식일에는 아예 거두지 못하게 하셨다. 이것이야말로 '탈성장, 탈애굽, 탈로마' 운동의 핵심이다. 성경은 이렇게 예언자적인 운동을 말하고 있다. 성장 이데올로기로 사람들을 통제, 억압, 착취하는 '억누르는 질서'에서 탈출하고, 함께 아파하는 것, 고뇌하고 애통해하고 돌보며 대안 의식을 제시하고, 희망을 주는 것이 바로 예언자의 일이다. 그리고 이러한 탈성장은 안식일, 희년과 같은 신앙 공동체 개념이 보여주듯 '안식, 돌봄, 공유'와 같은 하나님 창조의 질서에서 드러난다. 우리는 이러한 성서적 탈성장 운동을 어떻게 구현할 수 있을까?

III. 탈성장, 탈교회 시대의 생명의 길은 창의적 공공 지대를 확보하고, 돌봄 공동체를 시작하는 데서 출발된다

한국교회의 성장기에 온 힘을 다해 "부자 되세요! 성공하세요!"라고 외치는 번영 신앙은 여기저기에 만연하였다. 그리고 교회는 예수 믿어 부자가 되었고, 성공했다고 자랑하는 '셀프 스펙', '셀프 웰빙', '셀프 힐링'의 공간이 되어 왔다. 이제 경제 성장과 교회 부흥의 속도가 느려지는 이 시점에서 지역과 마을과 함께 모든 것을 나누고 공유하는 창조적 공유 지대가 되지 못한 한국교회는 맛을 잃은 소금처럼 사회로부터 내쫓겨 짓밟히는 신세가 되어가고 있다.

이러한 배경에서 우리는 갈릴리에서의 예수님의 첫 사역을 살펴볼 필요가 있다. 예수님의 갈릴리 마을 사역의 출발은 바로 마을 한복판에 창의적 공공 지대를 만드는 사역이셨음을 쉽게 알 수 있기 때문이다.

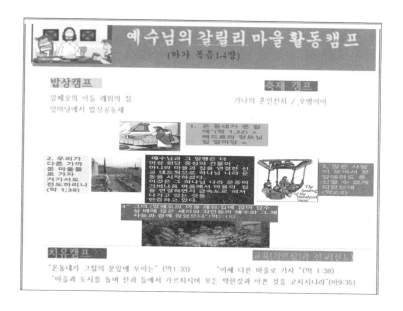

마가복음 1:33에서 예수님의 사역 이야기는 베드로의 장모의 집 앞에 "온 동네가 모이는"(막1:33) 치유 공동체가 펼치는 것으로 시작된다. 그리고 예수님 사역은 바로 알패오의 아들 레위의 집 앞 마당에서 밥상 공동체가 여는 것으로 전개되며, 그 후 예수님은 "이제 다른 마을로 가자 내가 그곳에서도 하나님 나라를 선포해야 하겠다"(막 1:38) 말씀하신다. 이처럼 예수님의 첫 사역은 갈릴리호수가 일대의 "마을과 도시를 돌며, 흙먼지를 일으키시며, 모든 약한 것과 아픈 것"(마 9:35)을 고치시고 가르치시고 돌보면서 마을 전체를 하나님 나라의 공유지로 삼는 것으로 구체화되기 시작한다. 예수님은 마을 곳곳의 공유지에서 활동을 시작하셨고, 이러한 하나님 나라의 공유지 운동이 시작되기 시작할 때 하나님 나라는 구체적으로 이 땅에 오고 있다고 선포된다.

여기서 마을 전체를 하나님 나라의 공유지로 삼는다는 말이 중요하다. 『탈학교 사회』를 쓴 교육학자 이반 일리치가 말한 바와 같이, "유럽에서 민중 생활의 토대로서 '공유지'(commons)는 지배자들이 초래한 수많은 전쟁 상황 가운데서도 적어도 중세 시대까지는 거의 훼손 없이 보존되어 왔다"고 한다. 그런데 이러한 공유지가 본격적으로 사유화되기 시작한 것은 사람보다 물량을 우선시하는 산업 물질문명(산업혁명)의 인클로저운동이 시작되면서다. 사람의 가치보다 생산 물량에 더 집중하는 인클로저운동으로 공유지를 중심으로 살던 중세 자유농민들의 자율적인 삶의 방식은 산업화와 함께 파괴되기 시작하였다. 공유지에서 쫓겨난 가난한 농민들은 도시의 빈민들과 부랑자들이 되면서 이들은 다시 산업 노동자로 전락한다. 그리고 산업 자본의 원시적 축적이 시작되면서, 이렇게 산업 물질문명의 전성기가 도래한다. 이러한 산업화 사회에서 우리는 마을에서 하나님 나라 운동을 시작해야 한다. 우리는 예수님의 갈릴리의 나사렛 회당에서처럼 가난하고, 포로되고, 눈멀고, 억눌린 자 등 모든 약한 자와 아픈 자를 고쳐야 한다. 그리고 예수님이 하셨듯이 마을과 지역 전체에서 치유 캠프, 밥상 캠프, 학습 캠프, 전도 캠프라는 공유지를 찾아야 한다. 우리가 새롭게 변하고 시작해야 하는 것은 그곳에서 다시 하나님 나라의 공유지 활동을 시작하는 것이다.

대부분 마을교회의 핵심적 사역을 보면 사실 예수님의 갈릴리 사역을 이어가고 따르면서 마을 공동체 안에 공유지를 만들고, 이 공유지를 중심으로 한 하나님 나라 마을 공동체를 만드는 일이었다. 1980년대 이후 전개된 마을목회의 핵심적 마을 선교 활동도 사실상 마을 한복판에 어린이집, 지역아동센터, 마을도서관, 마을카페, 마을협동조합 등을 세우는 일이었다. 마을 한복판에 세워진 이러한 하나님 나라의 공유지를 통해 가난하고, 포로되고, 눈멀고, 눌린 자에게 자유와 해방을 가져오는 하나님 나라 운동은 시작되었다.

이제 시간이 흘러 이러한 운동은 4차산업 시대에 사회적 경제, 공유 경제와 창의적 공유 지대로 더욱 구체화 되어야 할 상황에 이르렀다. 이러한 의미에서 이제 마을교회는 지역 사회와 함께 창의적 마을의 학습·문화·복지 생태계를 함께 만들어 나가야 한다. 이제 한국교회는 교회라는 공간을 넘어 마을의 도서관이나 지역아동센터, 지역 카페, 어르신 쉼터와 같은 마을의 '근접 공간', '사이 공간'으로 나가야 할 때다. 이러한 마을과 지역 사회의 근접 공간을 통해 공부방, 도서관, 복지관, 주민자치센터, 교회를 잇는 복지 교육 생태계가 조성되고, 지역, 마을, 도시 중심의 복지, 교육, 문화 생태계는 그물망처럼 서로 연결되어야 할 것이다.7

그런데 마을에서 이러한 교육 복지 공동체를 세우는 데 가장 중요한 요소가 바로 '사회적 자본'이다. 고도 성장기에는 우리가 각자도생으로 살 수 있었다. 하지만 고도성장 시대 이후 찾아온 저성장기에는 소유에서 공유 경제로, 돈벌이 경쟁에서 살림과 돌봄의 경제로 자본의 초점이 바뀌게 되었다. 이제 우리는 각자도생의 경쟁지가 아닌 창조적 공유지와 생태계를 우리의 마을 한복판에 만들 때 함께 성장하는 그런 시대에 살기 때문이다.

결론을 말하자면 이제 함께 행복하게 살기 위하여 우리는 모든 것이 사유화되고 시장화된 이 시대에 창조적 공유지들을 많이 만들어야 한다. 사람들은 이러한 공유지에서 즐겁고, 신나고, 행복하게 사는

---

7 이원돈, 『코로나19 문명 전환기의 생명망 목회와 돌봄 마을』(서울: 나눔사, 2022), 237.

새로운 창의적 상상력이 갖게 될 것이다. 우리는 이런 창의적 공공 지대가 바로 우리의 마을임을 깨달아야 한다. 여기에 덧붙여 필자는 무엇보다 한국교회가 바로 마을의 창의적 공공 지대가 되어야 한다고 생각한다. 사회적 경제와 마을이 만나려면 우리 교회는 마을 한복판에 창의적 공공 지대 만들어야 하는데, 그 과정 가운데 우리 교회 스스로가 먼저 마을과 협동하고 상생하는 창의적 공유 공간과 돌봄 공간이 되어야 한다.

IV. 탈교회, 탈성장의 대안: 돌봄의 창의적 공공 지대를 확보한 마을 마당(플랫폼) 교회

오늘 우리 목회 현장의 고민 중 하나는 성도들의 교회 이탈과 '가나안 성도'화라고 할 수 있다. 한국 사회와 교회가 고도로 성장하던 1970~80 년대 시기의 한국교회 영성을 두 가지로 표현하자면, '소유 중심' 그리고 '사적 욕망의 확장'이다.[8] 최근 코로나 이후 우리 사회와 교회의 흐름을 보자면 저출산, 고령화, 저성장 시대가 서로 맞물리면서 저임금과 소비 위축이 동반 작용하고 있다. 이렇게 수축화와 양극화가 가속화되는 저성장 수축 사회의 방향으로 급속도로 달려가면서 그동안의 고도 성장세는 꺾인 듯이 보인다. 치열한 경쟁과 갈수록 심화되는 양극화로 대표되는 한국 사회의 흐름 속에서 청년들은 '가족 피로증', '가족 기피

---

8 이 시기의 한국교회의 기도 내용은 주로 건강하게 사는 것, 사업 대박 나는 것, 아이들이 잘되는 것, 교회가 갑자기 부흥하는 것, 큰돈이 생긴 것 등이었다. 인생 대박과 인생 역전을 꿈꾸던 개발 시대의 부흥회는 우리 신앙인들도 땅을 사서 부자가 된 간증이 넘쳤다.

증'을 느끼기 시작했으며, 이런 청년들의 반응은 결국 결혼 기피와 저출산, '3포, 5포'로 연결되며 소위 말하는 헬조선 분위기를 만들고 있다. 이제 코로나 이후 우리 사회는 저출산, 양극화, 일자리 문제를 풀기 위해서 모든 짐을 가족에게 지우는 '선先 성장주의'적 산업화 방식을 넘어서는 것이 필요하다. 산업화보다는 정부, 마을, 도시 그리고 시민사회가 함께 이 시대를 함께 살아가는 공유-협동-공생의 생태계가 더 요청되고 있다. 이런 분위기 안에서 우리 교회에도 이제 개교회 성장지상주의를 넘어서 지역 사회와 공유-협동-연대하며, 공적 생명망을 짜는 생명, 생태 공동체로의 변화가 절실히 요구되는 시점이다.

이제 교회는 청년들에게 "그냥 교회에 일단 와보라!"라는 말보다 다른 어떤 구체적인 변화와 실천이 필요하다. 교회는 주님의 사랑 안에서 일자리 문제, '3포, 5포'로 상징되는 결혼, 출산 문제를 함께 고민해야 한다. 그리고 지역 사회 안에서 돌봄 교육을 구체적으로 실천하는 형태 중 하나인 '공동 육아'와 같은 창의적 공동 지대를 함께 마련하는 지점에서 교회와 사회의 변화는 함께 시작된다. 또한 교회가 어르신들의 고독사, 치매 문제 등 어르신 돌봄 문제에 발을 들여야 한다. 이제는 그렇게 교회가 돌봄 마을로 치유하는 공적 돌봄 마당이라는 창의적 공공 지대가 되어야 하는 시대다.

「아이굿뉴스」의 "'교회 오빠'는 가고 '신중년'이 뜬다"라는 기사에서 경기도 부천시 약대동에 위치한 부천 새롬교회가 지난 2019년부터 코로나 기간 동안 형성한 마을의 창의적 공공 지대(플랫폼)로서의 마을 교회의 사례를 기사화하고 있다.

부천 새롬교회는 노인들을 돌봄의 수혜자가 아닌 주체자로 세우기 위한 '신중년 아카데미'를 진행하고 있다. 이를 통해 신중년 세대가 도시농부가 되어 공동 텃밭을 일구고, 도시 재생 일꾼으로 지역 사회 돌봄 사역의 주체자가 될 수 있도록 훈련시키고 있다 …. 노인들이 멀리 떨어져 요양원에 가지 않도록 어르신들을 직접 '마을 복지사'로 키우기 위한 △요양사 교육, △독거 어르신 반찬 섬김 등도 실시하고 있다. 이원돈 목사는 "코로나 이후 교회는 교회 중심에서 벗어나 마을 중심으로 사역을 전개해야 한다고 말한다. 특히 신중년을 마을의 자존감을 높이는 인생 박물관으로 세울 때 교회가 지역 사회 내에서 다시 영향력을 발휘할 수 있을 것"이라고 기대했다. 또한 부천 약대동 새롬교회는 마을 심방과 어르신 건강 케어를 접목한 사역으로 '돌봄 마실'을 진행 중인데, 마을 심방이란 목회자와 간호사가 함께 심방을 돌며 마을 노인들의 영적, 육적 건강을 돌보는 사역이다.[9]

어르신들을 위한 이런 마을목회 활동처럼 아이들과 청소년들을 위한 돌봄 목회는 계속될 수 있다. 어린이와 청소년들을 만나 복음을 전할 때도 교회는 "일단 오라!"라는 구호를 넘어서야 한다. 그리고 마을의 작은 도서관과 청소년 마을 영화제와 같이 마을 문화와 아동, 청소년들을 연결하거나 교회와 학교 그리고 마을 공동체를 연결하여 정서, 감정, 가치를 함께 나누는 대안적 마을의 교육과 문화 마당과 교회 공동체의 연결이 필요한 때다.

또한 코로나19 사태로 인한 오늘날 디지털 종교개혁은 건물 중심의 신앙 체제를 무너뜨리고 다양한 참여와 실천을 할 수 있는 신앙의 해방을 요청하고 있다. '대면 예배'와 '비대면 예배'가 공존하는 이른바 하이

---

9 "교회 오빠는 가고 '신중년'이 뜬다," 「아이굿뉴스」 2022년 7월 5일.

브리드 사역이 새로운 목회 패러다임으로 제시되어야 할 때다. 이를 위해 온라인 디지털 생태 문명의 전환기에서 교회의 정체성은 건물을 넘어서 그리고 개인 구원만의 울타리를 넘어서 사회-자연-생태 구원까지 그 영역을 확장해야 할 것이다. 이를 위해 새로운 성서 읽기, 새로운 돌봄과 문화에 기초한 지역 인문학 연구가 필요한데, 이런 과정을 실천하기 위해서는 마을과 교회를 온-오프라인으로 연결하는 마을의 플랫폼 마당 교회 운동이 절실히 필요하다.

그런데 여기서 우리 신앙 공동체들이 새롭게 보아야 할 점이 있다. 과거에는 시장, 상품 자본이 우리 사회 마당(플랫폼)의 중심을 이루었다면, 앞으로는 사회와 공동체가 공유 네트워크화된 "사회적 자본과 마을의 플랫폼(마당)"이 창의적 공공 지대로서 지역의 새로운 거점이 될 것이라는 점이다. 여기서 우리는 새로운 도전과 희망을 품을 수 있다.10

이는 마을 플랫폼의 핵심이 시장 자본에서 공동체와 사회적 자본이 되어야 함을 의미하며, 우리 마을 공동체와 교회도 이러한 마당(플랫폼)에 적극 참여해야 함을 의미한다.

그러므로 코로나19 한국교회의 나갈 길은 이러한 문명 전환적 시대의 과제를 생명–생태적 하나님 나라 신학으로 통합해 나가면서 그동안의 자폐된 건물 목회 시대를 끝내는 데서 시작할 수 있다. 다시 말하면 이제 마을목회와 마을 신학을 마을 마당(플랫폼)의 관점에서 재구성하고 새롭게 펼쳐나갈 시기다.

이러한 시대 상황 속에서 부천마을목회협동조합의 임종한 교수는 이 시대는 교회 모델의 전환이 필요하다고 강조하며, "모이는 교회에서 지역 사회 공동체의 위기, 생태계 위기를 극복하는 선교와 돌봄의 교회로 전환해야 한다"고 강조한다. 지금 부천마을목회협동조합은 부천의 5개 마을과 함께하는 '마을 소문화 축제'를 준비 중이다. 아울러 건강 사업, 돌봄 리더, 건강 리더 양육 프로그램 공유, 어르신 돌봄을 위한 다양한 기획을 검토 중이다.[11]

---

10 사회적 자본(Social Capital)이란 신뢰, 협동, 연대, 참여, 규범, 네트워킹 같은 공동체가 서로 신뢰하고 소통하고 협동하게끔 만드는 자본을 의미한다. 이러한 사회적 자본은 또래, 같은 인종, 같은 종교와 같은 다른 지역, 외부인 등과 열린 생태계에서 소통하고 협업할 수 있도록 '연결(Bridging) 사회적 자본'과 '관계(Linking) 사회적 자본'의 플랫폼으로 확장될 수 있다. 우리는 이러한 사회적 안전망과 사회적 자본의 기초 위에서만 새로운 대안 공동체를 그려 나갈 수 있다. 오늘 한국 사회와 마을 공동체 붕괴는 사회적 자본과 사회적 안전망과 밀접한 연관이 있다. 이러한 불행 사회 탈출의 대안적 핵심이 바로 '사회적 자본'과 '사회 안전망'의 재구축에서 시작되어야 할 것이다. 이처럼 마을을 복지생태계로 만드는 과정에서 마을은 화폐 자본을 추구하는 것이 아니라 서로 소통하고 협동하여 마을의 신뢰 네트워크를 형성해야 한다. 사회적 자본으로서 마을은 돌봄, 신뢰, 소통의 창조적 공유지가 되어야 한다.
11 "함께하면 더욱 풍성한 협동조합 운동," 「가스펠 투데이」 2022년 11월 14일.

V. 한국교회의 역사가 보여주는 마을교회와 마을목회의 가능성

성공회대 양권석 교수는 기독교 인터넷 신문 「에큐메니안」에서 다음과 같이 말한다:

지금 한국 개신교 교회의 각종 모임과 프로그램은 신자를 데려오거나 붙잡아 두기 위한 교회 유지와 성장의 수단이다. 풀어서 말하면, 교회 내부의 체제와 질서의 유지 문제가 교회의 공적, 사회적(선교적) 책임 문제와 정면으로 충돌하는 상황이 발생하고 있다. 한국교회가 가지고 있는 교회론과 하나님의 선교 의지가 충돌하는 상황이다. 물론 제도 교회로서 이러한 교회의 제도 유지하는 점의 필요성을 전적으로 무시할 수는 없지만 자유롭게 사유하고 책임 있게 행동하는 시민-신자가 되기 위해서는 교인 개개인이 자유로운 성찰적 주체가 되고, 책임 있는 관계적 주체가 되며, 이는 공동체로 이르는 길 즉, 만남, 성찰, 치유, 연대로 이어져야 한다."[12]

오늘 한국교회의 가장 큰 위기는 교회를 건물 이상의 교회로 상상해 본 적이 없다는 것이다. 만일 아직 한국교회가 건물 넘어 지역 사회와 함께했던 경험이나 상상력이 부재하다면, 코로나 이후 한국교회의 위기 탈출구가 잘 보이지 않을 수 있다.

한국교회의 역사 속에 그동안 주변부로 자리매김을 받아왔던 '민중 교회 운동'이나 '작은 교회 운동'에서는 교회가 처음부터 건물이 아니었

---

12 양권석, "한국교회의 위기는 팬데믹 때문이 아니다." 「에큐메니안」 2021년 8월 12일.

1. 한국교회의 역사가 보여주는
마을 교회와 마을 목회의 가능성

다. 민중교회나 작은교회는 처음부터 지역 사회와 함께하였고, 마당이었고, 마을의 플랫폼이었다. 마을목회가 본격적으로 등장하기 전에이미 우리 한국교회의 역사에는 처음부터 지역 사회와 함께하고, 마을의 마당이 되고, 플랫폼이 되던 자랑스러운 공동체적 역사가 있었다.

한국교회의 역사를 마을교회의 교육과 선교의 입장에서 다시 돌아보면 1980년대부터 본격적으로 시작된 민중교회의 마을 교육과 선교는 이미 '마을 마당'으로 출발되었음을 발견할 수 있다. 이러한 시각에서 1987년 민주대항쟁과 1997년 IMF까지 한국교회의 선교 역사를 보면이러한 급격한 사회 변혁기마다 한국교회는 민중 선교에 기초하여마을 속으로 본격적으로 들어갔다는 것이 눈에 띈다. 1980년대 공단과빈곤 지역에서부터 "가난한 노동자의 아이들도 건강하고 즐겁게 생활하고 배울 권리가 있다"는 희망이 퍼지기 시작했다. 이런 지역에서마을 탁아소들이 설립되었고, 여기서 성장한 아이들이 초등학교에들어갈 무렵에 출발한 지역 '공부방' 운동이 일어나기 시작했다. 이런 운동들을 주도한 사람들은 누구였는가? 바로 공단과 빈민촌의 마을교회를 다니고 있었던 젊은 여성 교인들 그리고 기독교 여성 마을 활동가들이었다. 당시 지역 탁아소와 공부방 운동은 대부분 마을에 자리 잡은 마을 민중교회에서 시작되었는데, 이러한 교회와 탁아소, 공부방의 연결고리는 한국 지역 사회 복지와 교육의 중요한 전달 체계를 확보하는 데 큰 영향력을 끼쳤고, 오늘날 지역과 마을을 대상으로 하는 사회복지 활동의 맹아라 할 수 있다.13

특히 1997년 IMF 구제금융 이후 실업 극복 국민 운동과 자활 운동 등은 각 도시와 마을에 있는 작은 마을교회와 시민단체에서 운영하던 노동 복지 단체 및 지역의 복지 단체들을 중심으로 활발히 전개되었고, 이러한 실업 극복 운동과 자활 사업은 당시 지역에 뿌리를 내리고 있던 민중교회들을 통해 IMF 외환위기 이후 한국교회의 지역 복지 운동에 커다란 전환의 계기를 마련하였다고 평가되고 있다.14 1970~80년대 광주민중항쟁에 영향을 받아 1986년과 90년대 이어간 전국 도시의 빈민 마을, 산업 현장, 농촌 교회에 100여 곳의 민중교회가 세워졌다. 1980년대 민중교회의 탁아소, 공부방과 함께 마을 운동이 일어났고, 이 운동은 1990년대와 2000년대에 이어져 마을교회, 마을 도서관, 지역아동센터를 연결하며, 마을과 도시를 잇는 평생학습 공동체와 마을 만들기의 꿈으로 실천되었다.15 이러한 마을 운동의 흐름은 전국

---

13 이원돈, "코로나 이후 한국교회의 복지선교, 돌봄 복지와 돌봄 마을로," 「기독교사상」 753호(2021. 9.).

14 이처럼 1987년 이후 민중교회들은 작은 마을 교회 혹은 지역 교회를 꾸리며 마을 단위에서 분투하는 가운데 그 분야에서는 의미 있는 공동체를 만들어갔지만, 사회 전체적으로는 인적·물적 자원을 가지고 있는 보수적 교권 세력들이 한국교회를 과잉 대표하게 되었고 교회의 지역과 마을 복지 활동은 과소평가되고, 점차 힘이 위축되어 갔던 것이다.

적인 마을 만들기 운동과 연결된 도시형 농촌형 마을교회들의 등장으로 연결되었다. 그리고 결과적으로 2016년 3월 11일 "예장 총회 지역 마을목회 컨퍼런스"에 참여한 예장마을만들기네트워크 목회자 일동으로 마을목회 선언문이 발표되기에 이른다.

이러한 상황 속에서 〈생명과 평화를 여는 2010년 한국그리스도인 선언〉이 나오게 되는데, 이는 한국교회의 일각에서 본격적으로 "한국교회 생태계의 위기" 문제를 생명 신학적 담론의 관점으로 성찰하기 시작하였음을 의미한다. 한국교회의 이러한 생명 신학적 담론은 2013년 '작은교회박람회'를 거치면서 "탈성장 시대의 대형 교회의 신화의 붕괴", "가나안 성도의 출현" 그리고 "작은교회를 지향하는 새로운 생태계의 등장"을 예고하는 신학적 토론 과정을 거친다. 그리고 다섯 번의 작은교회박람회를 거치면서 2017 종교개혁 500주년에 이르게 된다.

이제 작은교회 운동은 2017 종교개혁 500주년을 맞아 탈성장, 탈성직, 탈성별의 교회론을 정립한 이후 『한국적 작은교회론』[16]이라는 책을 발간한다. 종교개혁 500주년 전후의 다섯 번의 작은교회박람회를 통한 작은교회 운동은 한국교회의 교회론적 반성을 촉구하면서 한국교회 대다수를 차지하는 작은 교회의 생태적 중요성을 일깨웠을 뿐만 아니라 탈성장 시대 한국교회의 나갈 길을 제시한다. 더불어 이러한 논의와

---

15 이러한 마을교회의 이야기를 부천의 약대동의 경험으로 잠깐 소개하면, 부천의 약대동을 출발로 처음의 4~5개의 지역아동센터가 20~30여 개 그리고 최근 60여 개로 확장되어가는 지역아동센터의 변화를 보이면서, 2000년 이후의 시기에는 부천의 시민사회를 중심으로 작은 도서관 운동이 일어나 마을마다 13개의 작은 마을 도서관이 형성되고, 작은 마을교회와 마을 도서관 그리고 마을의 지역아동센터의 중요성과 네트워크를 생각하게 되었다. 이원돈, 『마을이 꿈을 꾸면 도시가 춤을 춘다』(서울: 동연, 2011), 122-144.

16 생명평화마당, 『한국적 작은 교회론』(서울: 대한기독교서회, 2017).

1980년대 공단과 빈곤 지역과 마을의 탁아소들과 지역 '공부방'운동의 주도적인 역할을 한 사람들이 바로 공단과 빈민촌의 마을 교회를 다니고 있었던 젊은 여성 교인들이었고 또한 기독교 여성 마을 활동가들이었다는 것이다.

마을공동체 운동의 원형을 찾아서

1. 마을 복지 생태계
어린이집 / 공부방 / 어르신 꿈터
지역주민 도서관

움직임은 새로운 작은 교회의 생태계로 마을교회의 가능성을 열어준 중요한 한국교회사적 신학 사건이었다.

VI. 코로나 재난 이후 마을목회가 나아가야 할 길!

1. 탈성장, 탈종교 시대의 마을 마당으로서의 교회

교회의 변화는 바로 마을 단위와 같은 작은 단위로부터 협동과 자치의 생명 생태 공동체를 만드는 것으로 시작해야 한다. 이를 위해 마을교회는 봉사 중심적 교회로서 작지만 영향력이 있는 영적 돌봄망과 지역 사회에 학습·문화·복지 생태계를 만들어 지역과 마을의 생명, 치유, 화해를 도모하는 하나님 나라 선교를 강화해야 한다. 팬데믹 이후 우리 스스로가 마을 단위에서 서로를 돌보는 공동체를 만들지 못한다면 우리 모두는 재난의 여파로 붕괴될 수도 있을 것이기 때문이다. 팬데믹 이후 우리는 돌봄 마을로 서로 도우며 살 수밖에 없다. 팬데믹 이후 한국교회는 교인 수와 재정이 약 30% 감소하는 추세를 보이고 있어 교회의 생존 자체가 관건인 상황이라고 할 수 있다. 이러한 때에 교회와 지역 마을과의 새로운 상호 돌봄적 연대와 상생의 네트워크를 어떻게 형성하는지가 코로나 이후 교회의 생존과 관련된 중요한 요소가 되었다. 지역과 마을 돌봄의 실천이 교회의 가장 중요한 과제로 다가오고 있다는 것이다.

코로나 이후에는 병원도 시설 중심이 아니라 '마을 왕진'을 하며 서로를 돌보고 치유하는 '커뮤니티 케어', 즉 마을 공동체 돌봄 치유 시대에 맞추어 변화하고 있다. 다시 말해 어르신들이 시설에서 치료받는 것이 아니라 살던 집에서 돌봄을 받고, 마을 공동체 단위로 질병 예방과 치료를 준비하는 돌봄 마을 공동체를 부각시키고 있다.

병원의 변화와 같이 우리 교회도 같은 방식으로 변화가 필요하다. 더 이상 건물 중심으로 모이는 교회를 넘어 마을 곳곳으로 움직이고 이동하는 마을의 돌봄 캠프가 되어야 한다. 그리고 마을을 심방하며 생태적·건강적·문화적·영적 돌봄 공동체(커뮤니티센터)로 변화할 때다.[17] 이러한 상황에서 팬데믹 이후 한국교회 복지 선교의 새로운

---

17 이원돈, 『코로나 19 문명 전환기의 생명망 목회와 돌봄 마을』(서울: 나눔, 2022), 72. "우리 마을교회들이 나가야 할 새로운 마을목회의 방향은 새로운 방향은 산업 물질문명을 넘어서는 생명 생태 문명의 방향이다. 지금 전 지구적 생명 위기는 우리로 이를 극복할

출구는 교회와 지역 사회와 마을이 서로 돌보는 돌봄의 연대체가 되는 길에 있다. 이 생명의 돌봄 연대체가 시작되는 지점은 사도 바울이 로마서에서 "이는 그리스도 예수 안에 있는 생명의 성령의 법이 죄와 사망의 법에서 너를 해방하였음이라"(롬 8:2)라고 말한 것처럼 생명의 교회와 목회에 있다.

2. 탈성장, 탈종교 시대의 창의적 마을 공유지로서의 돌봄 마당

돌봄이란 물이나 공기처럼 일상이 완전히 멈추지 않도록 사회를 작동시키는 원동력이다. 사람은 돌봄이 있어야만 사람답게 살아갈 수 있다. 영어의 care가 "보살핌, 관심, 걱정, 슬픔, 애통, 곤경"을 의미한다. "생명체의 요구와 취약함을 전적으로 돌본다는 것, 그래서 생명의 연약함과 직면하는 것"은 "어렵고 지치는 일이 될" 수밖에 없기 때문에 개인이 아니라 사회 전체가 생존의 근본 요구로 이를 떠안아야 한다. 그래서 이제 우리 사회와 교회와 마을이 이 돌봄을 한 개인에게 미루지 않고 사회 전체가 재난 이후 이 돌봄 시대적 욕구를 사회와 공동체 전체로 이를 떠안을 때 지구와 우리 마을과 도시를 살릴 수 있다.[18]

돌봄의 '주고받는 일'은 관심, 애정, 실질적 도움, 감정적 지지, 도덕적 유대를 주고받는 일이다. 돌봄은 가족, 지역, 사회를 끈끈하게 연결하며 우리가 어떻게 살아야 하고, 우리가 누구인지를 알려주는 또 하나

복음 선포의 사명감을 심각하게 자각하고 한국을 물론 전 세계를 향해 하나님이 창조하시고 번성하라고 하신 생명 공동체·생명 문명의 출발점으로 마을목회를 요청하고 있다."

[18] "자본주의가 낳은 모든 모순에 대한 해답의 출발점, '돌봄'," 「프레시안」 장석준 칼럼, 2022년 12월 16일.

의 서사를 제공한다.[19]

『레디컬 헬프』라는 책은 영국의 복지 사회 시스템이 붕괴되었다는 진단을 내렸다. 영국의 복지 사회, 복지 국가의 방향성은 산업화 시대의 대량생산 시대처럼 사람을 돌보고 있다고 지적하면서, 여기에는 사람의 참여, 관계, 공동체가 결여되었다는 것이다.[20] 또 4차 산업혁명 시대에는 로봇이 인간을 대체할 것이라고 말하지만, 인공지능이나 로봇이 돌봄 노동을 대신하기는 어렵고, 한계가 분명하다고 지적한다. 돌봄은 여타 노동과 달리 '관계'가 중요하기 때문이다.

전 세계 최고치를 기록하는 한국의 저출산 위기도 돌봄을 시장에 맡기려는 잘못된 관점과 관련이 있다. 그러므로 돌봄에 대한 발상의 전환이 필요하다. 코로나 시대 이후 탈성장, 탈종교의 시대의 대안으로서 이제 돌봄의 시대가 본격화될 것 같다. 이는 한국뿐만 아니라 전 세계적인 현상이다. 이처럼 돌봄과 공유지가 코로나 이후의 중심 주제이다. 마을목회와 선교를 위해서는 교회와 마을 간에 공유지로서의 마을 마당과 공유지를 더욱 확보해 나가며 돌봄 마당으로서의 돌봄, 생태, 문화 선교를 더욱 확장해 나가야 할 때인 것이다.

3. '서로 돌봄' 그물망이 희망이 된다

코로나 이후 우리 한국교회 안에서도 신앙의 연대 협력과 같은 공동체 정신보다는 자기의 성을 쌓고 각자도생하는 나르시시즘(자기애)이

---

19 문경란, "돌봄에 대한 발상의 전환이 필요하다." 「시사인」 2020년 7월 11일.
20 힐러리 코텀, 『래디컬 헬프』 (책가게, 2020).

여전히 관찰된다.21 이 과도기에 가장 중심이 되어야 할 화두는 "공유지와 돌봄"이라는 것을 필자는 눈치챘지만, 그 구체적인 생각과 길을 찾지 못하고 있었다. 〈기차길 옆 공부방〉 김중미 작가의 "'서로 돌봄'의 그물망이 희망이 된다"22라는 글을 읽고 '아! 그래. 아직도 우리 가운데는 서로 돌봄의 그물망이 있고, 여기서부터 다시 시작할 수 있겠다!'는 희망의 확신을 느꼈다.

> "2002 우리 공동체의 세 식구는 공동체, 동네 책방, 공부방 아이들을 매개로 연결되어 있다. 농촌에서는 기후 위기에 대한 체감이 도시보다 크고 구체적이기에 앞으로 그 연결망을 통해 함께 고민하고 대안을 마련해 갈 생각이다. 마을 공동체 활동가들의 화두는 '서로 돌봄'이었다.
>
> 바로 전날 갔던 구산동 도서관 마을도, 도서관 1층의 의료 협동조합은 여성들을 위한 병원이 되어 있었고, 마을 주민들을 위한 다양한 공간들이 몇 년 전보다 늘어나 있었다.
>
> 지금 우리가 해야 할 일은 자기의 성을 쌓고 각자도생의 나르시즘(자기애)에 물들어 가는 모습을 보이며 공동체 의식을 저하시키는 것이 아니라, 서로가 서로를 살리는 연결망들이 끊어지지 않도록 더 단단히 잇고 뻗어가는 일이다. 이렇게 '서로 돌봄'의 그물망이 곧 희망이 된다."

---

21 우리 약대동 새롬교회는 1986년 교회가 세워진 처음부터 지역 사회와 함께하였고, 지역 사회와 마을의 돌봄 마당이었는데 우리도 코로나 재난 이후에는 이러한 마을교회 공동체의 역사와 전통을 잊게 하고 있지는 않은지 고민에 빠져 기도하지 않을 수 없는 상황에 부딪힐 때도 있었다. 이러한 때에 우리는 이러한 사회 공동체의 돌봄의 위기 상황에서 초대교회의 루디아와 뵈뵈와 브르스길라가 어떻게 공동체를 돌보는 자가 되었고, 보호자가 되어서 공동체를 세워나갔는가를 살펴보면서 2023 새롬교회의 주제를 "생명과 돌봄이 풍성한 교회"로 정하게 되었다.
22 김중미, "'서로 돌봄'의 그물망이 희망이 된다." 「창작과 비평」 2022 가을호.

VII. 탈성장 시대 물질이 아니라 관계와 돌봄과 생명을
    풍요롭게 하는 마을교회와 목회

우리는 현 산업 물질문명에서 지구 생태계 위기와 공동체 해체의
위기 속에서 현시점을 '문명 전환 시대'라고 정의한다. 사회 경제적으로
는 기후 위기에 대한 대응, 사회적 약자에 대한 통합 돌봄, 평화 공동체
형성을 목표로 마을 공동체가 새로운 문명 생태계로 전환의 방향을
찾아야 할 시기가 임박했음을 깨닫는다.

리처드 A. 호슬리는 "사도 바울은 자신이 세운 공동체를 '에클레시
아'(ekklesia)라는 말로 정의했는데, 이 바울의 에클레시아란 말의 뜻은
단순히 '교회'가 아니라 '민회'를 의미한 것으로 생각했다"[23]고 한다.
바울은 자신이 세운 에클레시아를 민회, 즉 시민계급을 대표하는 일종
의 의회 기구로 생각했고, 그 의회에는 거주 외국인까지도 포함했다는
것이다. 이는 바울은 자신의 풀뿌리 에클레시아(교회) 운동을 기존의
헬라 지역의 '도시 민회'(에클레시아)에 대한 대안으로 생각했다는 것을
의미한다. 오직 부활하신 예수 그리스도의 공동체적 몸을 이루는 연대
성으로 도시와 마을의 공동체적 연대와 상호호혜에 기초해서 풀뿌리
에클레시아(교회) 운동을 이룰 수 있다는 바울의 초대교회의 꿈을 바라
보며, 부천마을목회협동조합에서는 마을의 마당과 협동조합을 통해
바울의 에클레시아(교회)와 같은 도시 민회가 출발할 수 있다는 꿈을
꾸고 있다. 이러한 풀뿌리 에클레시아가 되기 위해 우리는 바울처럼
할례와 율법을 폐기하고 이방인들을 받아들이는 초대교회, 즉 마을의

---

23 리처드 A. 호슬리, 『고린도전서 어빙던 신약성서 주석』(서울: 대한기독교서회 2019),
    310.

에클레시아가 되어야 한다. 율법이라는 기득권의 낡은 담을 쌓은 채 율법을 모르고 할례를 받지 않는 이방인들의 참여를 허락하지 않는 위선적인 유대 회당인들의 낡은 신앙을 이제는 버려야 한다. 마을의 마당 교회들은 교회의 문턱을 낮추고 누구나 교회에 들어와서 서로 연대하고 동맹하는 에클레시아 교회, 즉 마을 마당과 도시 민회가 되어야 한다.

두 번째는 사도 바울이 로마교회의 주류를 이루는 헬라 이방인들에 대해 경고한 것처럼, 우리 마을교회들은 초대교회의 고린도교회처럼 부르심의 뜻을 잃고 신앙을 사유화하면서 개인적으로 영적 지식과 영적으로 높은 단계에 이르면 스스로 구원 받을 수 있다는 귀족적 웰빙 신앙을 경계해야 한다. 우리는 바울이 초대교회에 침투한 귀족적 웰빙 헬라 신앙을 교회를 어지럽히고 분열시키는 신앙이라고 질타한 고린도서와 로마서와 같은 바울의 편지에 주목한다. 낡은 각자도생의 귀족적 웰빙 신앙관과 구원관을 폐기하고 바울 사도가 꿈꾸던 초대교회의 에클레시아를 이루기 위해서는 온몸으로 마을 공동체를 세워나가야 한다.

코로나 이후의 마을교회들은 오직 부활하신 예수 그리스도의 공동체적 몸을 이루는 도시와 마을의 공동체적 연대와 상호 호혜에 기초해서만이 코로나 재난 이후 교회 공동체의 구원이 가능하다는 믿음으로 풀뿌리 에클레시아(교회) 마을 마당 운동을 해야 한다. 오늘도 우리 마을과 도시의 마당 교회에 새롭게 펼치고, 새롭게 부활하며 일어서야 할 때인 것이다.

지금 전 지구적 생명 위기는 우리로 전 지구촌과 함께 하나님이 창조하시고 번성하라고 하신 그 생명 공동체와 생명 문명으로 돌아가 '함께 생명을 꽃피우는' 문명 전환을 요청하고 있다. 특히 지구온난화와 기후 위기와 지역 소멸, 저출산-고령화 위기는 파편화된 공동체를 상생 생명 공동체로 회복할 것을 요청한다. 다시 말해 교회의 공적 이미지를 회복하고, 교회와 지역 사회의 소통을 넓히며, 양극화 위기 극복을 통해 생명 공동체 문명을 꽃피울 것을 요구하고 있는데, 이러한 생명 공동체와 생명 문명의 가장 구체적인 출발점으로 마을목회를 강청하고 있다.[24]

---

24 박성원, "대한예수교장로회총회 중장기발전 10년(2022~2032)" 제안서 중 대한예수교 장로회 총회는 2002년부터 2012년까지 제1차 장기계획을 세운 바 있으며, 두 번째의 장기 정책은 2012년부터 2022년 사이의 계획이었다. 그동안 교단은 두 차례의 10년 운동을 통해 '생명'에 방점을 둔 바 있다. '생명살리기운동 10년'(2002~2012)과 '치유와 화해의 생명공동체 운동 10년'(2012~2022)이 그것이다. 이에 있어 본 교단은 '치유와 화해의 생명공동체 운동 10년'의 하반기였던 2018~2022의 5년간을 '마을목회 운동'의 기간으로 정하고, '하나님의 진정한 사랑으로 마을을 품고 세상을 살리는 목회'를 위해 힘써 오기도 했다.

생명을 살리는 영성이란 무엇이고, 생명을 살리는 목회란 무엇인가? 그것은 물질의 풍요가 아니라 관계의 풍요, 돌봄의 풍요, 생명의 영성을 풍요롭게 하는 교회와 목회를 의미한다. 이를 위해 우리 안에 각자도생의 사유지가 아니라 공유지가 풍요로와야 한다. 시장경제가 아니라 사회적 경제로 풍요로워져야 한다. 돌봄이 풍요롭고, 돌봄의 일을 하찮지 않고 귀하게 여겨야 하고, 돌봄의 일자리를 늘려야 한다.

무엇보다도 영성의 풍요를 위해 제대로 된 예배를 드려야 한다. 제대로의 예배란 안식과 희년의 예배이다. 안식과 희년이 풍요로워지려면 주일에 4일, 하루에 6시간만 일하는 안식일과 희년이라는 제대로 된 예배를 드려야 한다. 다시 말해 노동 시간을 줄이고, 남는 시간 평생학습을 하고, 사회적 경제를 일으키고, 유기농 축제를 함께하고, 주일에는 하나님께 나와 자연과 함께 예배드려야 한다. 이 모든 것이 가능하기 위해 가장 중요한 것은 바로 탈성장과 공유지로 말미암은 공동체의 생명과 돌봄의 풍요가 있어야 한다. 생명 운동의 출발점은 탈성장과 공유지로 말미암은 공동체에 생명과 돌봄이 풍요로운 작은 생명 교회 운동이 될 수밖에 없다. 교회로서는 작지만 공유지가 풍요롭고, 돌봄이 풍요롭고, 관계와 안식과 영성이 풍요로울 때만 생명이 더욱 풍요로운 생명 교회가 될 수 있다는 것이다. 생명 운동의 출발점은 바로 탈성장 운동과 공유지 돌봄 운동과 그리고 작은 마을의 생명 교회 운동이 되어야 할 줄로 믿는다.

VIII. 나가는 말: 코로나 이후의 마을목회 신학의 방향성과 마을목회의 선언[25]

우리 한국교회사의 민중교회 운동이나 작은교회 운동은 그 시작부터 지역 사회와 함께하는 마을의 마당이었고, 마을의 플랫폼이었다는 놀라운 성령의 역사를 다시 한번 생각한다. 오늘 이러한 새로운 성령의 생태계에 기초하여 코로나 이후 마을교회에 대한 새로운 탐색을 시작하시는[26] 성령의 큰 역사하심을 함께 읽는다.

2019~2022년 코로나 대재난을 겪고, 이러한 민중교회 운동과 작은교회 운동이 마을교회 운동과 마을목회 운동으로 통합되는 흐름을 읽으며, 이제 마을교회 운동은 탈성장, 탈종교 시대의 마을의 공유지로서 그리고 마을의 돌봄 마당으로서 교회가 마을의 마당(플랫폼)이 되어 '서로 돌봄'의 그물망이 될 때 한국교회의 새로운 희망이 나온다는 것을 다시 한번 기억한다. 코로나 재난을 지나고 있는 가운데 마을목회의 시대적 사명을 살펴보려 한다.

다음은 지난 2022년 9월 26일, '마을목회 원탁회의' 때 발표한 〈마을

---

25 "마을목회 원탁회의" 때 발표한 2022 〈마을목회 선언문〉 수정본, 2022. 9. 26.

26 "대한민국이 어려운 국면을 맞이하게 된 것은 마을이 무너졌기 때문"이다. 오늘날 도시에 사는 사람들이 더 이상 공동체의 정서적 지지나 삶의 지지를 받을 곳이 없어졌다. "지금 팬데믹 이후 한국인들이 가장 목말라하는 것은 '사회적 연대'이며 이것이 부족한 시대를 살고 있다." 이들이 정서적으로 연대할 곳이 교회가 돼야 한다. "복음이 교회에서 나와서 (탈교회) 마을로 들어가고, 교리에서 나와서(탈교리) 주민들의 생업과 삶으로 들어가며, 종교에서 나와서(탈종교) 구성원들의 성품과 관계 속으로 들어가는 것이 마을목회"라고 정의하며, "이것이 바로 신앙의 진정성, 영성이다"라고 이구동성으로 강조하는 오늘 이 시대에 오늘 한국교회가 나갈 길은 우리는 한국교회가 활발히 펼쳐온 다시 한번 돌봄 복지와 돌봄 마을의 관점에서 마을 운동의 역사를 다시 한번 소환할 수밖에 없다. 이원돈, 『코로나19 문명 전환기의 생명망 목회와 돌봄 마을』(서울: 나눔사, 2022), 72.

교회 선언문〉 내용이다.

1. 이제 우리는 날마다 우리 삶에서 우울, 불안, 고립, 분노, 중독을 일으키는 낡은 산업 물질문명의 '소아'에서 탈출하여, 생태 문명이라는 '대아'로 넘어가는 그 길을 배울 수 있는 가장 좋은 길이 마을 공동체임을 깨달으며 우리가 사는 마을과 교회에서 생명, 생태 문명을 꽃피우며 개인과 마을과 지구촌과 자연이 상호 공생하는 새로운 신앙으로 살기를 기도한다!

2. 산업 물질문명에서 생명 생태 문명으로의 전환기에 우리 스스로가 새로운 생태계가 되고 작은 마을이 되어 일주일에 4일, 하루 6시간의 일을 꿈꾸며, 나머지 시간에는 마을의 평생학습 생태계에서 함께 공부하고, 마을기업과 사회적기업을 창업하며, 유기농 생태 마을 축제를 기획하는 신나고 아름다운 교회와 마을의 꿈을 함께 키워 나가길 기도한다!

3. 우리 마을교회들은 무한경쟁과 승자독식이라는 가짜뉴스를 퇴치하고 협동, 소통, 돌봄, 공감, 공유의 새 문명의 복된 소식을 전하는 새로운 마을의 마당과 미디어들이 되기를 원하며 이를 위해 기도하고 행동하길 원한다!

4. 우리 마을교회들은 더 이상 건물 중심으로 모이는 교회를 넘어 마을 곳곳으로 움직이고 이동하는 마을의 돌봄 캠프가 되어, 지역과 마을을 심방하며 생태적이고 건강하며, 문화적이고 돌봄이 충만한 생명 공동체가 되어 마을의 생명망을 짜는 마을의 마당이 되길 원하고 이를 위해 날마다 기도하면서 행동할 것이다!

5. 우리는 이제 돌봄이 없는 성장의 시대가 붕괴되는 것을 함께 목격하며, 이 탈성장 탈종교 시대의 전국 곳곳에서 마을의 교회들이 마을의 창의적 공유지를 회복하는 마을의 돌봄 마당(플랫폼)들이 되고, '서로 돌봄'의 그물망이 되는 그날을 꿈꾸며, 오늘 마을목회의 시대적 사명을 한 번 더 구체화하려 한다.

6. 우리는 이러한 마을목회를 구체화하기 위해 마을과 같은 작은 단위로부터 협동과 자치의 생명 생태 공동체를 만드는 일부터 시작하며, 궁극적으로는 전국 240개의 시군구마다 마을목회협동조합을 세워[27] 생명과 평화의 마을 공동체를 세우는 상상력과 꿈을 가지고 기도하며 행동해 나갈 것이다.

우리는 이제 지역과 마을 단위로 아래로부터 불어오는 이 새로운 생명과 성령의 바람이 붕괴되어가는 산업 물질문명을 넘어 새로운 생명, 생태 문명의 길을 열어나갈 것임을 믿습니다. 지금 우리가 해야 할 일은 자기의 성을 쌓고 각자도생의 자기애에 물들어 가는 모습을 보이는 세상 풍조에 대항하여 오직 "서로 돌봄'의 그물망이 희망이 된다"는 믿음으로 나아갈 때임을 믿습니다. 우리의 이러한 믿음의 연결망들이 끊어지지 않도록 더욱 서로를 단단히 잇고 뻗어나가는 연대의 길로 나아가게 하소서! 우리 마을교회들은 하나님의 은혜로 끝내 그 길을 찾아 나설 줄로 믿으며 함께 기도하며 행동하길 원하오니, "주여, 우리와 함께 하시고 우리를 도우소서!" (아멘)[28]

---

27 임종한, 〈부천마을목회 협동조합 선언문〉.
28 "마을목회 원탁회의" 중 발표한 〈2022 마을목회 선언문〉 수정본, 2022. 9. 26.

다음 세대 신앙 전수를 위한
가정과 교회의 콜라보
— 공명교회 사례

백 홍 영

책보고가게 책방지기, 공명교회 공동 목회자

I. 들어가는 말

오늘날 가정은 큰 위기를 맞고 있다. 물론 갑작스런 결과물은 아니다. 이미 반세기 전 사회학자 엘빈 토플러는 가정의 미래가 부정적이고 비관적이며, 앞으로 가정이 와해될지도 모른다는 어두운 전망을 내놓았다. 놀랍게도 그의 예견은 적중하였다. 기독교 가정도 예외일 수는 없는데, 무엇보다 기독교 가정의 더 큰 위기는 가정 안에서 신앙적 삶이 사라져 가고 있다는 것이다. 믿음의 싹을 피워야 할 가정은 일주일 내내 하나님의 이야기를 들을 수 없는 '불신자 양성소'가 되어가고 있고, 가정 예배는 신앙 좋은 사람들의 전유물로 된 지 오래다.

설상가상으로 코로나19라는 팬데믹이 기독교 가정의 위기를 가속화시켰다. 미래학자이자 기업가인 제이미 메츨(Jamie Metzl)은 2020년 3월 싱귤래리티대학교에서 개최된 '코로나19 가상정상회담'에서 "우리가 결코 일상으로 돌아가지 못할 것"이라고 말했다.[1] 그는 코로나19가 미래의 정치, 경제, 사회, 문화, 종교 전 영역에 영향을 미칠 것이라고 역설하였다.

매츨의 이야기처럼 팬데믹 이후 종교 영역에도 큰 변화를 가져왔다. 지금껏 가정이 짊어져야 할 자녀 신앙 양육의 책임을 상당 부분 교회에 의탁하고 있었는데 그 길이 막히게 되었다. 숨겨두었던 문제들이 수면 위로 올라온 것이다. 그러나 절망하기에는 아직 이르다. 오히려 코로나19는 교회와 가정의 부모에게 성찰의 기회를 제공하고 있다. 코로나19 이전까지만 해도 가정에서 신앙 교육의 중요성이 주목받지 못했지만, 코로나 기간에 그 필요성을 절실히 체감했다. 코로나19 기간이 장기화되면서 다음 세대 양육의 거점이 교회가 아니라 가정이 되었다. 교회는 자연스럽게 가정에 시선을 돌리게 되었다. 얼마 전 목회 데이터연구소 통계에 따르면 "포스트 코로나 시대를 위한 교회학교 준비사항" 1순위가 "자녀 신앙을 위한 부모 교육"(51%)인 것은 일맥상통한 점이다.

또한 실제로 2022년 4월 15일부터 25일까지 예장 통합 소속 담임 목회자를 대상으로 한 설문조사도 이를 반영하고 있다. 목회자들에게 현재 교회에서 가장 어려운 점이 바로 다음 세대 교육임을 통감하고 있다(35.4%).[2]

---

1 박영숙 · 제롬 글렌, 『세계미래보고서 2035~2055』 (서울: 교보문고, 2020), 80.
2 지용근 외 9인, 『한국교회 트렌드 2023』 (서울: 규장, 2022), 198.

272 | 2부 _ 현장의 시각에서 본 교회의 실천적 변화

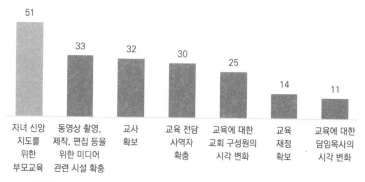

[그림] 포스트코로나 시대를 위한 교회학교 준비 사항 (1+2순위, 상위 7위, %)

51 자녀 신앙 지도를 위한 부모교육
33 동영상 촬영, 제작, 편집 등을 위한 미디어 관련 시설 확충
32 교사 확보
30 교육 전담 사역자 확충
25 교육에 대한 교회 구성원의 시각 변화
14 교육 재정 확보
11 교육에 대한 담임목사의 시각 변화

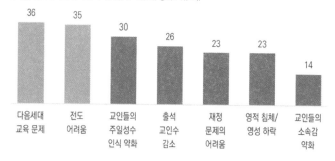

[그림] 현재 교회에서 가장 어려운 점 (1+2순위, 상위 7위, %)

36 다음세대 교육 문제
35 전도 어려움
30 교인들의 주일성수 인식 약화
26 출석 교인수 감소
23 재정 문제의 어려움
23 영적 침체/ 영성 하락
14 교인들의 소속감 약화

포스트 코로나19 시대를 경험하면서 교회와 가정 모두 잊지 말아야 할 것이 있다. 코로나19로 인해 다음 세대 교육의 대안으로 가정 안에서의 신앙 교육이 대두되어서는 안 된다.

원래부터 다음 세대 신앙 전수는 가정에서 부모가 감당해야 할 책임이었다. 그렇기에 우리는 신앙 교육의 주체가 부모였음을 다시 인식하고, 놓치고 있었던, 아니 뒷짐 진 채 교회에 맡기기만 했던 다음 세대 신앙 전수를 어떻게 하면 가정에서 잘 진행할 수 있을지를 진지하게 고민해야 한다. 즉, 무게 중심을 가정으로 옮기는 것이다.

가정이 자녀 신앙 양육의 조력자에서 주체자로 자리 잡을 수 있도록 교회는 움켜쥐고 있던 혹은 움켜쥘 수밖에 없었던 주도권을 부모(주 양육자)에게 넘겨주어야 한다. 동서고금을 막론하고 교회의 교육 프로 그램이 아무리 좋더라도 가정에서의 교육이 뒷받침되지 않는다면 교회 교육으론 큰 효과를 기대하기 어렵다. 아이들의 신앙이 바르게 성장하 기 위해서는 가정이란 톱니바퀴와 교회라는 톱니바퀴가 맞물려 돌아가 야만 한다.

우선 필자는 가정의 역할 특별히 부모의 사명과 가정 안에서의 신앙 교육은 무엇인지 그리고 교회의 역할에 대해 살펴보고자 한다. 그리고 필자가 공동목회로 섬기고 있는 공명교회에서 다음 세대를 위한 신앙 교육을 사례로 제시하고자 한다.

II. 다음 세대를 위한 부모와 교회의 역할

1. 가정에서 부모의 사명

신명기 6장에 보면 하나님은 이스라엘 백성이 가나안 땅에 들어가 기 전 부모들에게 자녀들을 어떻게 신앙 교육해야 하는지 말해 주고 있다. 한마디로 부모는 게이트 키퍼(Gate Keeper)가 되어야 한다고 말한다. '게이트 키퍼'란 커뮤니케이션의 관문을 지키는 사람이란 뜻으 로 뉴스나 정보의 유출을 통제하는 사람을 가리킨다. 즉, 가나안 문화에 물들지 말고 자녀들이 하나님만 따를 수 있도록 환경을 만들어 주라는 것이다. 그것이 부모의 사명이다. 마틴 루터도 부모는 하나님으로부터 양육의 책임을 위탁 받은 대리자임을 강조하였다. 그렇기에 부모는 가정 안에서 예배 인도자로 살아야 한다. 아브라함이 어디에 있든지, 어디를 가든지 하나님께 예배를 드렸듯이 부모가 언제나 가정에서 예배자의 본을 보여야 한다. 그리고 난 후 자녀들이 하나님의 자녀답게 살아갈 수 있도록 가르쳐야 한다. 삼손의 부모인 마노아가 삼손이 태어나기 전부터 어떻게 자녀를 키워야 할 것인지를 하나님께 물었던 것처럼 우리는 자녀의 삶의 주기에 따라 자녀들이 하나님의 자녀답게 살아갈 수 있도록 가르쳐야 한다.

『완벽한 부모는 없다』의 저자 폴트립이 이야기한 것처럼 하나님께서 자녀에게 부모를 허락하신 가장 중요한 이유는 그들이 하나님을 알도록 하기 위함이다. 우리는 그 사명에 응답해야만 한다. 우리가 먼저 부모로서의 사명으로의 회심이 필요하다.

2. 가정에서 신앙 교육

가정은 아이들이 늘 몸담고 있기에 신앙 교육의 일차적인 학교라 할 수 있다. 아이들이 바른 믿음의 씨앗을 품어 말씀의 자양분을 먹고 건강한 신앙인으로 자라나려면 가정에서 예배가 살아나야 한다.

제임스 W. 알렉산더는 "가정 예배란 가족의 일원들이 한자리에 모여 개인의 믿음뿐 아니라 가정의 공동체적인 믿음으로 하나님의 은혜에 응답하며 예배하는 것"[3]이라고 했다. 가정 예배 시간은 자녀를 말씀으로 양육하기 위해 하나님이 부모에게 맡겨 주신 시간이다. 가정

---

3 제임스 W. 알렉산더/임종원 역,『가정 예배는 복의 근원입니다』(서울: 미션월드 라이브러리, 2005), 27.

의 주인이신 하나님께 부모와 자녀 모두가 한마음과 한목소리로 신앙고백을 하는 시간이며, 하나님이 베푸신 은혜에 진실하게 반응하는 시간이다. 세상의 잘못된 가치관과 죄악에 더럽혀진 우리의 때를 씻을 수 있는 시간이다. 가족 한 사람 한 사람이 사랑하고 사랑받고, 위로하고 위로받으며, 격려하고 격려받을 수 있는 복된 시간이다.

가정 안에서 신앙 교육은 어떤 것이 있을까? 필자는 신명기 6장 쉐마의 말씀[4]을 통해 네 가지를 제시하고자 한다.

첫째, 보여주는 교육이다. 유태인의 자녀 교육 중에 '배운다는 것'은 '흉내 내는 것'에서 시작된다는 말이 있다. 자녀들에게 시각적으로 가르치는 것은 중요하다. 유대인들은 '테필린'(경문)을 손과 이마에 직접 차고 다녔다. 이 '테필린'을 머리와 손에 부착하는 것은 "하나님과 더불어 함께 산다"의 의미를 가지고 있다. 또한 구약에서 이스라엘 가정들은 '메주자'(작은 상자)를 대문과 방문 옆에 말씀을 붙여 놓았다. 메주자는 특별한 경우를 제외하고는 유대인이 거주하는 집의 모든 문에 붙이는 것을 원칙으로 하고 있다. 가족 모두가 집을 매일 드나 들면서 하나님에게 자신의 신앙을 고백하는 기회를 제공한다.

자녀들은 부모의 뒷모습을 보고 자란다고 한다. 자녀들이 가장 가까이 그리고 오랫동안 볼 수 있는 곳이 가정이고 부모이다. 부모는 자녀들에게 삶으로 보여주어야 한다. 하나님과 더불어 함께 사는 것이 무엇인

---

4 "이스라엘아 들으라 우리 하나님 여호와는 오직 유일한 여호와이시니 너는 마음을 다하고 뜻을 다하고 힘을 다하여 네 하나님 여호와를 사랑하라 오늘 내가 네게 명하는 이 말씀을 너는 마음에 새기고 네 자녀에게 부지런히 가르치며 집에 앉았을 때에든지 길을 갈 때에든지 누워 있을 때에든지 일어날 때에든지 이 말씀을 강론할 것이며 너는 또 그것을 네 손목에 매어 기호를 삼으며 네 미간에 붙여 표로 삼고 또 네 집 문설주와 바깥 문에 기록할지니라"(신 6:4-9).

지, 어떻게 신앙 고백을 하고 있는지를 보여주어야 한다.

둘째, 들려주는 교육이다. 부모는 자녀에게 의도적으로 가르쳐야 한다. 유대인의 교육은 아침과 저녁으로 자녀에게 말씀을 가르쳤다. 청교도인들과 네덜란드 개혁교회는 각 가정이 하루에 세 번 가정 경건 생활을 하게끔 독려했다. 그래서 목회자들과 장로들은 가정에서 경건 생활을 잘하고 있는지 확인하였고, 그렇지 못할 경우는 서슴없이 치리하였다. 하지만 지금의 가정에서는 자녀들에게 사랑이라는 미명하에 구속과 통제 확인과 점검을 들려주고 있다. 집에 앉아 있을 때든지, 길에 가고 있든지, 눕고 일어난다는 것은 24시간을 의미할 수 있다. 자녀들에게 하루 일상의 삶 속에 하나님의 말씀이 들리게 해야 한다는 것이다. 기회가 되면 하고 없으면 어쩔 수 없다는 것이 아니라, 기회를 만들어서 부지런히 가르치라는 것이다.

셋째, 반복해서 가르쳐야 한다. 자녀들의 마음에 하나님의 말씀이 새겨지게 하는 방법은 계속해서 반복해 주는 것이다. 히브리어로 '샤난'이라는 것은 '찌르다, 반복하여 가르치다'란 뜻을 가지고 있다. 잘못된 가치관과 세속적인 삶이 자녀들을 유혹하고 위협할 때마다 하나님의 말씀을 통해 바른길로 갈 수 있도록 반복해서 가르쳐야 한다. 왜 자꾸 반복해 주어야 하는가? 그것이 삶이 되어야 하기 때문이다. 전쟁에 승리하기 위해 군인은 날마다 같은 훈련을 반복한다. 운동선수는 우승을 위해 늘 실전처럼 운동을 반복한다. 무대에서 최고의 모습을 보여주기 위해 가수는 노래를, 배우는 대사를 반복해서 연습한다. 이와 같이 믿음의 자녀들도 이 땅 가운데서 하나님의 자녀다운 삶을 살기 위해 어릴 적부터 말씀으로 반복하여 훈련시켜야 한다.

넷째, 함께하는 교육이다. 이 신앙의 훈련은 가정 안에서 이루어져야 한다. 가정은 혈연 공동체이자 동시에 영적 공동체이다. 이와 같은 신앙의 훈련은 특별 과외를 통해서 단기적으로 얻어지는 것이 아니다. 서적과 동영상을 통해서 독학할 수 있는 것도 아니다. 바로 신앙의 공동체인 가정에서 지속적인 훈련을 해야 한다.

가정은 저절로 영적 공동체가 되지 않는다. 삶에서 부모가 어떻게 하나님을 예배하고 또 어떻게 말씀대로 살아가는지를 보여줄 때 비로소 영적 공동체를 세워갈 수 있게 된다.

영적 공동체를 세워가기 위해서는 우선 '3S'가 필요하다. 첫째는 공간空間(Space)이다. 가족끼리 모일 수 있는 공간은 비단 식사 자리만은 아니다. 하나님의 이야기가 자연스럽게 흘러나올 수 있는 자리를 만들어야 한다. 부모는 의도성을 가지고 하나님의 이야기를 나눌 공간을 만들어 주어야 한다. 그럴 때 그 공간에서 서로의 삶을 공유共有(Sharing)하게 된다. 요즘 각 가정에서는 세대차이란 이유로, 직업과 학업이란 바쁜 일정의 이유로 서로의 개인적인 삶을 공유하지 못하고 있다. 그러기에 믿음의 가정은 개인적인 삶뿐 아니라 신앙 이야기를 힘써 공유하는 일에 힘써야 한다. 이런 공유가 오갈 때 비로소 우리는 공감共感(Sympathy)하게 된다. 가족 간의 공감을 통해 서로를 더 깊이 이해하게 되고, 아버지되신 하나님께 서로를 위해 전심으로 기도를 할 수 있게 된다. 이렇듯 우리는 의도적으로 가정에서 예배를 드릴 수 있도록 힘써야 한다.

3. 교회의 역할

5월이 되면 많은 교회에서 가정을 주제로 한 강의나 세미나가 열리곤 한다. 5월 가정의 달을 맞이하여 지금 우리 가정의 모습이 어떤지 돌아보고 하나님을 경외하는 가정으로 또 자녀를 신앙 안에 양육하는 부모로 바로 서기를 점검하고 다짐하는 기회로 삼는다. 하지만 한두 번의 강의나 세미나로 가정 안에서의 예배와 신앙 훈련이 얼마나 중요한가에 대한 동기부여는 될 수 있으나 삶의 변화까지 이끌어 내기는 쉽지 않다. 임시변통은 될지 모르나 그 효력은 오래가지 못한다.

왜일까? 그 이유는 다음 세대의 신앙 교육은 가정 사역자들의 명名강의나 교회학교 부서 담당 목회자들의 역량에 달려 있지 않기 때문이다. 우리의 자녀들이 가장 많은 시간을 보내는 가정에서 부모가 신앙 교육의 역할을 감당해야 한다. 그렇다면 교회의 역할은 무엇인가? "교회의 온도는 교인들의 각 가정에 있는 온도 조절기에 의해서 조절된다"[5]는 말처럼 교회는 기독교 가정이 건강하게 성숙한 믿음 위에 굳게 설 수 있도록 목회적 필요 자원들을 개발해서 제공해야 한다. 교회의 역할에 대한 몇 가지 방법을 제안하고자 한다.

(1) 교회는 가정 예배 관리를 위한 정기적인 행사를 마련해야 한다

전문 강사들을 초빙하여 부모들을 대상으로 하는 부모 교육, 가정 예배 세미나와 특강, 가정 예배 수련회를 개최할 수 있다.

(2) 교회 안에서 연령에 맞는 소그룹 모임을 만들 수 있다

교회 내 부서에서 모임 때마다 조별로 가정 예배를 어떻게 드렸는지 서로 나눈다. 또한 스마트폰 '밴드'를 이용해서 각 가정에서 드렸던

---

[5] Gary H. Hauk, *Family Enrichment in Your Church* (Nashville: Convention Press, 1988), 16.

예배 사진을 공유하여 서로에게 도전을 주고 피드백을 해 줄 수 있다.

(3) 가정 예배를 드리고 난 후에 점검할 수 있도록 점검일지를 만들어 배부한다

교회학교 모든 부서에서 가정에서 신앙을 점검할 수 있는 점검일지를 만들어 배부하거나 관련 달력을 활용하여 점검할 수 있다.

(4) 가정 예배 모범 사례를 공유한다

교회 주보와 회지, 홈페이지에 정기적으로 가정 예배란을 만들어 가정의 참여를 유도할 수 있다. 또한 모범적인 가정 예배 사례를 발표하는 것도 좋은 방법이다.

(5) 교회는 가정 예배 관련된 교재 개발이 필요하다

교회는 가정 예배 콘텐츠를 개발하고 이를 활용할 수 있도록 교육하고 지원하는 시스템을 구축할 수 있다. 오륜교회 교회학교에서는 다양한 가정 예배 콘텐츠를 개발하여 가정들의 신앙을 돕고 있고, 충신교회에서는 부모 기도책과 일상에서 예배를 드릴 수 있는 책들을 출간하였다. 그뿐만 아니라 많은 교회의 교회학교에서도 꾸준히 가정 예배 관련된 교재를 개발하고 배포하고 있다.

교회와 가정은 마치 톱니바퀴처럼 서로 맞물려 돌아갈 때 더 큰 시너지 효과를 얻게 된다. 가정이 영적으로 바로 서게 될 때 교회가 건강해지고 더 나아가 사회에도 긍정적 영향을 미칠 수 있는 것이다. 그러기에 교회는 가정 예배를 독려하고 관리하기 위해 과감한 투자와 끊임없는 노력과 수고를 그치지 않아야 할 것이다.

III. 다음 세대 신앙 전수를 위한 사례
― 공명교회의 사례를 중심으로

부쉬넬은 부모의 자격은 복음을 전달하는 매개자로 보았다. 하나님의 사랑과 어린이들의 신앙 관계에서 맺어지는 커뮤니케이션이 매개되는 촉매는 부모라고 생각했다.[6] 이처럼 자녀 신앙 교육은 부모의 주된 역할이다. 부모가 이 역할을 잘 수행할 수 있도록 교회는 조력자, 협력자로서의 역할에 최선을 다해야 한다. 공명교회의 교회 사역의 특징은 '부모와 자녀들이 함께'이다. 우리는 '교회와 가정의 분리, 부모와 자녀의 분리'되었던 구조에서 '교회와 가정이 함께 그리고 부모와 자녀가 함께' 구조로 탈바꿈해야만 한다.

공명교회는 2018년부터 두 가정의 집에서 예배를 드리다가 6월 6일에 장소를 임대하여 외부에서 예배를 드렸다. 어느덧 5년의 시간이 흘렀다. 공동 목회를 하는 황인성 목사 가정과 시작하는 단계에서 가장 오랫동안 심혈을 기울였던 것은 공명교회 사명문이다. 한 문장으로 이렇게 표현하였다. "공명교회 사명은 성삼위일체 하나님의 삶이 우리에게 와서 울리고, 우리의 삶이 다른 이들에게 맞울려져서 삶의 변화를 일으키게 하는 것이다." 결국 맞울려지는 삶을 살아내는 것이다.

이 사명에 따른 핵심 가치를 크게 여섯 가지로 만들었다. 첫 번째는 '일상의 삶이 건강한 공동체'이다. 두 번째는 '재정이 투명한 공동체'이다. 세 번째는 '가정의 중요함을 인식하는 공동체'이다. 네 번째는 '마을을 섬기며 마을의 일원이 되는 공동체'이다. 다섯 번째는 '양적 성장보다

---

6 은준관, 『교육신학』(서울: 대한기독교서회, 2003), 212.

는 깊은 사귐을 우선시하는 공동체'이다. 여섯 번째는 '함께 참여하여 세워가는 공동체'이다. 핵심 가치 세 번째에도 언급을 하였듯이 가정의 중요성 특히 다음 세대 신앙 전수에 힘을 써야 함을 두 목회자는 동의했다. 공명교회가 다음 세대를 위해 다음과 같은 사역을 진행해 왔다.

1. 온 세대 예배와 다음 세대 성경공부

1) 세대 통합 예배

현재 공명교회는 목사 가정 포함 17~20가정이 예배를 드리고 있다. 평균 60명 정도 된다. 그렇다 보니 다양한 연령층—3살 아이부터 초등, 중등, 고등, 청년, 장년—이 함께 예배를 드린다. 공명교회는 처음 시작할 때부터 세대 통합 예배를 드리기로 했다. 세대 통합 예배는 부모와 자녀 간 영적으로 친숙함을 가질 수 있는 기회를 제공할 뿐 아니라, 주일에 들었던 설교 내용을 가정에서 함께 나누고 적용할 수 있다는 장점이 있다. 말이 아닌 삶으로 경험되어질 때 비로소 신앙은 전수될 수 있다고 본다. 물론 몇 가지 도전 과제가 있다. 연령층이 다양하여 찬양 선곡과 설교의 눈높이를 맞추기가 여간 쉽지 않다는 것이다. 이를 위해 찬양곡과 주일설교 본문을 주중에 미리 공지에 올려 가정에서 함께 그 찬양을 듣고 말씀을 묵상할 수 있도록 돕고 있다. 또한 미취학 자녀를 둔 엄마들이 아이를 돌보느라 예배를 집중하기 어렵다는 요청에 따라 설교 시간만큼은 미취학-초등 저학년들을 따로 나누어 사모들이 분반 공부를 진행하고 있다. 즉, 설교 시간 전까지는 온 세대 예배를, 설교 시간에는 분반 공부를, 마지막 축도 시간에는 다시 한자리에 모인다.

세대 통합 예배는 자녀들이 부모의 신앙을 보고 배우는 동시에 능동적으로 예배자로 설 수 있는 장점이 있다. 공명교회는 초등학생 이상부터 예배 위원으로 참여하게 하였다. 대표 기도와 성경 봉독, 헌금 등은 순번을 정해 담당한다. 특히 요즘 대표 기도는 어른들보다 청소년 아이들의 기도 내용이 순수하고, 진실되고, 세상을 바라보는 관점이 남달라 모두에게 감동을 주고 있다. 개척 2~3년부터는 청소년들이 함께 찬양팀에 섰다. 황 목사의 딸 수아가 베이스로, 필자의 아들 하민이가 드럼을 담당하며 예배 찬양팀으로 섬기고 있다.

2. 온 가족 성경공부와 다음 세대 주중 성경공부

공명교회는 개척 2년 차 때 부모와 아이들이 함께 성경공부를 진행했다. 교재는 영국성공회에서 제작한 "청소년 알파코스"다. 청소년 알파코스의 장점은 영상이란 도구로 아이들이 쉽고 편하게 교리를 이해할 수 있다는 것이다. 또한 가르침 방식이 주입식이 아닌 서로 자연스럽게 대화하면서 신앙에 대한 이야기를 나누는 형식으로 되어 있다. 지적인 깨달음은 영상을 통해서 얻었다면, 삶의 간증은 부모들의 삶의 고백을 통해서 들을 수 있어서 나눔이 풍성하고 깊은 여운을 남겼다. 부모와 자녀들이 함께하는 성경공부라는 점에서 의미가 있었다.

교인들이 늘어남에 따라온 가족 성경공부는 현실적으로 진행할 수 없었다. 다만 온 세대 예배의 한계점을 극복해야만 했다. 주중 설교는 초등학교 아이들이 이해하기에 쉽지 않다. 설교 내용의 어려움을 해결하기 위해 사역 초창기에는 주일예배 후 분반 공부 형식으로 초등학생 이상 아이들과 설교 리뷰를 했다. 하지만 지금은 아이들이 늘어남에 따라 리뷰를 하기에는 역부족이었다. 결국 2022년부터 주중 교회학교를 신설하였다. 학원을 다니는 아이들이 많다 보니 수요일 저녁에 진행할 수밖에 없었다. 코로나19로 인해 아이들이 단체로 모이기 쉽지 않았기에 함께 모인다는 것만으로도 부모나 아이들도 충분히 만족스러워하고 있다. 아이들과 그 시간에 성경과 기독교적 세계관을 가르치고 있다. 또한 중고등부 모임도 황인성 목사가 진행하고 있다.

지금은 토요일마다 동네 아이들과 교회 아이들과 함께 인문학 책을 통한 세계관 넓히기 교육을 진행하고 있다. 2023년부터는 인문학뿐 아니라 성경공부도 병행할 예정에 있다.

3. 신앙 양육의 주체인 부모와 객체인 교회의 콜라보

1) 부모 교육

신형섭 교수는 부모 세대가 가정의 신앙의 교사로서 사명을 감당할 '역량을 길러주는' 교육을 해야 한다고 말한다. 그 내용은 아래와 같다:

역량을 길러주는 교육이라 함은 가정의 신앙 교사로서 사명을 확인하고 결단을 촉구하는 기독 부모의 정체성 교육은 물론이고, 부모가 먼저 가정과 세상에서 온전한 사명자로 살아가는 부모 신앙 경건 훈련, 자녀들의 인생 주기에 따라서 요청되는 전문 지식과 실천을 제공하는 자녀 양육 교육, 자녀를 말씀과 기도로 양육하기 위한 가정 예배 훈련 등을 말한다.[7]

다음 세대 신앙 교육의 주 관심사는 어찌 보면 아이들이 아니라 부모라고 해도 지나치지 않는다. 부모가 바로 서야 자녀들이 믿음으로 바로 설 수 있기 때문이다. 공명교회 초창기에 매월 독서 모임을 진행하고 있었는데, 그중 함께 읽었던 책이 폴트립의 『완벽한 부모는 없다』이다. 다음 세대를 위해 우리가 어떻게 믿음을 지켜가야 하고, 가정에서 어떤 본을 보여야 하는지를 책을 통해 서로에게 도전을 주었다.

공명교회는 새가족이 등록하면 가정 예배 강의를 진행한다. 이는 교회가 자녀들의 신앙 교육의 주체가 아니라 부모가 주체임을 각인시켜 주기 위함이다. 그리고 가정에서 부모가 무엇을 해야 하는지, 교회는 어떻게 협력해주고 있는지를 나눈다. 자녀들의 세대 주기에 따라 다양한 모델을 제시하며 가정 신앙 양육을 독려하고 있다. 앞서 이야기했듯이 공명교회는 주일예배 때 설교 시간만큼은 미취학-초등 저학년들을 따로 나뉘어 사모들이 분반 공부를 진행하고 있었으나 앞으로는 주일설교는 목사가, 분반 공부는 사모 한 명과 부모 교사 한 명이 함께 담당하기로 했다. 부모가 주중뿐 아니라 주일에도 부모 교사로 섬길 필요가 있기 때문이었다. 자녀들이 어떤 공과를 배우고 있는지 부모들의 세심한 관심과 돌봄이 필요함을 모두가 고백하고 있다.

4. 가가호호 찾아가는 가정 예배

가정 예배를 드리기란 말처럼 쉽지 않다. 왜냐하면 시대를 초월해 가정 예배를 소홀히 할 수 있는 핑곗거리들이 언제나 그리스도인의

---

7 신형섭, 『자녀 마음에 하나님을 새기라』(서울: 두란노, 2020), 120.

가정을 둘러싸고 있기 때문이다. 우선 가족들의 바쁜 일상과 피곤함과 같은 육체적인 문제도 있고, 성경 지식의 부족함, 예배 인도의 미숙함과 같은 기술적인 문제일 것이다.

이를 최소화하기 위해 찾아가는 가정 예배를 진행했다. 총 네 가정집에 3주간 방문하여 다양한 가정 예배 모델을 소개하고 실습을 했다. 이슈형 가정 예배를 어떻게 나누는지, 그림책 가정 예배는 어떻게 진행하는지, 오감을 통한 가정 예배는 어떻게 진행되는지 그리고 부모와 자녀 간의 소통과 기도하는 방법을 소개해 주기도 했다. 앞으로 더 성도들을 찾아가 가정 예배 방법을 안내해 줄 계획이다.

장로회신학대학교 교수 신형섭은 가정 예배를 드리지 못하는 근본적인 이유는 '지식과 기술의 문제'가 아니라 '믿음의 문제'라고 이야기한다.[8] 그렇다. 가정 예배는 믿음의 문제이다. 그렇기에 이제 우리는 어려운 상황 속에서 가정 예배를 드릴 것인가 말 것인가를 선택하기보다는 어떤 방식으로 가정 예배를 시작할 것인지, 어떻게 지속할 것인지를 심각하게 고민해야 한다.

공명교회는 새가족 교육 10주를 마친 후에 필자가 개인적으로 가정 예배 관련 강의를 진행하려 한다. 단지 강의뿐 아니라 가정에 직접 찾아가서 가정 예배의 실제를 전수해 주고자 한다.

5. 다양한 가정 예배 모델 제시

가정 예배는 하나의 고정된 틀이나 형식이 있는 것이 아니다. 각

---

8 신형섭, 『가정예배 건축학』 (서울: 장로회신학대학교 출판부, 2017), 18.

가정의 상황(자녀 구성, 연령, 신앙 성숙도, 전통 등)에 따라 다양한 가정 예배 모델이 필요하다.

신형섭 교수(장로회신학대학교)의 저서 『가정예배 건축학』에서는 다양한 가정 예배 모델을 크게 열 가지로 제시하고 있다.[9] 우선 예배의 주된 형식에 관한 것으로 여섯 가지 모델을 들 수 있다. 첫 번째는 전통적 가정 예배로 우리가 익히 알고 있는 모델이다. 성경책 혹은 이야기 성경책으로 드리는 예배이다. 두 번째는 대화 중심 가정 예배이다. 대화의 내용이 하나님 및 신앙을 중심으로 한 가족 간의 대화와 나눔이 주가 된다. 세 번째는 독서 중심 가정 예배이다. 성경책과 성경을 연계한 창작 문학들을 함께 읽고 나누면서 그 안에 가치를 발견한다. 네 번째는 기도 중심 가정 예배이다. 가족이 함께 모여 혹은 이웃과 나라를 위한 기도회 형태이다. 다섯 번째는 성경공부 가정 예배이다. 신앙적 주제를 다루는 적절한 성경공부 교재를 택하여 함께 나눈다. 여섯 번째는 예술과 함께하는 가정 예배이다. 그림, 창작, 음악 등과 같은 예술을 매개체로 하여 하나님과 하나님께서 하신 일들을 기억하는 예배이다. 또한 시간적인 배경에 관한 것으로 네 가지 모델을 들 수 있다. 이슈형 가정 예배와 이벤트형 가정 예배, 절기형 가정 예배, 큐티 중심 가정 예배이다.

다음으로 공명교회에서 진행하는 가정 예배 몇 가지 모델을 소개하고자 한다. 공명교회는 "화목한 토요일"이라는 슬로건으로 매주 3회 가정 예배를 드리기에 힘쓰고 있다. 화요일에는 '이슈형 가정 예배'를, 목요일에는 '그림책 가정 예배'와 '라디오 가정 예배'를 진행했고, 토요

---

9 위의 책, 245-262.

일에는 주일예배를 준비하는 가정 예배를 진행하고 있다. 주된 방법은 아래와 같다.

1) 이슈형 가정 예배

필자의 가정은 10여 년 전부터 다양한 가정 예배 모델로 예배를 드리고 있다. 그중 하나인 이슈형 가정 예배를 소개하고자 한다. 이슈형 가정 예배는 가족 전체에게 적지 않은 영향을 미치는 사건들이 일어났을 때 당일 혹은 주중에 드리는 가정 예배의 핵심적인 주제가 되어 예배를 드리는 것이다. 2017년부터 'Family History Book'이라고 부르는 가정 예배 달력을 만들어 이슈형 가정 예배를 드리고 있다. 저녁이 되면 가족들이 한자리에 모여 그날 혹은 그 주에 일어난 크고 작은 일들, 즉 하나님 안에서 웃고 우는 일들, 바라고 기도하고 성취하고 실패하는 모든 과정과 시간을 나누고 기록해 두었다. 어느새 이 달력은 가족의 소소한 일상 일기가 되어가고 있다. 단지 기록으로 끝나지 않고, 이 안에 적혀있는 내용들을 가지고 서로 소통하고 위로하고 격려할 뿐 아니라 이 모든 일들을 허락하신 하나님을 기억하고 감사하는 우리 가족만의 'History Book'이 되어 가고 있다.

공명교회는 매주 화요일, 가족이 한자리에 둘러앉아 한 주간의 삶을 나누고 있다. 개척 초창기 매월 첫 주에 공동체가 함께 모여 달력 나눔을 진행하였다. 달력 나눔은 한 달간 공동체 구성원들이 어떤 삶을 살았는지를 알게 되고, 서로의 기도 제목을 나누는 시간이 되었다. 이를 통해 자녀들은 부모의 살아있는 신앙을 들을 수 있게 되고, 부모들은 자녀들의 최근 이야기를 들으며 함께 기도할 수 있는 계기를 만들어준다.

2) 독서형 가정 예배

두 번째는 '독서형 가정 예배'이다. '독서형 가정 예배'란 성경책혹은 성경과 관련된 창작 문학들을 부모와 자녀가 함께 읽으면서 하나님을 발견하고 기억하고 감사하는 형태이다. 필자는 창작 문학 중 그림책을 택하여 『그림책으로 드리는 가정예배』 책을 출간하였다. 그림책은 글과 그림이 어우러져 이야기를 전하는 책으로 작은 우리네 삶의모습이 담겨 있다. 좋은 그림책을 보면서 진리에 대한 감수성을 키우고, 성경적 세계관이라는 안목을 키울 수 있게 된다. 그림책으로 드리는가정 예배는 '세대 차이' 혹은 '자녀들 간의 연령 차이'를 쉽게 극복할수 있다는 이점이 있다. 어른들은 어른들 나름대로 깨달음을, 자녀들에게는 재미와 교훈을 더해 준다. 또한 성경의 깊은 의미를 그림책을통해 좀 더 쉽게 이해할 수 있다. 공명교회는 1년 6개월 동안 필자가집필한 '그림책 가정 예배' 책을 영상으로 만들어 각 가정이 유튜브로시청할 수 있도록 하였다. 그림책을 읽고 난 후 책에 나온 질문들을가족들이 함께 나누면서 성경의 가치를 배우고 서로의 마음을 알 수있는 기회를 제공하고 있다. 올해는 주일학교 교재로 활용하고 있다.

3) 라디오 가정 예배

미취학과 초등학생 자녀를 둔 부모들을 위해 라디오 가정 예배를시작했다. 매주 목요일에 진행하고 있는데 어느덧 43회차가 되었다. 일명 '공명, 말씀 읽는 밤에'이다. 잠자기 전 온 가족이 함께 누워 하나님의 말씀을 듣는다. 공명교회는 다양한 가정 예배 모델(오감을 활용한 가정 예배, 이슈형 가정 예배, 그림책 가정 예배)을 성도들에게 제시하고 있었지만 한 가지 아쉬운 점이 있었는데, 성경을 그대로 전해주지 못했다는 점이다. 성경이 메인 텍스트는 아니었다는 점이다. 물론 가정 예배는 성경을 외우는 것이 아니라 하나님의 이야기가 오가는 것이 중요하다고 언제나 강조하고 있다. 이야기 성경책 한 권을 택해서 약 2장 분량의 챕터를 공명교회 네 명의 엄마들이 녹음을 진행한다. 매월 첫 주 수요일에 만나 해당 부분을 미리 연습한 후 당일에 녹음한다. 정기적으로 부모와 자녀가 함께 성경 말씀을 들을 수 있다는 장점과 아이들에게 친숙한 이모들의 목소리를 들을 수 있어서 집중력이 더 높다. 뿐만 아니라 네 명의 엄마들의 협업이 잘 이루어져 관계적인 측면도 서로 배가가 되고 있다. 내년에는 한 성도님과 함께 이야기 성경을 만들어 공식적으로 유튜브 방송을 할 예정이다.

4) 절기(사순절) 가정 예배

공명교회는 2020년 사순절 기간 매주 가정 예배지를 가정마다 배부하였다. 사순절을 기점으로 가정에서 꾸준히 예배를 드릴 수 있게 하기 위함이다. 매주 한 가지 주제로('겸손', '희생', '헌신', '인내' 등) 두세 가지 방식의 예배 교안을 만들었다. 다양한 방식의 교안을 만든 이유는 가정별 자녀들의 나이대가 다르다는 것과 가정 안에서 형제자매들 간에도 나이 차가 있기 때문이었다. 우선 미취학 자녀들은 주제에 맞추어 오감을 활용한 예배를, 초등학생 자녀들은 그림책 읽기를, 고등학생 자녀들은 좋은 글을 읽고 부모와 나눌 수 있도록 하였다. 미취학을 위한 가정 예배는 필자의 책 『보석 비빔밥 가정예배』를 참고하였고, 초등학생 자녀를 위한 가정 예배는 하브루타 방식으로써『그림책으로 드리는 가정예배』책을 활용하였다. 이처럼 사순절을 기점으로 각 가정에서 다양한 방식으로 가정 예배를 드림으로 얻게 된 유익은 가정과 교회가 콜라보로 자녀들의 신앙에 관심을 두게 되었다는 것이다. 또한 가정 예배가 주입식이 아닌 자연스러운 나눔으로, 딱딱하고 형식적인 예배가 아닌 행복한 예배로 의식이 전환되었다는 것이다.

5) 주일을 준비하는 가정 예배

매주 토요일은 주일을 준비하는 가정 예배로 드릴 수 있도록 권유하고 있다. 공명교회는 토요일 오후가 되면 온라인상(카톡)으로 순서지를 올린다. 설교 본문과 찬양곡, 예배 담당자들과 광고를 미리 올려서 토요일 저녁에 가족들이 둘러앉아 주일예배를 준비한다. 함께 내일 본문을 같이 읽고, 모르는 찬양도 불러보고, 내일 예배를 위해 도고 기도(Intercession)를 한다. 5~10분 정도의 짧은 시간이지만 주일예배를 기다리는 마음으로 토요일 가정 예배를 드리고 있다. 물론 모든 성도가 참여하는 것은 아니지만 계속적으로 문화를 만들어가고 있다.

6) 영유아를 위한 가정 예배(가정 예배 낱말카드)

얼마 전 교회에 한 자매가 출산을 하게 되었다. 공명교회 최고 다자녀 가족이 되었다(6식구). 영아를 위한 가정 예배의 필요성을 느꼈던 찰나에 아내와 그리고 공명교회 디자인을 하는 엄마와 함께 올해 작업을 진행했다. 올해 12월에 토기장이출판사에서 제작, 생애 첫 단어를 하나님이 창조하신 창조물로 배운다면 좋겠다는 생각으로 만들었다. 성경에 나오는 단어를 그림으로 그린 뒤 관련된 성경 구절을 부모가 읽어주고 그림에 적인 단어의 의미를 새기며 아이를 위해 기도문을 작성했다. 이젠 공명교회는 영아부에서부터 초등학교 자녀를 둔 부모들에게 다음 세대 신앙 양육을 할 수 있는 최소한의 교재를 제공할 수 있게 되었다. 앞으로 청소년을 위한 가정 예배를 구상 중에 있다. 청소년과 함께하는 가정 예배는 개인 기도와 성찰, 성경 묵상과 일상의 삶을 나눌 수 있는 형태를 생각하고 있다.

6. 공명교회를 넘어

1) 지역 주민을 위한 가정 예배 강의

공명교회의 성도는 크게 둘로 나눈다. 주일 신앙 공동체 분들은 주일 성도로, 종교 유무와 상관없이 주중 '책보고가게'에 오시는 분들은 주중 성도라 부른다. 주중 성도 중에 교회를 다니는 분들에게 가정 예배 공개 강의로 열어둔 적이 있다. 2021년에 공명 교인 뿐 아니라 책보고가게를 방문하는 두 가정이 함께 4주간 가정 예배 부모 교육을 진행하였다.

부모 교육 내용은 이와 같다. 가정의 현주소는 어디인지, 가정에서 부모와 자녀의 관계 형성을 위해 무엇을 힘써야 하는지, 가정 안에서 신앙 교육은 무엇인지… 다양한 가정 예배 모델에 대한 강의 등이다. 4주간의 강의로 끝나지 않고 후속 모임을 진행하면서 지속적으로 예배를 드릴 수 있도록 도왔다. 강의를 진행하는 동안 주중 성도들과 용기와 격려를 주고 받으며 가정 예배를 세워 나가고 있다.

2) 해외 선교사와 타 교회 성도들을 돕는 가정 예배 영상

약 10여 년 넘게 가정 예배 강의를 진행하고 있다. 강의를 갈 때마다 우려가 있는데, 강의가 1회성으로 끝마칠 것 같은 걱정이다. 하지만 최근 많은 교회에서(참여자들과 교회 목회자들) 가정 예배 문화를 세워갈 수 있도록 가정 예배 영상 공유를 요청하고 있다.

한 번은 전주의 한 교회에서 온라인으로 가정 예배를 4주간 진행하게 되었는데, 그때 선교사 3~4가정이 함께 참석했다. 해외에서 자녀들에게 신앙 전수를 위해 고군분투하는 모습을 보니 감동이 되어 그때부터 지금까지 '그림책 가정 예배 영상'과 '라디오 가정 예배 영상'을 제공해 주고 있다. 일본, 모잠비크, 차드, 라이베리아, 베냉, 카자흐스탄, 캄보디아 등등 선교사님 가정에 도움이 된다는 것만으로 참 감사할 뿐이다. 뿐만 아니라 개인적으로 연락하는 분들에게도 동일하게 영상을 제공하고 있다. 영상 제공의 목적은 다음과 같다. 부모들이 마음은 있으나 실제적으로 가정 예배 드리지 못하는 분들의 가이드 라인을 정해준다. 또한 초기에 지침서가 없으면 지속적으로 예배드리기란 쉽지 않기 때문이다. 특별히 공명교회에서 적은 액수이지만 재정으로 후원하는 선교사님 가정에 지속적으로 영상을 제공하고 있다. 나와 내 교회만이 아니라 한국 안에 그리스도인 가정, 나아가 선교사님 가정에 가정 예배 영상이 활용되고 있다.

IV. 나가는 말

가정은 무언가 새롭게 만들어가는 게 아니라 하나님이 세운 질서를 힘써 지켜나가는 것이다. 구약성경 시편 1편에 보면 복은 나무가 시냇가에 심기어져 있을 때이다. 그리할 때 저절로 열매를 맺게 된다고 한다. 이제 향후 10~20년 후에는 다음 세대가 교회를 지켜야 하는데 가정의 신앙 교육이 제대로 이루어지지 않는다면 신앙의 가치를 잃어버리고 세속화되는 것은 불 보듯 뻔한 결과이다.

『한국교회 트렌드 2023』에 보면 통계청 장래 인구 추계(2020~2050년)에 맞추어 통합교단의 감소율 기울기를 그래프로 적용하여 교회학교 인구 변화 증감률을 예상할 때 2030년에는 33.5% 감소, 2040년에는 추가로 25% 감소할 것으로 예견하고 있다.[10] 이처럼 신앙의 대를 잇기 위해서는 농사짓기처럼 많은 시간과 헌신이라는 대가가 필요하다. 하지만 우리는 그런 헌신과 수고에 힘쓰지 않는다. 가시적인 효과가 당장 일어나지 않기 때문이다. 가시적인 효과가 드러나지 않는다고 다음 세대를 위한 신앙 교육을 차일피일 미뤄서는 안 된다. 세속적인 가치관과 문화는 계속 우리를 휩쓸어 버리려 하고, 곳곳에 믿음을 방해하는 장애물이 산재되어 있다.

우리는 세상에 대해 과소평가하지 말아야 한다.『싱크 오렌지 리더 핸드북』의 저자 레지 조이너는 이렇게 말하고 있다: "우리가 변화를 주저하는 이유는 변화를 시도하지 않을 때 우리가 감당하게 될 대가를 과소평가하기 때문"[11]이다. 우리 부모는 경각심을 가져야 한다. '내

---

10 지용근 외 9인,『한국교회 트렌드 2023』(서울: 규장, 2022), 210.

자녀들은 괜찮을 거야라는 안일한 생각을 버려야 한다. 소 잃고 외양간을 고치는 일을 반복해서는 안 된다. 레지 조이너도 이렇게 말했다: "현상 유지의 고통이 변화의 고통보다 더 크다고 느낄 때 사람들은 비로소 변화하기 시작한다."[12] 그렇기에 미리 부모가 변화를 위한 대가와 수고를 지불해야 한다.

우리 부모는 믿음의 경주자이다. 끊임없이 믿음을 지키며 달려야 한다. 동시에 신앙의 계주자임을 잊지 말아야 한다. 자신 혼자 믿음을 지켜내는 것만이 아니라 자신이 가진 믿음의 바통을 다음 세대에 넘겨주어야 할 책임을 가지고 있다. 계주는 혼자가 아니라 마지막 주자가 완주할 때 비로소 승리하는 것이다. 이 거룩한 책임을 기쁨을 짊어지는 부모이길, 동시에 그 부모 밑에 신앙의 싹을 틔워가는 자녀들이 되길 소망해 본다. 적정 행복이 아닌 전적 행복을 찾아가는 가정과 교회가 되어야 할 것이다.

---

11 레지 조이너/조계광 역, 『싱크오렌지 리더 핸드북』 (서울: 디모데, 2011), 15.
12 위의 책, 15.

교회론적 전환과 사역 개발 이야기
— 성암교회 사례

조주희

성암교회 담임목사

I. 교회 변화의 출발

1. 교회 자산의 발견

교회는 예수 그리스도로부터 부름 받은 공동체이다. 교회의 출발은 예수 그리스도의 사랑에 바탕을 두고 있다. 따라서 교회 공동체는 존재만으로도 이미 예수 그리스도의 사랑이라는 자산을 가지고 있는 셈이다.

성암교회 또한 예외가 아니다. 성암교회는 담임목사의 부임 당시 아주 중요한 기도 제목을 가지고 있었다. 그것은 '사회교육관'[1] 건립을 위한 기도였다. '사회교육관'이라는 명칭을 사용하는 이유를 알아본

---

[1] 성암교회는 앞으로 건설하게 될 건물을 공식적으로 사회교육관이라는 명칭을 정한 바가 없으나 성도들 사이에서는 이미 사회교육관이라는 명칭을 공식화한 것처럼 사용하고 있었다.

결과 그렇게 특별한 것은 아니었다. 건물을 짓고 난 다음 교회뿐만 아니라 지역 사회가 함께 사용하길 원하는 마음에서 비롯되었다는 것이다. 여기에 나타난 교회의 일반적 의식은 단순히 건물 사용의 효용성에 관한 관심이라기보다 지역 사회에 대한 일종의 사명감으로부터 비롯되었다는 사실이었다. 그런 면에서 성암교회 역시 예수 그리스도의 사랑임을 충분히 인식하고 있었다는 사실을 알 수 있었다.

2. 성암교회가 위치한 지역적 특징

은평구 전 구청장은 그의 책에서 "은평구는 서울시에서 재정 자립도가 하위권에 속하는 구입니다. 이러한 은평구가 어려운 이웃을 돕는 일에 1위를 기록한 것은 무엇을 말해 주는 것일까요? 사회 경제적으로 열악한 여건이지만, 은평구 주민들은 다 함께 작은 정성을 모아 슬기롭게 극복하고자 노력합니다"[2]라고 언급한 바 있다.

성암교회는 지역성이 높은 교회라는 특징을 가지고 있다. 성도들 대부분이 지역에 거주하는 주민들로 구성되어 있어서 이 지역에 대한 이해도가 높은 셈이다. 따라서 성암교회는 위에 나타난 구청장의 평가와 비슷한 정서를 가지고 있는 동시에 예수 그리스도의 사랑에 대한 보다 실제적인 이해를 지닌 공동체였다. 이런 특징은 교회를 변화할 수 있게 한 하나님께서 주신 놀라운 선물이었다.

지역 사회와 호흡할 방법에 관한 질문을 하게 만들었고, 그 질문에 대해 답을 만들어가는 과정을 통하여 교회의 변화를 모색해 가는 길을

---

2 김우영, 『은평에 살고 싶은 202가지 이유』 (서울: 비타베아타, 2013), 18.

열게 만드는 힘이 되었다. 이것은 지역성을 가진 교회가 교회 자신을 지역 사회에 어떻게 선교적으로 표현할 것인가에 관한 아주 중요한 선교적 고백이다.

지역 사회에 대한 교회의 활동은 이런 구체적인 고백을 바탕으로 이루어져야 한다. 이것은 최동규 교수의 선교적 교회 모델을 세우려는 교회들이 이것을 사업이나 프로그램의 측면에서 이해하려는 우를 범하고 있다며, "선교적 교회의 실천을 이런 방식으로만 이해하면 그들이 비판하는 사업 또는 프로그램 중심의 선교—기존 교회들이 중시해온, 위로부터 지시된 '행위' 위주의 선교—로 귀화하는 잘못을 범하게 된다"[3]는 지적을 의미 있게 받아들여야 한다.

한국일 교수는 현실적으로 존재하는 모든 교회는 다양하다고 말하면서, 이런 다양성에도 불구하고 예수 그리스도를 주로 고백하는 교회는 성경에 제시된 신앙 공동체로서 하나의 교회로서 공교회성과 보편적 교회성을 가지지만 "모든 교회는 그 자체적으로 개별적 특징을 가지고 있으며 동시에 이 하나의 교회에 대한 지역적, 다양한 표현이다"[4]라고 설명한다. 이처럼 성암교회는 은평구 지역에서 지역에 합당한 하나의 표현으로 존재하고 있다.

3. 변화를 위한 구체적인 발걸음

성암교회는 주차장으로 사용하던 공간에 '사회교육관'을 세우기로

---

3 최동규, 『미셔널 처치』 (서울: 대한기독교서회, 2017), 192.
4 한국일, 『선교적 교회의 이론과 실제』 (서울: 장로회신학대학교출판부, 2019), 50.

했다. 이 과정에서 '사회교육관'의 이름을 교회 공동체의 투표를 통해 '성암비전센터'로 결정하고, 건립하기 위한 구체적인 계획을 세워야 했다. 구체적인 계획을 세우는 과정에서 발견된 아주 중요한 장애는 교회 공동체가 구체적인 계획을 세울 수 있는 능력이 없었다는 사실의 발견이었다. 교회 공동체가 이미 품고 있었던 교회와 지역이 함께 호흡하며 사용할 수 있는 건물을 짓는 것은 전문성 없이는 불가능하다는 사실을 발견하게 된 것이다.

이런 전문성 확보를 위하여 성암교회는 한 기관에 컨설팅을 의뢰하기로 했다. 이런 과정에서 두 가지 어려움이 예상되었다. 첫째는 컨설팅이라는 낯선 기법이 교회에서 사용되는 것에 관한 이해였다. 그동안 성암교회는 한국의 대부분 교회가 그러하듯 교회의 사역에 대한 안내를 외부에 맡겨 본 경험이 전혀 없었다. 따라서 이런 낯선 방식에 관한 교회 공동체의 이해 과정이 필요했다. 둘째는 컨설팅을 위한 예산 확보였다. 낯선 방식을 이해시켜야 하는 과정에서 예산 확보 또한 어려운 과제일 수밖에 없었다. 컨설팅은 전문성이 요구되는 만큼 전문성에 대한 비용을 지급해야 하는 것이 마땅하다. 그런 경험이 없는 교회 공동체에는 반드시 설득의 과정이 과제로 남는 셈이다.

4. 컨설팅 예산 확보 과정에 나타난 소통의 중요성

이현주 임상심리 전문가는 공감에 대해서 다음과 같이 안내한다: "공감을 표현하는 방법은 간단하다. 상대방의 감정이나 생각을 상대로서 표현해 본다. 상대방이 그때 느꼈을 만한 감정이나 생각을 나도 똑같이 표현해서 느껴 본다."[5] 이런 정의는 역지사지易地思之와는 달리 매우 적극적인 태도를 강조한다. 소통 전문가인 이현주의 정의는 소통은 단순히 서로의 처지를 이해하려는 역지사지라는 차원을 넘어서서 감정까지 고려하여 감성적으로 교감이 가능한 차원에까지 이르러야 한다는 점을 강조한다. 컨설팅 예산을 확보하면서 얻은 교훈은 담임 목회자의 사역에 있어 그 사역이 어떤 사역이든 소통에 대한 충분한 이해는 물론 구체적인 실행의 능력이 필요하다는 점이다.

필자는 성암교회에 부임하면서부터 당회원들과 교우들과 어떻게 마음을 나눌 것인가를 가장 중요한 과제로 삼았다. 리더십 전문가들이 사람들이 정기적으로 서로의 삶에 참여하는 환경 속에서 높은 수준의 사회적 상호작용이 필요하다고 강조하는 것처럼[6] 교회의 특징이 정기적으로 참여하는 상황에 놓여 있으므로 상호작용이 일어나도록 힘을 써야 하는 것은 목회자에게 매우 실제적인 과제라는 사실을 인식하며 사역을 실행했다. 당회원들이나 교우들이 필자의 의도를 이해하고 따라가게 하는 방향보다는 상호작용하면서 함께 길을 만들어 가는 동역의 의미를 강조했고, 목회적 과정과 교회의 사역이 '목회자의 이야기'만이 아니라 '교회 공동체의 이야기'가 되도록 여러 방법을 동원했다.

리더십의 유형을 예시한 다음의 그림 중에 [그림 1][7]이 아닌 [그림 2][8]가 이 관점에서 교회 공동체와 함께한 것이다.

이런 일련의 과정들이 열매로 나타난 것이 교회 공동체가 컨설팅과 예산 확보에 관해 긍정적으로 받아들인 것이다. 물론 교회 사역의 출발

---

5 이현주, 『관계의 99%는 소통이다』 (서울: 메이트북스, 2018), 84.
6 앨런 J. 록스버그·프레드 로마눅/전석재 역, 『선교적 교회의 리더십』 (서울: CLC, 2018), 82.
7 https://cv2lab.com/ 조동진 칼럼: 창업, 경영 그리고 마케팅에 대한 본질을 이야기함.
8 https://m.blog.naver.com/noble8888/ 감성 리더십과 써번트 리더십.

[그림 1] 〈강력한 리더십〉   [그림 2] 〈감성 리더십과 서번트 리더십〉

지점과 결정, 진행이 모두 목회자의 몫인 것은 분명하지만, 필자는 그것을 이루어가는 과정에서 위와 같은 방식을 사용하기로 한 것이다.

그러나 목회자의 노력만 있었던 것은 아니었다. 교회 공동체의 교회에 관한 이해 또한 한몫했다. 성암교회가 이웃에 대한 진지한 태도는 이미 확인했다. 이런 교회의 잠재력이 사역을 통해서 드러날 수 있도록 길을 연 것이 바로 컨설팅이다. 컨설팅 기법은 교회 공동체가 가진 신앙과 신학의 효과적인 표현의 길이었다. 그런 면에서 컨설팅을 교회 공동체에 소개하고 설득할 때 교회 공동체가 가진 사역을 효과적으로 개발하도록 돕는 차원의 기법으로 설명하는 것이 중요하다. 즉, 컨설팅은 교회의 역사성을 무시하고 전혀 새로운 길을 여는 혁명적인 방법이 아니라 이미 연속성 상에서 교회 공동체 안에 이미 존재하는 것들을 빛나게 하는 방식이라는 방향에서 접근하는 것이 설득과 소통의 차원에서 그리고 앞으로 펼쳐질 사역을 위해서 더 효과적이다.

이것은 성암교회의 이야기만은 아니다. 모든 교회는 성경의 가르침을 자기 방식으로 따른다. 그런 의미에서 교회의 사역 개발에 있어서 두 가지 점을 지양하는 것이 바람직하다.

첫째는 개발되는 사역이 이전과 불연속면을 가진 것은 아니라는 강조가 필요하다. 어느 사역이든지 성경의 가르침을 따르는 사역이라는 전제가 있다면 그것은 이미 교회가 가진 신앙고백과 신학적 전통을 기반으로 개발 가능하다는 이론이 가능하다. 새로움에 대한 강조보다는 발전이라는 도식에서의 강조가 더 효과적이다.

둘째는 과거를 부정하는 차원에서의 개발을 지양하는 것이다. 이미 지적한 바와 같이 새로운 사역은 발전적 개념으로 접근해야 한다. 과거의 방식이나 사역을 폐기해야 하는 대상으로 인식하게 된다면 교회 공동체는 새로운 방식을 적대적인 관점으로 받아들일 가능성이 크다. 그런 점에서 과거의 긍정성에 대한 새로운 발견과 이해가 필요하다. 지금까지의 방향과 사역의 긍정적인 부분을 충분히 기뻐하고 감사할 수 있게 하는 것은 매우 중요한 과제이다. 과거에 대한 재해석을 기반으로 한 새로운 사역의 개발은 교회 공동체에 진보라는 기쁨을 맛보게 할 것이다.

II. 교회의 변화 과정

1. 컨설팅 진행

1) 담임 목회자의 역할

이 과정에서 빼놓을 수 없는 요소는 담임 목회자의 리더십이다. 컨설팅팀과 교회의 만남은 매우 이질적 특징을 가진다. 우선 컨설팅팀은 교회 공동체에 매우 이질적 집단이다. 마찬가지로 컨설팅팀에게도 교회는 낯선 공동체이다. 더군다나 교회는 생산성보다는 공동체성의 가치가 훨씬 앞서있는 집단이다. 이것이 기업과 교회의 다른 점이다.

컨설팅팀은 기업적 성격이 강한 특징을 지니고 있다. 기업이 아니라 하더라도 컨설팅팀으로서는 생산성이라는 측면을 간과할 수 없다. 그런 성격을 가진 컨설팅팀은 교회 공동체에 엄청난 영향력을 끼칠 수 있는 상황이고, 동시에 교회 공동체에 컨설팅팀은 사역 대상이다. 그런 점에서 양자 간의 소통은 매우 중요하다. 소통 과정에서의 적절한 조절이 필요한 상황이다. 이런 점에서 이 과정에서의 목회자의 역할 비중은 더 강조할 필요가 없을 정도이다.

첫째, 무엇보다도 컨설팅팀의 언어와 교회의 언어의 상이성은 간과해서는 안 될 요소이다. 컨설팅팀이 가진 주 언어는 사회과학적이다. 반면에 교회가 가진 언어는 신앙적이고 교회적이다. 매우 이질적인 언어를 사용하는 집단 간의 관계가 생기는 셈이다. 그런 점에서 담임 목회자는 컨설팅팀과 교회 공동체 간의 소통 부분에서 서로의 언어 치환을 위한 노력이 필요하다. 이 부분에서 담임 목회자의 사고의 탄력성과 언어 사용의 개방성은 매우 중요한 요소이다.

둘째, 이를 위해서 목회자 자신의 준비가 중요하다. 컨설팅 전반에 대한 이해와 인문학적 소양, 사회과학적 사고력 등 목회자의 중간자적 역할을 위한 목회자 자신의 준비 과정은 필수적이다. 나아가 목회자가 가진 신학과 신앙의 자기 이해와 교회 공동체의 신학과 신앙에 대한 객관적인 이해는 컨설팅 전반에서의 목회자 역할에 있어서 가장 중요한 요소로 작용한다. 여기서 필자는 목회자 자신의 변화 없이 교회의 변화는 불가능하다는 점을 강조하고 싶다.

셋째, 자신의 리더십에 대한 점검이 필요하다. 선교적 교회로의 전환에는 목회자의 리더십 형태에 관한 고민은 필수적이다. 컨설팅팀과 목회자의 소통에 있어서 목회자 자신이 어떤 소통 방식에 익숙해 있는가를 점검해야 한다. 리더십과 소통 방식은 표현 방식의 차이일 뿐 아니라 리더십의 형태가 소통 방식의 형태를 결정한다고 해도 과언이 아니다. 지역 사회와 함께하는 목회는 그것에 적합한 리더십과 소통 방식이 있어야 한다. 리더십의 점검이 필요한 이유이다.

넷째, 목회자의 위치에 대한 자기 이해가 필요하다. 컨설팅의 전 과정에서의 흐름을 주도하는 것은 사실상 담임 목회자이다. 이런 상황에서 목회자는 드러난 주도자이기보다는 흐름이 잘 흘러가도록 돕는 숨겨진 지도력을 펴야 한다. 담임 목회자는 일종의 울타리 혹은 유대망/그물(attachment)을 통하여 이질적인 집단이 상호 간의 작용이 원만하게 이루어지도록 도와야 한다. 컨설팅 과정에서 조직 간 다수의 회의는 필수적이다. 컨설팅팀은 개 교회에 대한 완전한 이해를 바탕으로 컨설팅을 진행하는 것은 아니다. 교회 공동체의 특성을 참작한다면 한 팀이 교회를 객관적으로 그리고 전체적으로 이해한다는 것은 불가능에 가깝다. 그런 의미에서 목회자가 컨설팅팀과 교회 공동체 양자가 이루어내는 흐름을 이해할 수 있을 때 이 과정에서 나타나는 위기들을 극복할 수 있게 된다.

일종의 융합적 지도력이 필요하다. 지역과의 연대가 필요한 사역 개발인 만큼 단순한 물리적 결합이나 통합을 넘어서 유기적 화학결합을 통해서 새로운 길을 열어가는 특징을 가져야 할 필요가 있다는 점을 간과해서는 안 된다.9

목회자가 가진 신학과 신앙을 통해 형성된 목회 활동의 내용을 교회 공동체와 함께 공유하고 함께 실천으로 옮기는 과정이 목회자의 리더십을 통해서 실현된다는 점에서 목회자 스스로 창의적이고 도전적이며 유연한 목회 리더십이 필요하다는 점을 인식하는 것은 무엇보다 중요하다는 지적이 의미 있는 이유이다.10

2. 교회론적 변화의 필요성

1) 목회 현장에서 바라보는 교회론 변화의 필요

교회론의 변화 없이 교회의 변화가 일어날 수 있다면 그것은 임시적인 변화일 수밖에 없다. 교회론의 변화를 간과한 사역 개발은 엔진은 바꾸지 않은 채 차체를 바꾸는 것과 같다.

앨런 허쉬는 교회의 변화를 위한 엄청난 노력을 하면서도 정작 그동안 교회가 가지고 있던 생각은 그대로 유지하려 한다면 교회의 변화는 실패할 수밖에 없다고 지적한다.11

교회는 지역 사회 속에서 존재하며, 교회는 지역 주민들이 그 구성원이 되고 그들의 헌신과 사랑에 의해 존재한다. 교회는 세상에 구원받지 못한 사람들을 불러 구원받은 백성이 되도록 하는 하나님의 부르심을 따르는 공동체이다. 그래서 교회 공동체는 세상과의 연결성 상에 존재한다.

한국일 교수는 오늘날의 목회자는 지역 사회를 타 문화권 선교사의

9 김도일, 『가정 · 교회 · 마을 교육공동체』 (서울: 동연, 2018), 135.
10 한국일, 『선교적 교회의 이론과 실제』, 368.
11 Alen Hirsh, *The Forgotten Ways* (Grand Rapids: Brazos Press 2006), 51.

의식으로 교회 안에 머물거나 교인들 간의 관계 안에 제한되지 말고 지역과 세상으로 나와야 한다고 강조한다.[12] 이것은 결국 신학적인 문제이다. 그런 점에서 교회론에 대한 점검은 필요하다.

성암교회가 컨설팅 기법을 사용할 당시 인구 조사 결과는 한국 개신교에 대한 심각성을 외적으로 보여주는 지표였다. 2006년에 보고된 「2005 인구주택 총조사보고서」(대전: 통계청, 2006)에 따르면 1985~95년의 10년 사이에 종교인 전체 인구는 1,720만(전체 인구의 42.5%)에서 2,260만으로 31.4%나 증가했다. 아래 〈표 1〉을 분석해 보면 개신교의 문제를 알 수 있다.

〈표 1〉 한국 종교인 수와 그 변화(단위: 천 명)[13]

연도 종교	1985		1991			1995			2005		
	수	퍼센트	수	퍼센트	증가율	수	퍼센트	증가율	수	퍼센트	증가율
전체	17,203	42.5	23,365	54.0	35.8	22,598	50.7	-3.3	24,970	53	1.1
불교	8,062	19.9	11,729	27.1	45.5	10,321	23.2	-12.1	10,726	22.8	1.04
기독교	6,489	16.0	8,037	18.6	23.9	8,760	19.7	9.0	8,616	18.3	-1.8
가톨릭	1,865	4.6	2,477	5.7	32.8	2,951	6.6	19.1	5,146	11	175
기타	791	2.0	909	2.1	14.9	566	1.3	-37.7	482	1	-15

---

12 한국일, "코로나19 시대에 있어서 지역 사회 친화적 교회로서의 마을," 노영상 편집, 『교회 건물의 공공성』 (서울: 쿰란출판사, 2021), 28.

13 통계청, 『2005 인구주택 총조사보고서』 (대전: 통계청, 2006).

1995년 대비 2005년의 전체 인구 중 종교 인구의 증가율은 42.5%에서 53%로 약 10.5% 정도 증가한다. 그러나 개신교는 종교인 수가 1985년의 16.0%인 것이 1995년에는 19.7%로 소폭 증가하다가 2005년에는 18.3%로 1.4% 감소한다. 개신교 역사상 처음 있는 일이다. 반면에 가톨릭의 경우는 1985년에서 1995년에 약 2% 증가했다가 2005년에 이르러서는 무려 4.4%로 증가한다. 수치를 보면 1985년의 186만 5천 명이었던 것이 2005년에는 514만 6천 명으로 무려 2.8배 가까이, 약 175% 성장했다. 충격적인 결과이다.

이것은 다음의 표를 보면 어느 정도 개신교의 통계 상황에 대한 설명이 가능하다.

〈표 2〉 종교별 이미지 평가(무종교인 대상)[14]

이미지 내용	개신교	천주교	불교
구제/봉사활동 등 대 사회적 역할 잘함	37.8	44.8	25.3
시대의 변화에 빠르게 적응	44.6	32.7	21.6
종교 지도자 자질의 우수	22.8	40.8	26.7
개인적인 영적 문제 해답	18.0	19.0	20.5
참 진리 추구하기보다는 교세 확장에 더 관심	76.0	35.1	36.6
지나치게 헌금/시주 강요 경향	70.8	28.7	33.6
믿지 않는 사람 따뜻하게 대해주지 않음	33.2	18.5	14.6
지켜야 할 규율 너무 엄격하게 강조	38.4	29.2	23.8

이 표는 1995년의 개신교의 성장 결과에 대한 원인을 분석할 수

---

14 한미준·한국갤럽,『한국 개신교인의 교회 활동 및 신앙 의식 조사 보고서』(1998), 154.

있도록 돕고 있다. 두 번째 항목인 시대 변화에 빠르게 적응한다는 응답의 44.6%는 다른 항목들의 결과와 비교해 볼 때 매우 눈에 띄게 높은 수치로 보이나 긍정적인 의미가 아닌 부정적 의미를 갖는 것으로 해석해야 한다. 왜냐하면 위의 항목을 분석해 볼 때 종교 지도자의 자질, 진리 추구의 정도, 헌금 강요 등의 항목을 응답한 결과가 한국 사회에서 개신교가 교회적 본질을 추구하는 데 실패하고 있으며, 교세 확장과 종교의 비본질적인 것들을 추구하는 집단으로 비쳤다는 사실을 알 수 있기 때문이다. 지역 사회의 개신교에 대한 실망적인 평가는 교회 성장과 깊은 연관성을 가질 수밖에 없다.

3. 교회의 교회론과 공공적 성격

한국교회에 대한 일반 사회의 인식은 한국교회의 공신력에서 비롯된다고 볼 수 있는데, 공신력이 약화한 중요한 요인 중의 하나는 교회의 사회봉사가 교회의 중심적 사명이 되지 못한 데서 기인한다는 지적을 피할 수 없다.[15] 기독교는 존재하는 것 하나만으로도 이미 공공적 성격을 지니고 있다. 기독교는 이미 그 교회 공동체가 존재하는 지역 사회에 책임적 존재라고 사실을 알려준다. 따라서 이런 책임성에 대한 인식은 교회가 지나친 교회 중심적 시각에서 벗어나야 하는 과제 앞에 놓여 있다는 사실을 보여준다. 이제는 교회가 자신의 관점에서만 바라보는 방식에서 벗어나 지역 사회가 교회를 바라보는 관점에 대해서도 인지해야 한다. 즉, 교회 공동체는 지역을 바라보는 눈은 '교회의 지역'이라는

---

15 김명용, 『열린 신학 바른 교회론』 (서울: 장로회신학대학교출판부, 1996), 85.

관점에서부터 '지역의 교회'이기도 하다는 관점까지 받아들여야 한다.

오히려 한국교회는 과연 기독교가 정치, 경제, 사회 문제를 다루는 공적인 영역에서 어떠한 역할을 해야 하는가 질문할 필요가 있는 처지이다.[16] 그 답은 이제 한국교회가 스스로 그리고 교회 밖의 영역과 소통하며 찾아야 한다.

앨런 허쉬는 그의 책에서 두 개의 도표를 사용하여 설명한다. 먼저 전통적 교회론에 대한 설명은 다음과 같다.

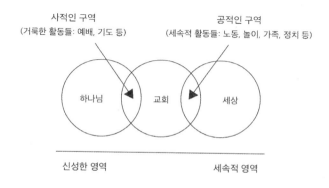

[그림 3] 이원론적 영성

[그림 3][17]은 성암교회 공동체원이 대부분 가지고 있는 교회와 세상과의 관점을 대변하고 있다. 이런 교회론은 세계와 하나님을 분리한다. 위 그림은 교회가 하나님을 알지 못하는 세상에 하나님을 알려 주는 역할을 하는 것으로 나타난다. 따라서 하나님과 교회가 만나는 교회의 인식 영역은 거룩한 영역이고, 교회와 세상의 관계는 세속적으로 존재

---

16 김도일, 『가정. 교회. 마을 교육공동체』, 107.
17 Alen Hirsh, *The Forgotten Ways*, 96.

한다. 이 그림은 문제점을 하나 드러내고 있는데, 하나님과 세상은 교회의 중개를 통하지 않고는 전혀 관계가 없는 것으로 나타난다. 전통적인 교회론에서 세상의 주인이신 하나님으로 고백한 신론과 배치된다. 교회는 하나님과 세상을 이원론적 입장에서 파악한다.

실제로 성암교회 또한 이런 방식의 교회론적 입장을 취하고 있었다. 세상은 오직 예수 그리스도의 구원이 필요하며, 교회는 이를 위해 부름을 받았다는 고백에 기반하여 교회 사역이 이루어졌다. 이웃을 돕는 사역마저도 하나님의 사랑을 세상에 시위하는 측면이 강했고, 구원받은 자들이 구원받지 못한 자들에게 시혜를 베푸는 관점이었다. 이는 교회가 사회에 대한 지속적 관심에도 불구하고 계속하여 교회와 세상의 관계를 어렵게 만드는 한 원인이 되었다.

그러나 앨런 허쉬가 보여주는 [그림 4][18]의 경우는 다르다. 이 그림의 특징은 하나님과 교회 그리고 세상이 상호 작용하고 있다는 점을

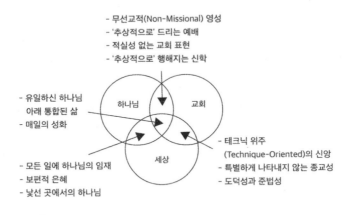

[그림 4] 모든 것의 주인인 예수님(비이원성 영성)

18 *Ibid.*, 96.

보여준다.

위 [그림 4]는 하나님과 교회의 만남의 자리에도 세상의 자리가 존재하고, 하나님과 세상의 만남의 자리에도 교회의 자리가 존재한다. 물론 세상과 교회의 만남의 자리에도 또한 하나님의 자리가 존재한다. 교회는 이 세상을 하나님 없는 세상이 아닌 하나님과 연결된 세상으로, 하나님께서 관여하시는 세상으로 변화시킨다. 즉, 이것은 교회가 하나님과 세상을 분리하지 않고 세상을 하나님의 역사 대상으로 바라보고, 오히려 교회는 하나님과 세상을 결합하는 중요한 역할을 하는 것으로 이해한다. 예수 그리스도는 교회를 하나님과 화목하게 하시고, 교회에는 이 세상을 하나님과 화목하게 하는 직책을 부여하신다(고전 5:17-19).

하나님과 세상, 하나님과 교회 그리고 교회의 세상이 각각 독립된 관계의 영역을 가지고 존재하지만 동시에 그것은 전혀 개별적인 이기적 영역이 아니라 타자에 대해서 공유를 개방적으로 받아들이는 독립성이다. 따라서 교회는 하나님 없이 세상을 이해할 수 없고, 세상없이 하나님을 이해할 수 없는 아주 독특한 지위를 가진다. 이것이 곧 교회의 선교에 있어서 중심축이 되어야 하며, 교회가 세상에 대한 공공적 성격을 가져야 하는 주요 원인이다.

성암교회는 이런 교회론적 전환을 위해서 교육 과정을 통해 담임목사를 비롯한 교회의 모든 구성원이 이에 대해 집중하며 14개월의 컨설팅 기간 중 8개월간의 교회론적 전환을 위한 교육 프로그램을 진행했다.

4. 지역 사회 바라보기

성암교회의 변화의 시작은 어쩌면 교회론적 전환에서 비롯된다.

교회론적 전환은 절대 쉽지 않은 일이다. 세 가지 면에서 그러하다.

첫째, 무엇보다 목회자 스스로 자신을 '가르치는 자'로 인식하는 것으로부터 '배워야 하는 대상'으로의 인식 전환이 필요하다. 목회자와 성도 공동체가 함께 변화를 이루어야 한다. 담임 목회자 또한 자신이 가진 교회론적 전환을 이루어야 한다. 목회자의 교회론 또한 수정되어야 할 대상이다. 목회자 자신의 교회론적 변화 없이 성도의 교회론적 변화를 기대할 수 없다.

목회자는 자신에게 주는 자신의 점수가 후하다는 점을 놓쳐서는 안 된다. 교회 공동체가 변화가 필요하거나 표류할 때 목회자들의 대다수는 그 원인을 자신 안에서 찾지 못한다. 따라서 교회의 변화를 추구할 때 자신의 교회론에 대한 점검의 기회로 삼는 것이 어쩌면 변화의 가장 중요한 핵심 요소 중의 하나이다. 필자는 이 부분에 가장 중요한 방점을 두었다.

교회론적 변화는 이렇게 담임 목회자와 성도가 함께 이루는 공동작업(collaboration)이어야 한다. 지역 사회를 향한 인식의 변화는 목회자와 성도 공동체가 함께 풀어야 할 숙제이다. 따라서 이 전환은 절대적 시간이 필요하며, 자구적인 노력보다는 하나님께서 지역 교회 밖에 이미 주신 자원들의 협력을 얻을 준비를 할 때 그 길에 설 수 있다. 이때 교회에서 신뢰를 받을 만한 지원 세력을 확보하고 이들의 도움을 받는 것이 효과적이다.

둘째, 그동안 익숙한 교회론으로부터의 전환을 이루어야 하기 때문이다. 한 교회가 가진 교회론은 그동안 그 공동체가 가진 신앙, 신학, 신앙의 문화와 역사 등 수많은 요소가 함께 녹아 들어있는 복합적 성격을 지닌다. 그리고 그런 교회론적 바탕을 가지고 지금까지 존재하며 사역을 이루어 왔다. 말하자면 지금까지의 교회론은 교회를 존재하게 했으며, 교회에 열매를 주었고, 나아가 하나님 앞에 헌신하게 하는 주된 동력이 되었다.

셋째, 교회론적 전환 과정에서 자칫하면 그동안 교회의 존재와 역사에 대해 부정당하는 왜곡을 경험하기 쉽기 때문이다. 앞에서 밝힌바 전통적인 교회론에서 문제가 발견된다고 할지라도 부정되어야 할 교회론은 아니다. 전통적인 교회론 역시 그동안 교회가 존재하게 하는 힘이 되었고, 그동안의 선교에 있어서 많은 열매를 거두게 하는 원리였음이 틀림없다.

교회의 변화에 있어서 놓치기 쉬운 실수는 과거를 부정하는 방식이나 과거와의 불연속성을 만드는 방식의 사용이다. 한 교회의 역사는 하나님의 이끄심과 그 시대를 살아가는 성도들의 헌신 위에 세워진다. 따라서 과거를 부정하거나 과거와 단절시키는 방식의 사용은 역사적 무지에서 비롯된다. 그런 면에서 교회론적 전환은 교회가 그리스도에게로 성장하도록 하기 위한 길로 변화되어 가는 과정이라는 점을 놓쳐서는 안 된다.

III. 사역 개발 이야기

1. 성암교회 변화의 출발

성암교회는 교회의 변화를 추구하기 위하여 컨설팅 기법을 도입했다. 성암교회의 지역에 관한 관심과 사역 개발은 컨설팅 기법을 사용했다는 점에서 독특하다. 교회는 아직 지역과 건강하게 만날 수 있는 준비와 역량에 있어서 부족하다는 사실을 인식했다. 이것을 극복하기 위하여 컨설팅이라는 기법을 사용한 것이다. 전문가들을 통하여 교회와 지역이 만나고 함께할 수 있는 길을 열게 된 것이다.

컨설팅 기법의 장점은 사회과학적이라는 점이다. 이것은 지역 사회와 교회가 공신력을 가지고 만날 수 있는 아주 좋은 방법이다. 이미 대한민국 사회는 전문성이 높은 사회로 발전되어 있는 상황이다. 이런 상황에서 사회과학적 방법이라는 도구가 교회의 사회적 설득력을 확보하는 데 아주 중요한 역할을 할 수 있다.

이것은 지역 사회가 지역 사회를 위한 교회의 사역 개발에 있어서 하나의 소통 도구가 되었고, 지역 사회의 행정기관과 NGO와 기타 지역 활동가들의 관심을 불러일으키는 원인이 되었다. 이런 과정을 통해 개발되고 진행되는 사역들은 지역 사회의 욕구와 자연스럽게 만나는 계기가 되었고, 이 욕구를 전문가들과 조직을 통하여 반응하는 길을 찾게 되었다. 교육, 설문조사, 시범 사역 운영, 사역 개발 등의 과정에서 전문성과 공신력 그리고 측정 가능한 효과적인 사역 개발 과정을 확보할 수 있었다.

2. 컨설팅 시작

1) 컨설팅의 목적과 방향

컨설팅의 목적과 방향은 다음 [그림 5]와 같다.

구분	내용
목적	▷교회의 사회복지 프로그램의 활성화 ▷지역 사회와의 연계 및 긍정적 관계 형성 ▷교회 인지도 향상 ▷지역 사회 내에서의 교회 본질과 정체성 확립(교육) ▷교회의 사회적 공신력 회복 ▷사회복지 자원의 효율적 활용
방향	▷교회 사회복지 현황 진단을 통한 사회복지 프로그램 활성화 ▷교회 사회복지 참여자들의 교육과 훈련을 통한 사회복지 전문성 　향상 및 동기화 ▷교회 사회복지 종합진단 ▷교회 사회복지 시범 사업 추진 ▷교회 사회복지 종합계획 수립 ▷사역 개발

[그림 5] 컨설팅의 목적과 방향

3. 컨설팅의 네 영역

1) 조사

교회 사회복지 프로그램 개발을 위한 조사는 교회가 위치하고 있는 지역 사회복지 자원에 대한 조사, 교회 구성원들의 인식과 참여도에 대한 조사, 사회복지 프로그램 수혜자들에 대한 조사, 교회 내부 사회복지 관련 프로그램 조사, 교회 사회복지 자원 조사 등으로 이루어진다.

지역 사회복지 자원에 대한 조사는 해당 지역(성암교회는 교회를 중심으로 반경 5km 이내 자원에 대한 조사를 시행함)의 인구적, 지리적, 문화적 특성, 저소득계층(사회복지 보호 대상인 국민기초생활 수급자, 장애인과 노인) 현황, 차상위계층 현황, 교회 인근 사회복지 시설 현황 등에 대하여 조사를 실시한다. 특히 인근 사회복지 시설 현황에 대한 조사는 이용시설과 생활시설 여부, 제공되는 서비스(혹은 프로그램) 현황 등에 대하여 실시된다. 이러한 지역에 대한 조사는 기존 공공 사회복지 전달 체계상에서 제공되고 있는 서비스의 대상과 형태를 확인하고 파악함으로써 교회에서 제공되는 서비스와 공공 전달 체계상의 서비스와의 중복성을 피하고, 공공 전달 체계상에서 소외되거나 서비스 혜택을 받지 못하고 있는 사각지대의 대상층을 찾기 위한 것이다.

교회 구성원들의 인식과 참여도 등에 대한 조사는 주로 설문지 조사의 형태로 이루어지는데 성별, 거주기간별, 교회 출석 기간별, 연령대별, 가족 구성 형태별, 사회복지에 대한 인식과 필요성 인지 수준, 교회 재정 중 사회복지 예산의 배정 비율, 분야별 사회복지 프로그램 욕구 수준, 사회복지에 대한 참여 여부 등에 대한 조사를 시행한다.

사회복지 프로그램 수혜자들에 대한 조사는 사회복지 서비스에 대한 만족도를 중심으로 진행된다. 교회 내부 프로그램 관련 조사는 현재 운영 중인 교회 사회복지 프로그램의 형태, 내용, 참여 대상, 사역자 현황, 예산 규모, 각종 프로그램 관련 기록물에 대하여 이루어진다. 이 조사는 사역자들에 대한 인터뷰 등을 통하여 진행할 수도 있다.

교회 사회복지 자원 조사는 교회 구성원 중 사회복지사 등 전문 인력의 현황, 사회복지를 운영하는 데 필요한 재정은 교회 전체 재정 대비 사회복지비로 지출되는 예산의 규모 등을 확인하기 위하여 진행된다. 이러한 조사 결과는 시범 사업의 방향과 교회의 지속적이고 중장기적인 사회복지 계획을 수립하는 데 기초 자료로 활용된다.

2) 교육 및 훈련

교회 사회복지 프로그램을 위한 교육과 훈련은 다양한 형태로 진행될 수 있다. 교회 전체 구성원들에 대해서는 교회 사회복지의 필요성과 인식 전환을 위한 내용으로 진행되어야 하는데, 그 방법은 별도의 교육과 훈련을 위한 시간을 마련하여 추진하기에는 어려운 여건이기 때문에 주로 설교나 사회복지 주간을 선정하여 교회 구성원 전체가 사회복지 프로그램의 필요성을 인식시키는 방식으로 진행되어야 한다. 오후 예배 설교의 경우는 사회복지 프로그램이 활성화되어 있는 교회의 담임 목회자를 초청하여 사례 중심의 설교를 정례적으로 진행하는 것도 좋은 방법이 될 수 있다.

특히 유의할 것은 교회 구성원 전체를 대상으로 하는 사회복지 교육과 훈련은 담임 목회자의 목회 철학과 가치, 교회의 비전이 연계되어 진행되어야 일관성을 가질 수 있으며, 교회 구성원들의 인식 전환을 효과적으로 이루어 낼 수 있을 것이다.

교회 전체 구성원들에 대해서는 사회복지에 대한 인식을 전환하는 데 주안점을 두지만, 교회 사회복지 프로그램에 참여하고 있거나 참여할 의사가 있는 구성원들에 대해서는 체계적인 교회 사회복지 관련 교육과 훈련을 추진하여야 한다. 사회복지 프로그램에 사역자로 참여하여 활동하다 보면 많은 부분에서 한계를 느끼게 된다. 어르신 사역에서는 어르신들의 특성에 대한 이해와 어르신을 상담할 수 있는 기초지식이 있어야 하고, 아동이나 청소년들에게 서비스를 제공하다 보면 어르신들과는 또 다른 상담 기술이 필요하게 된다.

사회복지 사역자들에게는 현장에서 직접 서비스를 제공하면서 가겨야 하는 자세와 대상에 대한 이해, 대상별 상담 기법 등 기초적인 교육과 훈련이 진행되어야 한다. 따라서 사회복지 프로그램 사역자들에 대한 교육과 훈련은 정기적이고 지속해서 진행되어야 하며, 특히 사회복지 서비스 대상자에 따른 영역별로 차별화된 교육과 훈련이 필요하다. 이론적 교육보다는 사회복지 서비스 현장에서 직접 활용할 수 있는 기술 중심의 교육과 훈련이 필요하다.

3) 조직

셋째는 조직이다. 조직은 크게 세 분야로 구성되었다. 조직은 컨설팅을 담당하는 전문가 조직과 교회를 대표해서 진행하고 의사결정하는 교회 조직 그리고 지역의 영향력 있는 분들을 모은 지역 조직, 이렇게 세 조직으로 운영되었다.

세 조직을 구성하는 이유는 소통을 위함이다. 전문가들과 교회, 교회와 지역 그리고 교회와 전문가들과 지역 조직의 소통 자체가 컨설팅 과정과 결과에 있어서 성공하게 하는 매우 중요한 요소이기 때문이다. 특별히 지역 조직은 지역의 지도력 있는 인물들로 구성되었는데, 이 조직의 필요성은 교회가 지역 사회를 품고 섬기려는 목적을 가진 만큼 지역 사회의 담론이 교회에 들어오고, 동시에 교회의 이야기가 지역 사회 속으로 흘러 들어가도록 하기 위함이다. 교회 내부의 사역은 교회 내부의 조직만으로 충분하지만, 지역과 만나는 사역은 교회 내부 조직으로만은 불충분하다. 그러므로 당연히 지역과 소통하는 과정이 필요하다. 이 세 조직이 월 1회 정례회의를 가졌고, 사안에 따라 세 조직 혹은 두 조직이 서로 만나 소통함으로 컨설팅 과정이 순조롭게 진행되도록 하였다.

사역 개발 과정에서부터 지역 사회와 소통할 수 있는 구조를 만드는 점은 중요하다. 개발 과정에의 지역의 참여는 앞으로 이루어질 사역에 대한 지역의 수용성과 관련된다. 개발 과정에서의 참여는 그 사역의 출발이 교회로부터 이루어진 것이 아니라 지역이 포함되어 있다는 점에서 지역에서 성암교회의 지역 사회선교 사역을 볼 때 '그들의 일'이 아닌 '우리의 일'로 받아들일 여지를 확보하는 의미를 갖기 때문이다.

4) 시범 사업

교회의 지역을 위한 사역의 실행에 있어서 필요한 조건 중의 하나는 전문성이다. 따라서 시범 사업을 정하여 전문성을 확인하는 과정이 필요하다. 단기 프로그램을 설정하여 시범적으로 운영함으로 실행 능력을 점검하고 개선할 점을 선제적으로 파악하여 위험성을 줄일 수 있는 길을 열었다. 시범 사업을 통한 평가 작업은 사업에 참여한 참여자들에게 자신들의 사역을 돌아보게 하며, 전문성으로 무장하게 하는 동력이 될 수 있다는 점에서 매우 중요한 의미가 있다.

4. 개발된 사역들

1) 4대 사역

(1) 성암 방과후학교
방과후학교는 구청 위탁으로부터 시작된 사역이다. 구청은 지역의 특성으로 맞벌이 부부가 많아 아이들을 돌봐 줄 것에 대한 사회적 욕구가 계속됨에 따라 위탁 사업을 시작하게 된 것이다. 이것은 교회의 지역 조사에서도 나타난 동일한 결과여서 교회는 이 사역에 참여하게 되었다.

교회가 운영하는 방과후학교의 장점은 네 가지로 요약된다. 첫째는 안정한 공간을 제공하는 것이다. 지역 사회에 안전한 공간을 확보하는 것은 그리 쉬운 일이 아니다. 성암교회는 지역 사회에서 언제나 그 자리에 존재하는 안전한 공간을 가진 대상이라는 점에서 유의미했다. 나아가 안전한 공동체가 돌본다는 차원에서 안정성이 더욱 확보되었다고 볼 수 있다.

둘째는 교회의 따뜻한 사랑이다. 교회 공동체는 예수 그리스도의 사랑을 아는 공동체이다. 제도적 복지나 제도적 교육이 가진 차가운 측면을 얼마든지 넘어설 수 있는 길이 있다. 성암교회는 돌봄과 교육의 질을 담보함과 동시에 아이들에게 따뜻한 품을 제공해 주는 것에 관심을 가졌다. 어른들과 아이들 그리고 교회 공동체의 따뜻함이 아이들에 행복한 추억을 만들어 줄 수 있는 환경을 제공했다.

셋째는 교육과 돌봄의 질과 공공성이다. 이를 위해서 성암교회 단독으로 기관을 세우고 프로그램을 제공하는 방법이 아닌 구청과의 협력 사역을 선택함으로 교회가 운영하는 방과후교실임에도 불구하고 지역 사회에서 공공성을 확보하도록 하였다.

넷째는 지속성을 바탕으로 한 연계성이다. 공교육 기관과는 달리 방과후학교는 친구와 교사가 바뀌지 않는 환경이다. 한번 방과후학교에 들어오면 이사를 가지 않는 한 계속해서 머무는 특성이 있다. 따라서 안정적인 대상을 갖게 된다. 따라서 선생님의 관심 속에서 지속해서 돌봄을 함으로 공교육 기관의 교사보다 정서적으로 훨씬 더 많이 의존하게 된다. 아이를 잘 파악하는 선생에 의해 개인에 적합한 맞춤형 교육이 가능하고, 공유 시간이 많아짐에 따라 삶의 접촉면이 확대되어 관계에서 얻는 열매들이 적지 않다.

현재는 2개 반 40명의 초등학교 어린이들이 참여하고 있으며, 19년째 지속해서 운영함으로써 지역 사회에서의 기반을 견고하게 세운 상태이다. 5명의 따뜻한 선생님들의 헌신과 행복한 아이들의 웃음소리가 함께하는 공간이다.

(2) 바오밥나무 카페

카페 설치는 지역 조사 결과 지역 주민들에게 사랑방 공간이 필요하다는 요구에 응하기 위함이었다. 바오밥나무 카페는 네 가지 기능을 하고 있다. 첫째는 사랑방 공간 역할을 하고 있으며, 둘째는 지역 주민들에게 양질의 정보를 제공하고, 주민의 삶의 질을 끌어올리기 위한 교육 프로그램을 인문학 아카데미 형태로 제공하고 있다. 매년 1~2차례씩 주민 인문학 아카데미를 제공함으로 주민들이 가까운 곳에서 자기를 개발하고, 좋은 정보를 습득하도록 돕고 있다. 셋째는 지역 주민의 자발적 활동을 지원한다. 카페 공간을 통해서 주민들이 자발적으로 활동할 기회를 제공함으로 주민들의 자발성과 그들이 가진 취미를 공유할 수 있도록 돕고 있다. 넷째는 문화 공간으로서의 사역이다. 작은 음악회, 시낭송회 등 문화적 활동을 할 수 있는 공간이기도 하다.

카페는 전적으로 주민들을 위한 공간이다. 따라서 다섯콩작은도서관(다섯 콩은 공깃돌을 의미한다)을 비롯해 카페 이름은 주민들에게 공모해서 지었고, 개관·개점할 때도 주민들을 초청해서 행사와 잔치를 열어줌으로 두 사역이 주민들을 위한 사역이라는 인식을 하게 만들었다. 도서관과 함께 시작하여 18년째 운영하고 있다.

카페의 공공성을 확보하기 위하여 삼불=주 원칙을 세우기도 했다. 첫째는 카페를 교회 공간으로 사용하지 않는다는 원칙이다. 카페는 그저 카페다. 따라서 이곳에서 전도하거나 신앙을 강요하는 일을 하거나 교회 문화를 덧씌우려고 하지 않는다는 것이다. 둘째는 교회의 사유로 시간과 공간을 변경하지 않는 것이다. 교회 때문에 시간을 변경하거나 장소를 이용할 수 없게 하지 않는다는 원칙이다. 마지막으로는 교회에 우선권을 주지 않는다는 원칙이다. 지역 주민과 동등하게 사용할 권리만 있을 뿐이다.

이것을 통해서 지역으로부터 칭찬을 얻게 되었고, 지금은 서울시가 지정한 공유 공간으로 활용되고 있다. 지역 주민 친화적 공간, 어린이들도 사용 가능한 공간, 연세 많으신 분들도 자유롭게 이용할 수 있는 전 세대 공간으로 사용된다.

(3) 다섯콩작은도서관

다섯콩작은도서관은 어린이 전용 작은 도서관이다. 도서관도 지역 사회의 필요에 대한 응답으로 설립되었다. 지역에 일반 도서관은 계속해서 개발되어 운영되고 있지만, 이에 비해 어린이 전용 도서관은 극소수여서 수요보다 공급이 부족하다는 조사 결과에 대한 반응이다. 장서는 약 20,000권이며, 어린이 회원은 약 1,500명에 이른다.

최근의 도서관 운영은 이전과는 조금 다른 형태로 진행되고 있다. 도서관의 첫 번째 중요한 과제는 양질의 장서를 확보하고 공급하는 도서관 고유의 사업이다. 그러나 현대의 도서관은 이 기본적인 기능과 함께 지역 주민들에게 양질의 삶을 위한 콘텐츠를 제공하는 방향으로 발전하고 있다.

따라서 세 가지 면에서 노력하고 있다. 첫째는 양질의 도서 확보와 둘째는 어린이 돌봄과 교육을 위한 콘텐츠 개발 그리고 셋째는 시설이나 환경적인 면에서 안전한 공간 운영이다. 이를 위해서는 자원봉사자들과 함께 전문 사서가 절대적으로 필요하다.

다섯콩작은도서관은 전문 사서와 자원봉사자에 의해 운영된다. 운영비와 도서 지원은 교회와 은평구청 그리고 서울시에 의전하고 있으며, 사업 또한 문화체육관광부, 작은도서관협회, 은평구청, 지역의 관계 기관 등과 협력하여 실행되고 있고, 사서의 전문성을 토대로 커리큘럼을 세우고, 아동을 관리하고 있다.

(4) 안부 사역

안부 사역 또한 지역의 요구에 대한 반응으로 개발된 사역이다. 성암교회가 위치한 지역은 노인 인구가 높은 특성이 있으며 동시에 저소득 노인 비율이 높은 편이다. 따라서 지역 사회의 다양한 지원에도 불구하고 사각지대가 존재하기 마련이다.

이 사역의 출발은 홀로 사는 어르신들의 안부를 묻는 것에서부터 시작되었다. 홀로 되신 어르신들에게 전화를 드려서 건강을 비롯한 이모저모 안부를 여쭈어보고, 지원이 필요한 경우 지역의 각 전문기관과 연결해주는 역할을 했다. 이를 위해 전화 사역팀이 운영되었고, 어르신들의 요청 때문에 점차 사역이 확장되었다.

이제는 이 사역이 발전되어서 홀로 사는 어르신들께 밑반찬을 중심으로 일주일 정도 드실만한 반찬을 제공하는 서비스를 하고 있다. 이 사역은 매주 화요일에 팀이 모여 배달을 시행하고 있으며, 구청, 동사무소, 국민보험공단 등과 협력해서 그 대상을 선정하여 지원하고 있다.

2) 간헐적 혹은 정기적 돌봄 사역

(1) 마을형 청소년 케어

이 돌봄 사역은 기본적으로 네트워킹 상황에서 이루어진다. 교회와 관련된 비영리단체인 "좋은학교만들기네트워크"가 구청과 교육지원청에 제안하고 교육청과 구청은 제안을 받아들여 만든 사역이다. 교육청은 학교를 통해서 아이들을 모집할 수 있도록 길을 열어주고, 구청은 운영비를 지원하며, "좋은학교만들기네트워크"는 교육 프로그램을 실행하고, 교회는 장소와 자원봉사자 그리고 아이들을 위한 간식을 준비하여 제공하는 협업 형태이다.

이 프로그램을 위하여 학교에서는 학부모 통신을 통하여 소개하고 아이들이 지원할 수 있도록 하여 모인 아이들이 교회의 공간에서 프로그램에 참여한다. 겉으로만 보면 복잡한 형태를 띠고 있지만 이런 형태가 되어야 하는 중요한 이유가 있다. 아이들을 키우는 일은 모두가 함께 감당해야 할 몫이라는 메시지를 주는 것과 교회가 지역에서 아이들을 돌보는 일에 있어서 허브 역할을 할 수 있다는 것이다. 또 교회가 이에 대한 충분한 능력을 갖춘 공동체라는 사실을 교육청과 학교와 지방자치단체 그리고 지역 사회에 메시지를 주기 위함이다.

교회는 그동안 교육 시스템을 운영하는 경험을 가진 공동체이다. 학교나 학원 등 아이들의 학업을 위한 교육 시스템 외에 지역에서 지속해서 교육 콘텐츠를 가진 공동체는 찾기 힘들다. 교회가 가진 역량

중의 하나이다. 그런 점에서 교육적인 한 축을 감당하는 공동체로서 다자간의 협력 구조를 통한 프로그램을 진행함으로 사회적 공신력을 확보하고, 교회가 지역 사회 네트워킹의 중요한 대상이라는 점을 인식 시키는 데 있어서 매우 중요한 방식이다.

또 이런 토요일 프로그램이 필요한 이유는, 주중에는 초등학교 아이 들을 위한 돌봄 프로그램들의 공급이 원활한 편이나 주말에는 이런 프로그램들도 대부분 쉬게 되기 때문이다. 따라서 아이들 돌봄이 오롯 이 가정의 몫이 되는데, 주말에도 일해야 하는 맞벌이 부부들에게는 적지 않은 부담이다. 맞벌이 부부들뿐만 아니라 이런 부분에 대한 지역 의 요청이 있어서 프로그램을 구성하였다.

주로 초등학생들이 접근하지 못했던 비교과 과정으로 프로그램이 진행되며, 아이들의 인성과 창의성을 고려한 프로그램들로 채워진다. 이런 사역을 통해 지역 사회는 지역이 필요로 하는 공급의 가능성과 전문성이 있으면 교회와 동반 관계로 일할 수 있다는 것을 발견하며 또 사역 개발의 가능성을 발견하게 된다.

(2) 주중 돌봄 사역

기본적으로 이 사역도 마을형 청소년 케어와 성격상 크게 다르지 않다. 구별되는 점은 주중에 이루어지며, 돌봄보다는 기능적이고도 교육적 면을 강화했다는 점이다. 학부모들에게 교육 과목을 제시하고, 단기적으로 참여할 기회도 제공한다. 과학, 어학, 문화 등이 주요 과목 이다.

그러나 이 사역은 기본적으로 학교나 학원의 방식과 구분된다. 놀이 방식과 참여 방식을 통하여 아이들이 학습을 한다는 생각보다는 삶에 필요한 것들을 자연스럽게 습득하는 방식으로 이해할 수 있도록 돕는다. 상황에 따라서 다르기는 하지만 10~12주 정도의 기간으로 전반기와 후반기로 나누어 실시함으로 한 해에 거의 반을 한 주에 한 번씩 아이들과 만날 수 있는 계기가 조성된다. 이런 사역들을 통해서 교회는 아이들과 관계를 열어갈 뿐만 아니라 자원봉사들과 학부모들과의 관계가 형성되어 교회학교와 교회와의 관계도 원만해지고 또 이를 통해 선교의 길도 열리게 된다는 것은 부인할 수 없는 사실이다.

(3) 공감캠프

다자간 협력의 네트워킹을 통해서 진행했던 사역들과는 달리 이 사역은 전문기관의 교육 기능을 사용하기는 하나 교회 단독으로 지역의 어린이들을 초청해서 프로그램을 진행하는 여름 사역이다. 이 사역을 시도한 이유는 그동안 성암교회의 지역 사회 속에서의 사역이 공적 신뢰를 얻은 것이었는가를 가늠하기 위함이었다.

해마다 100여 명이 참여하는 무박 캠프인데 교회와 (사)더불어배움이 협의하여 강사진을 결정하며, 교회 어린이들과 지역 어린이들을 50대 50의 비율로 참여시킨다.

이 프로그램을 진행하는 몇 가지 원칙이 있다. 우선 한 반당 3명의 선생님을 배정한다. 이 선생님들 가운데는 반드시 교회학교 선생님을 참여시켜 지역의 아이들과 교회 아이들이 서로 그룹화하는 데 어려움이 없도록 도우며, 지역 어린이들과의 관계를 형성하도록 돕는다.

둘째는 어린이 관리이다. 어린이들의 도착 여부와 귀가 여부를 학부모들에게 공지하고, 어린이들이 안전하게 프로그램에 참여하고 있는지 상황을 알려 준다. 그뿐만 아니라 이미 공지된 프로그램 속에서 그 가정의 어린이들의 활동하는 사진들을 부모들에게 보내 줌으로 안전하게 관리되는 프로그램이라는 확신을 주며, 이로써 교회의 프로그램에 대한 공신력을 갖도록 도와준다.

셋째는 준비와 평가이다. 전문적인 프로그램들이 운용됨에 따라 프로그램이 원활하게 실행되도록 전문가와 함께 프로그램을 준비하는 과정을 실행한다. 프로그램 리허설을 실행함으로 교회가 가진 교육 프로그램의 질을 높이고, 교회가 지역 아이들의 교육 거점의 역할을 하고 있다는 것을 설득력 있게 보여줄 수 있도록 준비한다. 그뿐만 아니라 평가 또한 다면적 평가 방법을 시행하여 프로그램에 참여한 교사, 프로그램을 소비하는 어린이 그리고 프로그램에 자녀들을 보낸 학부모들에게 평가지를 보내 객관적인 평가를 할 수 있는 기회를 제공하여 교육의 질을 업데이트할 수 있는 구조를 마련한다.

결과적으로 이런 운영을 통하여 교육기관으로서의 교회의 지위를 확보할 수 있게 되었고, 지역의 아이들에 대한 선교적 접촉면이 확대되는 결과를 얻을 수 있었으며, 나아가 이 과정에 참여한 선생님들의 교육적 능력도 향상하게 되는 열매를 얻게 되었다. 교회학교 선생님들이 전문가들의 학습 운영 방식을 현장에서 경험할 수 있었고, 지역 사회 교육의 표준 지점이 어느 정도인가를 체험하게 됨에 따라 선생님들이 갖는 교회학교에서의 역할이 아이들에게 훨씬 더 설득력 있는 권위를 갖게 되었다.

IV. 지역을 통해서 교회의 미래를 보다

1. 다음 세대 교육의 장으로서의 교회

교회는 지역에 안정적으로 존재하는 공간을 보유하고 있는 몇 안되는 지역의 기관이다. 한국 사회에서의 교육은 모두의 과제일 뿐 아니라 모두가 제대로 길을 열지 못하는 복잡하고 어려운 과제이다. 그런 점에서 한국 사회의 교육에 생기를 불어넣어 주고, 응원하며, 그 짐의 일부를 감당해 줄 대상이 절실하다.

성암교회의 아이들을 위한 사역에서 발견되는 점은 다음 세대를 위한 교회의 헌신이 지역에서 교회의 신뢰도를 높이며, 지역과의 관계와 소통에 있어서 매우 중요한 장을 제공한다는 점이다. 이는 하나님께서 한국교회에 주신 기회일 수 있으며, 다음 세대의 문제를 풀 교회의 기회라는 점이다.

2. 자원에 대한 재발견

하나님께서 주신 자원은 풍성하다. 한국교회는 그동안 교회 내부의 자원만을 통하여 교회의 사역을 이루어 왔다. 교회 내부를 위한 사역은 당연히 교회의 내부 자원을 사용해야 하겠지만 대사회적 사역에 있어서는 그렇지 않다.

하나님은 지역에 많은 자원을 이미 공급해 주셨다. 정부 자원과 민간 자원은 교회가 건강하게 공유할 수 있는 준비만 되어 있다면 공유할 수 있는 매우 중요한 자원이다. 이것은 자원의 공유라는 차원의 중요성과 함께 교회의 눈을 열게 하고, 지역 사회에서 교회의 역할을 확보할 수 있는 중요한 지점이라는 사실이다.

3. 공적 영역에서의 교회의 참여

공적 영역에서는 사회는 교회를 기다리고 있다. 최근에는 사회 일각에서 종교 공간의 지역 공간화 사업에 대해 구상하고 있기도 하다. 종교의 지위는 본래 공적이다. 이 지위를 회복하기 위해 한국교회가 갖추어야 할 것은 공공성에 대한 인식이다.

최근 들어 복음의 공공성에 관한 연구가 활발한 것은 고무적인 일이다. 전통적 교회론적 경향의 교회들도 이에 대해 열린 마음으로 접근할 필요성이 있다. 이렇게 될 때 하나님 나라를 선포하는 교회는 사회의 변화라는 열매를 끌어낼 수 있는 효율적인 길을 열 수 있을 것이다.

V. 나가는 말

성경에 나타난 말씀, "예수께서 이르시되 네 마음을 다하고 목숨을 다하고 뜻을 다하여 주 너의 하나님을 사랑하라 하셨으니 이것이 크고 첫째 되는 계명이요 둘째도 그와 같으니 네 이웃을 네 자신 같이 사랑하라 하셨으니 이 두 계명이 온 율법과 선지자의 강령이니라"(마 22:37-40) 하신 사랑의 이중 계명에 대한 예수의 가르침 앞에 교회가 귀를 크게 열어야 한다. 그런 면에서 교회가 지역을 품격 있게 섬기는 일은 교회의 부차적 사역이 아니라 교회의 가장 기본적이고도 본질적인 사역이다.

하나님을 사랑하는 것은 이웃사랑을 통해서 증명될 수 있으며, 이웃사랑은 하나님 사랑을 통해서 증명될 수 있다. 한국교회는 이를 위해 지역 사회를 우리의 이웃으로 여기고, 교회 또한 그들의 이웃이 될 수 있도록 여러 가지 사역을 함께 개발하고, 함께 실행하고, 함께 네트워킹해 가야 하는 시점에 있다. 교회는 이 세상에 예수 그리스도의 사랑이 무엇인지를 깨닫게 하는 것과 하나님 나라 공동체를 맛보게 하는 일에 초대된 공동체임을 잊지 말아야 한다.

성암교회는 이런 차원에서 교회, 교육 전문단체, 행정관청, 지역의 공교육 기관, 지역의 NGO, 복지기관, 지역의 다른 교회들과 협력하는 체계를 세워가고 있으며, 실제적 협력 관계에서 많은 사역이 확대되고 있다. 이제는 교회 공동체가 주 예수 그리스도는 교회의 주인만 되시는 것이 아니라 동시에 세상의 주인이신 것을 제대로 고백하고, '교회의 방식'이 아닌 '하나님의 원하시는 방식'으로 지역 사회에 나아갈 때이다. 이것은 곧 교회 선교의 본질 중의 하나이기 때문이다.

국수교회 김일현 목사 인터뷰*

가정교회마을연구소 편집

> 일시: 2022년 11월 4일 오후 3~6시
>
> 인터뷰 대상자: 김일현 목사(국수교회)
>
> 인터뷰 진행자: 김도일 소장 조은하 소장 한국일 소장
>
> 이효재 목사 황인성 목사

---

* 이 글은 실제 인터뷰한 내용을 요약 정리한 것이다.

양평에 자리 잡은 국수교회는 1952년, 개울가에 천막을 치고 시작된 교회이다.

1988년 제8대 교역자로 부임한 김일현 목사는 "지역 사회가 곧 나의 교회"라는 원칙을 가지고 지역 사회를 위한 문화 목회를 이어오고 있다. 김일현 목사는 사역 초기부터 교회가 주민들의 생활 중심지가 되기를 원했다. 평일에도 공부방, 음악 학교, 노인 일자리센터 등의 프로그램을 운영하며 주민이 편하게 드나들 수 있는 교회로 만들어 왔다. 최근 들어 빠르게 도시화 되어가고 있는 양평에서 어떻게 지역 교회로서의 사명을 감당하고 있는지 가정교회마을연구소팀이 방문하여 함께 이야기 나누는 시간을 가졌다.

▶ 목사님, 국수교회 사역을 하시게 된 동기와 처음에 가졌던 인상적인 경험 몇 가지만 나누어 주시기 바랍니다.

태어나면서부터 부모에 의해 하나님께 드려진 저는 목회자의 길만이 제가 가야 할 길이라 여겼습니다. 그래서 교회 안에서 성장하며 교회가 익숙한 사람으로 자라게 되었습니다. 그런데 1970년대 중반에 노래선교단을 창단하면서 '빈민촌'이라는 교회 밖 세상을 보게 되었습니다. 고 이상양 전도사의 망원동 뚝방 마을 사역을 접하면서 교회의 존재 이유에 대하여 비로소 깊은 고민을 하게 된 것입니다. 또한 YH 공장 근로자들을 위하여 야학을 열면서 산업 현장에 관한 관심도 가지게 되었고, 신대원 졸업 후 1985년부터는 본격적으로 산업체 내에 있는 교회에서 사역하였습니다. 하지만 이런 사역이 열정만 가지고 할 수 있는 것이 아닌 것을 알게 되면서 공부의 필요성을 느꼈습니다.

그렇게 유학을 준비하던 어느 날 마침 강단이 비어 있던 국수교회에서 저에게 설교를 부탁했습니다. 설교 후 국수교회 교우들로부터 부임 요청을 받았습니다. 저는 지금 당장은 교회 사역에 별 뜻이 없어 망설였지만 "왜 농촌 교회는 노인 목사님들만 와야 하는 거냐?"는 볼멘소리에 그만 두 손을 들고 부임을 결정했습니다. 농촌의 작은 교회이기에 목회가 별 어려울 것이 없을 것이라 여겼기 때문에 쉽게 대답한 것입니다. 하지만 그것은 저의 착각이었고, 정작 시작된 목회에서 할 수 있는 것이 별로 없었습니다. 농촌의 문화도 전혀 알지 못했고, 교우들과 소통도 되지 않았습니다. 그야말로 절망스러운 상황 속에서 제 어리석은 결정을 참 많이 후회했었습니다.

▶ 오랜 세월을 지나오며 국수교회가 마을 교회로 자리매김을 하게 되고 마을 사람들의 신뢰를 얻게 되신 계기가 있었을 터인데 몇 가지만 나누어 주십시오.

1988년 제가 삼십 대 초반의 어린 나이로 부임했으니 목회자로 신뢰를 얻기가 쉽지 않았다고 봅니다. 또한 교우들도 젊은 목사가 자기들과 함께 살아갈 것이라고 기대하지 않았습니다. 솔직히 저 역시 여차하면 떠나려는 마음을 품고 있었습니다. 몇 년간 겉도는 목회를 해오다가 어느 순간 이것은 목회하는 사람의 마음가짐이 아니라는 생각이 들었습니다. 하나님 앞에 기도하던 중 이곳에 뼈를 묻겠다는 다짐을 하게 되었습니다.

교우들 앞에서 제 다짐과 함께 앞으로 이런 목회를 하겠다고 선언했습니다. 농촌에서 교회 부흥은 어차피 기대할 수도 없는 상황이니 차라리 이 마을을 목회하겠다는 취지였습니다. 지역의 일을 모두 교회 일로 여기고, 지역 주민을 모두 교인과 같이 여기겠다고 뜻을 밝혔습니다. 그리고 이런 사역을 할 수 있도록 교우들에게 동역자가 되어 달라고 부탁했습니다.

그래서 교우들의 힘을 모아 지역 사회를 조사하고 분석하기 시작했습니다. 무엇이 필요한지 교우들의 의견을 물었습니다. 교회 목회를 했을 때는 할 일도 별로 없었고 해도 별 의미가 없었지만, 지역 사회를 바라보니 할 일이 정말 많았습니다. 공부방을 만들어 꿈도 없이 살아가던 학생들을 대학에 보내기 시작했습니다. 양평군의 지원을 받아 영어 캠프도 열고, 주부교실, 노인 학교로 확대하며 지역 주민들의 평생 교육을 담당하는 센터가 되었습니다. 또한 악기를 가르치며 오케스트라를 창단하고 주민을 위한 음악회를 여는 등 문화센터의 역할도 담당하게 되었습니다.

▶ 지난 세월 중 원치 않게 실수하여 실패하신 경험도 있을까요? 국수교회의 경험을 통해 배우고자 하시는 마을목회자들을 위해 경험을 나누어 주시기 바랍니다.

하나님 은혜로 좋은 열매가 나타나기는 했지만, 그 과정에는 훨씬 더 많은 실패가 있었습니다. 오히려 "제가 계획하고 시도해서 뜻대로 된 것이 없다"라고 말하는 것이 더 정확한 표현일 것입니다. 젊은 목사의 학문적인 설교는 농사일로 피곤한 교인들에게 자장가와 같았습니다. 예배 후 졸고 있는 교인들 앞에서 참 많이 절망했었습니다. 성경공부를 해도 "차라리 묻지 말고 그냥 시켜라"라는 반응에 뜻을 접어야 했습니다. 전도 훈련을 마치고 마을로 보내면 마을에서 싸움만 벌어지니 그것도 계속하기 어려웠습니다. 하물며 지역 사회를 섬기는 것은 너무나 낯선 일이었기에 우왕좌왕하기 일쑤였습니다. 하지만 이런 실수들이 지금의 국수교회를 만들었고, 될 수 있는 길도 찾게 해주었습니다. "이렇게 하면 안 된다"라는 것을 깨닫게 된 것입니다. 또한 우리는 최선을 다할 뿐이고 역사는 하나님께서 하신다는 겸손도 배우게 되었습니다.

▶ 목사님이 국수리라는 마을에서 사역을 시작하실 때 선교적 교회론과 같은 선교신학적 아이디어를 잘 알고 계셨는지요? 아니면 사역을 하시던 중에 선교적 교회론이라는 이론을 훗날 접하게 되고 목사님이 하시던 사역이 선교적 교회론과 가깝다는 확신을 얻게 되셨는지 알고 싶습니다.

그 당시에는 '선교적 교회'라는 개념조차 없었습니다. 단지 교회와 지역 사회 사이에 너무 높은 담이 존재한다는 사실을 깨닫고 그 담을 허물고 싶었던 것뿐이며, 울타리 안에 갇힌 교회는 지역 사회로부터 점점 외면당할 수밖에 없다는 위기감을 느꼈기 때문입니다. 교회는 세상을 구원할 사명이 있지만, 점점 고립되어가는 교회 상황에서 우리의 외침은 공허할 뿐이었습니다.

주민들이 교회를 오게 하려면 그들에게 필요한 교회가 되어야 했습니다. 그러려면 "예수 믿고 천국 가라"는 구호보다는 저들의 삶을 이해하고, 저들의 아픔을 보듬으며, 그들이 필요한 것에 반응해야 했습니다. 그리고 그런 관심과 작은 섬김이 막힌 담을 여는 역할을 해줄 수 있습니다.

사역을 시작하고 시간이 꽤 지난 후에 '선교적 교회' 이야기를 들었습니다. 선교적 교회의 좋은 모델이라는 평가와 함께 많은 분이 국수교회를 방문하셨습니다. 나름의 보람도 있고 감사한 일입니다. 그러나 끊임없이 변하는 사회 속에서 계속해서 지역 사회를 보살피고, 해야 할 새로운 일을 찾아야 하므로 과거의 성취에만 머무를 여유는 없다고 생각합니다.

▶ 국수교회는 국수리라는 마을에 어떠한 존재인가요?

처음 부임했을 때는 교회가 망망대해에 떠 있는 외딴섬과 같았습니다. 저 역시 교회에 목사로 부임했다는 이유만으로 철저히 외면당했고, 때로는 이유 없이 시비를 걸어오는 사람도 있었습니다. 하지만 지역 목회를 통해 마을 속에 필요한 교회가 되어가면서 분위기가 달라지기 시작했습니다. 교회를 다니지 않는 지역 주민들까지 저를 '우리 목사님'이라 불러주었고, 거리에서 만나면 반갑게 쫓아와 손을 잡아주었습니다. 어디에 가든 지역 유지로 대접도 받게 되었습니다. 복덕방에서는 우리 교회를 내세워 집을 팔았습니다. 국수교회가 있기에 아이들 교육부터 문화생활, 노인들의 일자리까지 얻을 수 있다고 칭찬을 늘어놓았습니다. 국수리에 사는 사람들은 복이 많은 사람이라는 말도 심심치 않게 들을 수 있었습니다.

하지만 최근 들어서는 다시 상황이 바뀌고 있습니다. 과거 지역 주민들은 지역 개발과 함께 마을에서 밀려가고 마을은 외지인들로 채워져 가고 있습니다. 못 보던 마을이 여기저기 생기며 교회가 미처 지역사회의 변화를 따라가지 못하고 있습니다. 삼십여 년 살아 온 이 마을에서 도리어 제가 이방인이 되어 버린 것입니다. 교회도 구성원들이 너무 많이 바뀌면서 예전과는 분위기가 달라졌습니다. 교회의 역사를 알지 못하는 분들, 또한 교회가 해 온 사역을 이해하지 못하는 교우들은 오히려 비판적이고 불만을 쏟아놓기도 합니다. 이제는 또다시 새롭게 맞게 된 현실 앞에서 처음부터 다시 시작해야 하는 도전이 생겼습니다.

▶ 마을목회 사역에 중요한 요소는 무엇이 있을까요?

첫째로 마을목회는 폐쇄적인 지역 사회에 적합한 방식이라 생각합니다. 대대로 그 자리를 지키며 살아온 주민들은 이미 끈끈한 집단 공동체를 이루고 있습니다. 또한 오랜 세월 만들어진 자기들만의 문화도 가지고 있습니다. 교회가 그런 지역 사회 속에서 배척받는 이유는 이질적인 집단이 되었기 때문입니다. 교회가 교회에 둘러친 울타리만 거둬낸다면 할 수 있는 일이 많아집니다. 교회는 이미 다양한 모임이 가능한 많은 공간을 가지고 있습니다. 마당에 예쁜 화단을 가꾸고 주민들의 쉼터로 만들어 줄 수도 있습니다. 놀이기구 하나만 만들어 주어도 아이들의 놀이터가 될 수 있습니다. 차 한 대만 있어도 몸이 불편한 노인들을 여러모로 섬길 수 있습니다. 작은 일이라도 하나하나 해나가다 보면 언젠가 교회는 그 지역 사회의 중심이 될 수 있고, 변화를 만들어가는 주체도 될 수 있을 것입니다.

둘째로 마을목회는 더욱 큰 지혜가 필요하다고 봅니다. 아무리 좋은 일이라 해도 그것이 반드시 좋은 결과로 나타나지 않는 경우가 많습니다. 과거에 어린이를 가르치며 선교도 할 수 있다는 이유로 선교원을 운영하는 교회들이 적지 않았습니다. 하지만 선교원은 유아 교육계의 질서를 위협하는 존재가 될 수도 있습니다. 요즘 들어서 교회 공간을 활용해 값싼 커피를 제공하는 카페도 많아지고 있습니다. 하지만 교회 때문에 기존 카페들이 운영의 어려움을 겪기도 합니다. 교회의 섬김은 철저하게 지역 사회를 돕는 역할이어야 합니다. '좋은 일이면 아무 일이나 해도 된다'라는 단순한 생각만으로 오히려 지역 사회에 물의를 일으키는 실수를 범하지 않아야 합니다.

셋째로 마을목회는 예배가 더욱 중요하다고 봅니다. 교회는 필요에 따라 교육 사역도 할 수 있고, 지역 주민들을 위한 섬김 사역도 할 수 있습니다. 하지만 교회가 왜 이런 사역을 하는지 분명한 복음적 이유를 찾지 못할 때 오히려 활발한 사역은 교회의 근간을 흔드는 결과를 만들어 놓기도 합니다. 우리가 예배와 말씀 안에서 삶으로 드리는 참된 섬김을 보일 때 비로소 교회의 사역은 사회의 일반 단체들과는 다른 결과를 창조하며 하나님의 나라를 세워가는 사역이 될 수 있을 것입니다.

▶ 마을목회를 꿈꾸는 목회자, 신학생들에게 하고 싶은 이야기가 있으시다면 나눠주실 수 있을까요?

목회자 스스로 "나는 하나님 앞에서 과연 진실한가?"를 늘 묻고 또 물어야 합니다. 우리가 주님을 위해 살겠다고 목회자가 되었지만 정작 목회라는 길로 성공하고 싶다는 욕심까지 떨쳐버리기는 쉽지 않습니다. 이런 목회자의 야심이 그동안 얼마나 교인들에게 많은 희생을 강요해 왔으며 또한 그들의 희생 위에서 소위 성공한 목회자라는 이름으로 군림해 왔었는지 교회의 역사가 말해주고 있습니다. 마을목회도 또 다른 성취를 위한 야심의 수단으로 이용되지 않아야 합니다. 목회자 자신부터 주님처럼 자신을 희생하며 섬기는 삶을 살아야 하는 존재임을 늘 확인하며 묵묵히 섬김의 자리 최일선에 서 있는 사람이 되었으면 좋겠습니다.

한 가지만 더 말한다면 현재의 소비적인 교회 구조를 창조적인 교회로 체질을 바꾸어 나가야 합니다. 세상 사람들도 시간과 돈을 투자하면 자신이 기대한 무엇인가를 얻고자 합니다. 하물며 하나님의 능력이 우리 안에 살아 있다면 교회는 분명 창조적이어야 합니다. 하지만 현재 교회는 우리 안에서 분열과 갈등으로 모든 힘을 다 낭비하고 있습니다. 교회는 이 시대에 무너져가는 가정을 다시 세우는 창조적 교회가 되어야 합니다. 이 세상에 그리스도의 문화를 만들어가는 창조적인 교회가 되어야 합니다. 부질없는 경쟁 대신 함께 힘을 모아 하나님의 나라를 함께 세워가는 주님의 사람들이 되기를 바랍니다.

지은이 알림

김 도 일

청년 시절 미국에 이민 가서 이민 목회를 하였다. 바이올라대학에서 기독교교육학 학사 및 석사, 프린스턴신학교에서 신학석사, Presbyterian School of Christian Education에서 교육학박사 학위를 취득하였다. 한국기독교교육학회 회장을 역임하였고, 현재 가정교회마을연구소 공동 소장과 장로회신학대학교에서 기독교교육학 교수로 재직하고 있다.

백 홍 영

장로회신학대학교(M. Div., M.A.C.E.)에서 공부하였고, 현재 양평에 있는 책보고가게 책방지기, 공명교회 공동 목회자로 사역하고 있다. 『어린이와 함께하는 그림책 가정예배』, 『생각에 깊이를 더하는 그림책 가정예배』, 『보석비빔밥가정예배』 등의 저서가 있다.

안 정 도

장로회신학대학교(B.A., M. Div., M.A.)에서 공부하였고, 독일 튀빙겐대학교(University of Tübingen)에서 기독교교육으로 박사학위(Dr. Theol.)를 취득하였다. 현재 장로회신학대학교에서 강사로, 행복한교회의 부목사로 사역하고 있다.

양 혁 승

서울대학교에서 사회복지 전공 학사, 경희대 평화복지대학원에서 노사관계 전공 석사, 미국 미네소타 대학에서 인적자원관리 전공 박사학위를 취득하였다. 미국 사우스캐롤라이나대학 경영학과에서 2년간 재직하였고, 2000년부터 연세대학교 경영대학에 재직하고 있다. 경제정의실천시민연합(경실련)에서 정책연구위원장과 상임집행위원장을 역임하였고, 현재 장기소액연체자 지원재단 이사장, CBS 이사, (사)시민 이사장을 맡고 있다. 주요 저서로는『대환시대의 사람경영』(나인클라우드),『건강한 교회, 이렇게 세운다』(공저, IVP),『무엇이 교회를 건강하게 하는가』(공저, IVP),『호모 컨버전스』(공저, 아시아) 외 다수가 있다.

이 명 석

성균관대학교에서 화학공학을 전공하고 총신대학교 신대원(MDIV), 장신대학교 선교대학원(Th. M.), 가나 아크로피 크리스톨러대학원에서 생태신학으로 박사학위(Ph. D.)를 받았다. 가나 에큐메니칼 선교사로 20년 근속하였고, 현재는 아신대 국제교육원 원목 겸 조교수, 한국얌스펠로쉽 공동대표, 세계선교학회(IAMS) 사무총장을 맡고 있다.

이 원 돈

중앙대학교 영문과, 장로회신학대학교 신대원을 거쳐 갈릴리신학대학원에서 "지역연합정신(local ecumenism)에 기초한 생명망(Web of Life) 목회"를 주제로 박사학위를 취득하였다. 필자의 관심 분야는 문명 전환기의 마을목회다. 대표 저서로는『성서와 실천』(민중사, 1989),『마을이 꿈을 꾸면 도시가 춤을 춘다』(동연, 2011),『코로나19 문명 전환기의 생명망 목회와 돌봄 마을』(나눔사, 2022)이 있다.

이 효 재

서울대학교 사회학과를 졸업하고, 신문기자로 12년 활동하다 돌연 신학을 공부하러 떠났다. 삶과 신앙이 일치되지 않는 현실적인 문제를 해결해보겠다는 소망으로 당시 일상생활신학과 영성신학으로 잘 알려진 캐나다 밴쿠버의 Regent College에서 M. Div.와 Th. M. 과정을 이수하며 폴 스티븐스 교수에게 일터 신학을 사사했다. 숭실대에서 "안식과 노동"이라는 주제로 박사학위를 취득하였다. 교회 목회와 더불어 병원 기업체에서 사목으로 활동하는 등 일터 목회를 하고 있다. 직장인 성도들에게 신앙으로 일하는 직장 생활을 가르치기 위해 20여 년 동안 연구하고 목회하고 강의했다. 『일터신앙』, 『일상과 일터 그리스도인을 위한 매일 묵상』, 『그리스도인의 직장생활 성경공부』 등을 집필했다.

조 주 희

장로회신학대학교(M. Div.) 및 미국 풀러신학교에서 목회학 박사를 마쳤고, 현재 성암교회를 담임하고 있다. 서울장로회신학대학교 이사, 사단법인 더불어배움 이사, 기윤실 공동대표, 은평구 사회복지협의회 이사로 섬기고 있다.

한 국 일

장로회신학대학교에서 기독교교육학, 신학, 역사신학(B. A., M. Div., Th. M.)을 공부하고 독일 뮌스터대학과 하이델베르크대학교에서 공부하고 선교학을 전공하여 박사학위(Dr. Theol.)를 받았다. 한국선교신학회 회장을 역임하고, 영남신학대학교와 장로회신학대학교에서 선교학 교수로 재직한 후 2020년 은퇴하고, 현재 총회 직장선교연구소 소장과 가정교회마을연구소 공동 소장으로 활동하고 있다.

황 인 성

서울대학교에서 생물 및 화학을 전공했고, 영국 웨일즈에서 평신도로 7년간 사역 후 장로회신학대학교에서 학위(M. Div., Th. M., Ph. D.)를 마쳤다. 현재 가정교회마을연구소 총무, 양평에 있는 '책보고가게' 책방지기, 공명교회 공동 목회자로 사역하고 있다.